하이브리드 포이에시스

하이브리드 포이에시스

첨 단 과 학 기 술 에   관 한   인 문 적   사 유

하이브리드미래문화연구소 편

성균관대학교
출 판 부

하이브리드미래문화연구소의 세 번째 결실 『하이브리드 포이에시스』
가 드디어 세상과 만나게 되었습니다. 처음 출간한 『하이브리드 컬처』
(2008)는 우리 시대가 하이브리드 시대로 진입하였음을 문화의 여러
영역에서 과감히 밝힘으로써 '하이브리드' 개념을 문화 담론의 장으
로 끌어들였고, 두 번째 결실 『하이브리드 스펙트럼』(2012)에서는 '디
지털 컨버전스'를 화두로 삼아 새로운 미디어 네트워크와 콘텐츠의
하이브리드적 영향 관계, 다문화성을 모색하였습니다.

　　이번에 출간하는 『하이브리드 포이에시스』에는 테크놀로지에 의
해 변화할 미래의 삶에 초점을 맞추어 그에 대한 인문학적 사유의 글
을 모았습니다. 'poïesis'는 그리스어로 '무언가를 의도적으로 만들어
냄'을 뜻합니다. 우리 책에서는 이 개념이 자연과학/테크놀로지의 성
과와 인문학적 반성의 사유를 융합함으로써 미래를 향한 창조적 결실

을 지향함을 뜻합니다.

사실 인문학자들은 과학과 테크놀로지의 발전에 대해 반성적 사유를 꾸준히 지속해 왔습니다. 하지만 그러한 시도는 우리 사회와 학계에서 제대로 인정받지 못했으며, 때로는 과학 발전에 대한 몰이해에서 비롯된 일방적 공격이라고 외면당하기도 했습니다. 당연한 말이지만, 학문의 발전을 위해서는 자유가 보장되어야 합니다. 이 자유란, 예컨대 독일 이상주의 철학자 피히테의 '의심의 자유'라 할 수 있습니다. 마음껏 의심할 수 있는 자유, 그것이야말로 학문의 기반인 것입니다. 자연현상에 대한 의심과 의문에서 자연과학이 발전했고, 인문학 역시 인간 존재에 대해 의심을 품은 곳에서 태동하였습니다. 자연과학에서나 인문학에서나 학자들은 의심의 자유를 만끽해 왔으며, 지금도 여전히 그것은 용기 있는 자들에게 보장된 권리입니다.

이 책은 인간을 의심하는 데 익숙한 인문학자들이 그 인간에게 지대한 영향을 미치는 자연과학에 대해 의심을 품고 사유를 하는 장이 될 것입니다. 의심의 자유는 양자 간 갈등과 반목을 발생시킬 수 있지만, 이 갈등과 반목은 투쟁이 아니라 상호소통의 한 방편으로 필히 거쳐야 할 과정입니다. 자연과학과 인문학이 서로에 대해 관심을 갖고 의심스러운 부분에 대해 자유롭게 물을 때, 소통의 장이 열리고 그로 인해 미래를 위한 더 나은 답이 마련될 것이기 때문입니다.

이 책은 크게 세 부분으로 구성되었습니다.

1부 '이미 시작된 미래'는 이론적 기반에 해당되는 것으로, 여기서는 과학과 테크놀로지 발전이 오늘날 어느 지점까지 이뤄졌는지 짚어보고 미래의 삶이 어떻게 변화할 것인지 살펴볼 것입니다. 그와 관련하여 현재 진행되고 있는 철학·미학·윤리학적 논의를 제시할 것입니다.

1부의 첫 번째 글, 이종관의 「트랜스휴머니즘과 인간: 융합이 아니라 융화?」는 테크놀로지와 인간의 관계에서 현대철학의 문제점을 비판적으로 분석합니다. 필자는 우리가 지향하는 과거 휴머니즘에서의 인간은 아직 오직 않았다고 주장합니다. 아울러 장차 인간의 탈존적 존재방식을 밝혀내며 미래를 열어주는 철학을 통해 새로운 휴머니즘이 출현하리라 보고 있습니다. 이는 미래의 인간 삶이 갖는 의미를 철학적으로 논구하는 글로, 책 전체의 서론과 같은 의미를 지닙니다. 이어지는 「나노테크놀로지의 자연모방과 그 딜레마」에서 김연순은 인간과 유사한 생물학적 기계를 만들려는 나노테크놀로지의 시도에 주목합니다. 나노테크놀로지는 스스로를 복제하며 진화할 수 있는 나노분자기계를 만들고자 하며 그것이 가능하다는 근거를 자연현상 곧 자연의 최적화 시스템에서 찾고 있습니다. 그 예가 생체모방기술입니다. 생물의 기능이나 모양새에서 영감을 얻는 이 기술은 재료공학이나 생명공학, 의학 등에서 활용되고 있습니다. 그런데 문제는, 나노테크놀로지가 자연모방을 통해 생물체가 아님에도 생물체처럼 물질이 활동할 수 있게 하고, 더 나아가 자연보다 우월하게 만들려고 하는 것입니다. 이처럼 나노테크놀로지에 드리운 빛과 그림자의 양가성을 살펴보고 동시에 피할 수 없는 딜레마를 짚어봅니다. 한편, 김화자의 글 「첨단과학기술의 시각장치와 새로운 마술」은 시각의 의미 변화에 관한 것입니다. 일찍이 '카메라 옵스큐라'는 인본주의적 계몽과 근대 지식의 체계화에 토대가 되어 인간을 종교적 환상에서 벗어나게 해주었습니다. 더 나아가 오늘날에는 사진의 기계적 시각이 디지털 기술, 초고속통신망, 나노기술, 홀로그래피와 같은 최첨단과학의 발달에 힘입어 현실의 가시성과 비가시성을 전복시켰고, 이미지가 되지 않는 현실을 더 이상 믿을 수 없는 것으로 만들고 말았습니다. 이 글에서는 디지털 기술과 융합되어 '보는 것'의 기준이 된 최첨단 테크노 형상의 '주술적' 힘이 실재의 사라짐에서 기인하는지 혹은 잠재적 세미오시스 과정에서 기인하는지를 해명합니다. 마지막 글에서 김진택은 「닫힌 영토화 운동 안의 얼굴, 그 위험한 모험」에 대해 논합니다. 인간의 진화는 기술 및 매체와 어떤 관계를 갖는가에 좌우됩니다. 그것은 다름 아닌 이질적인 존재와 사물 간의 관계 맺기가 인간의 몸과 사유에 무늬와 주름으로 남는 과정이며, 부단히 진화하는 존재로서 인간은 언제나 트랜스휴먼이었다고 볼 수 있습니다. 필자는 이질적인 사물이 몸에 접속하며 새로운 무늬를 생성하고 있는 과정을 의수·의치와 같은 인공 보철물의 영역과 트랜스휴먼에 대한 사유로 바라보고 있습니다.

2부 '깊어지는 시선'에서는 테크놀로지에 대한 인문학의 반성적 사유를 펼칩니다. 첨단과학과 테크놀로지에 대해 찬반양론이 뜨거운 오늘날의 현실을 객관적으로 진단하고 반성적으로 사유하는 네 편의 글이 여기 속합니다.

먼저 안상원의 「SF와 근대 과학(자)신화의 전복」은 과학발전에 대한 문학적 반응에 관한 것입니다. 과학만능주의의 신화가 확산되던 근대에 출현한 SF는 당시의 과학 현실에 대한 문학의 대답이었습니다. SF는 꾸준히 '추락하는 과학/과학자'의 서사를 제기하여 과학의 일방적 지배에 제동을 가하고 도구적 합리성에 매몰되는 근대 발전에 경종을 울림으로써 근대 과학신화의 '변증법'을 완성시켰습니다. 그러나 지난 세기 말 이후 과학만능주의의 서사는 더욱 강력해졌고 과학기술에 대한 전폭적 신뢰가 일종의 신앙처럼 확산되고 있습니다. 필자는 지난 세기 과학신화에 전복적 양상을 보이는 새로운 SF 서사를 해부하여, 테크놀로지 시대에 대한 문학의 새로운 답변과 기저에 깔린 의식 변화를 해명합니다. 이어지는 김응준의 「야만세계와 문명세계: 과학기술과 인간 변형」 역시 문학의 사례 분석을 통해 포스트휴먼의 태동과 진행에 대한 비판적 조망을 제시하는 글입니다. 헉슬리의 고전적 SF『멋진 신세계』를 시작으로 제시되어온 인간 향상 기술의 의미와 그것이 인간에게 미치는 변화와 변형요인들을 살펴보고, 이를 포스트휴먼 논의로 가져와서 인문적 시각에서 고찰하는 것입니다. 세 번째 글 「개인으로서의 삶의 가능성」에서 김종규는 디지털 사회에서 개인의 존재론적 의미에 대해 사유합니다. 서양에서 '개인'을 뜻하는 단어 'individual'은 '더 이상 쪼개질 수 없다'는 의미로, '개인'은 가장 근원적인 의미체입니다. 그러나 디지털 사회는 이러한 '개인'의 의미를 바꾸어놓았습니다. 디지털 사회에서 개인은 행위 정보의 집합체로서 끊임없이 사회로부터 정보의 제공과 공급을 강요받는 존재입니다. 이러한 개인의 의미 변화는 새로운 문제를 야기하는데, 그것은 개인정보 수집으로 인한 프라이버시 문제와 관련된 '잊힐 권리'입니다. 이 문제는 근원적으로 인문학의 죽음, 즉 '디지털 죽음'의 문제로 귀결됩니다. 필자는 이 문제를 단지 기술이나 법적 차원이 아닌 인간 존재의 본원적 차원에서 해명하고, 아울러 대처방안을 모색하고 있습니다. 마지막 글에서 김종엽은 「인간 자연성에 대한 기술공학적 개입과 윤리적 논쟁의 의미」를 다룹니다. 문명사적으로 우리는 흥미로운 시대를 통과하고 있습니다. 자연을 이윤과 효율을 보장하는 합목적적 대상으로 간주하는 시대를 훌쩍 넘어 인간적 삶에서 자연성의 경계가 흐릿한 자기표상의 시대를 맞이한 것입니다. 유전자 선별 능력과 공학기술의 발달로 오늘날 우리는 자연적 인간의 삶은 불필요한 구시대적 기획이라고 선언하기에 이르렀습니다. 이러한 자기이해의 급격한 변화는 인간 본성을 둘러싼 다양한 논쟁을 야기하게 됩니다. 인간의 정신과 신체 기능이 기존의 자연성과 한계를 벗어날 수 있다는 과학기술에 대한 믿음이 전통적 인간관과 마찰을 빚고 있기 때문입니다.

3부 '새로운 형식들'에서는 테크놀로지와 인문학의 하이브리드가 만들어낸 새로운 가능성을 제시합니다. 테크놀로지는 긍정과 부정의 복합적인 미래 전망을 야기하지만, 실제로 오늘날 다양한 문화 영역과 결합하여 새로운 형식들을 창출하고 있습니다. 이에 제3부는 음악과 무용, 문학연구 영역과의 결합에서 빚어지는 융복합적 형식에 할애됩니다. 나아가 경제 영역에서의 스마트서비스와 과학기술정책의 융복합에 관한 논의가 제시됩니다.

먼저 김주희의 「춤추는 포스트 신체(post-body)」는 몸을 근간으로 발전해 온 무용이 테크놀로지와 결합하면서 새로운 가능성으로 전개됨을 보여줍니다. 오늘날 무용 공연은 컴퓨터그래픽스, 모션캡처, 애니메이션, 3D입체영상, 홀로그램 등을 적극적으로 활용하고 있습니다. 무용수의 몸이 가상의 신체로 대체되는 것입니다. 초창기 가상신체의 등장은 무용수의 몸을 소외시키거나 가상의 신체와 무용수의 몸이 분리되는 구조였습니다. 하지만 지금은 컨버전스를 통한 '융합적 신체'를 무대 위에서 보여주고 있으며, 이러한 융합적 신체는 '포스트 신체'에 대한 논의를 가능케 합니다. 이 글에서는 춤 예술에서 표상되는 '포스트 신체'의 사례들을 살펴봅니다. 음악 분야에서 나타난 하이브리드화를 다룬 양인정의 「디지털 시대와 변화하는 음악문화」는 디지털 시대에 음악이 어떻게 수용되며 이해되고 있는지를 음악 매체의 변천과정을 통해 제시합니다. 아울러 다양하게 전개되는 변화에도 변함없이 존중되고 보존되어야 하는 음악의 가장 본성적인 내용이 무엇인가 하는 물음을 던져보고, 디지털 시대에 음악이 우리 삶에 어떻게 기여할 수 있을지 숙고해 봅니다. 문학에서도 자연과학적 연구 성과가 연구방법론으로 차용될 수 있습니다. 20세기 최고의 드라마 작가 브레히트와 동료 플라이써의 서사성을 뇌과학의 관점에서 비교·분석한 이정준의 글은 인문학과 자연과학이 결합된 융복합적 문예연구의 한 사례라고 할 수 있습니다. 마지막으로 김인숙은 「스마트한 서비스 세상과 문제해결형 융합 연구」에서 정책적으로 활용 가능한 실질적 모델을 제안합니다. 인터넷에 기초한 산업혁명 4.0은 생산과 유통 및 소비를 모두 연결하는 스마트 서비스 세상을 열기 시작했습니다. 이와 관련해 소비자가 원하는 다양한 제품을 소량 생산하고 인터넷으로 다양한 서비스를 제공하는 글로벌 시장은 이제 새로운 과학기술정책을 요구하고 있습니다. 이러한 변화는 우리의 인식을 변화시키는 동시에 삶과 문화 또한 변화시키고 있습니다. 이에 필자는 과학기술정책에 관한 문제를 해결하기 위해 관련된 사람들과 다양한 전공자들의 협력이 작동하는 방법을 소개하고, 그 과정에서 과학기술정책의 의사결정을 위한 중요한 원칙과 프로세스를 도출하게 됩니다.

오늘날 자연과학과 인문학은 서로 경계를 허물고 있습니다. 이런 흐름에서 인문학은 자연과학이 주도하는 미래 예측의 학문에 적극적으로 뛰어들어야 한다는 요청을 받고 있습니다. 인간을 고려하지 않고 과학과 기술의 발전에만 초점을 맞춰 미래를 그리는, 마치 공상영화 같은 미래 그리기를 방관할 수 없기 때문입니다. 그동안 인문학은 그 본연의 학문적 자세로 인간의 성과에 대한 의미를 찾아내었고, 그것은 현재의 우리 삶에 가치와 의미를 부여해 주었습니다. 그리고 의도했든 의도하지 않았든 인문학은 미래에 대한 비전을 찾는 데에도 적잖이 기여해 왔습니다. 이제 인문학은 자연과학과 테크놀로지에 대해 적극적으로 의심하고 질문을 던지며 소통을 시도해야 합니다. 이러한 시도가 잦아지고 계속 전개될 때 한편으로는 자연과학(자체와 그 결과물)을 연구하는/연구할 수 있는 인문학이, 다른 한편으로는 인문학적 사유를 수용하고 나아가 인문학의 문제를 다루는 자연과학이 발생하게 될 것입니다. 나아가 두 영역이 계속 융합하여 새롭고 거대한 학문 영역을 이룰 수 있는 날까지 전망할 수 있을 것입니다. 바로 그러한 의미에서 이 책 또한 하나의 역할을 수행하는 것이라 하겠습니다. 아무쪼록 이 책에 실린 글들이 테크놀로지가 침투한 오늘의 현실 곳곳에 인문정신을 다시 불어넣고, 독자들이 인간의 본질과 가치를 사유하고 모색하는 데에 작은 도움이나마 될 수 있기를 기대해 봅니다.

2015년 11월

성균관대학교 문과대학 학장,
전 하이브리드미래문화연구소 소장

이정준

목차

1부

이미 시작된 미래

HYBRID
Poiesis

트랜스휴머니즘과 인간
: 융합이 아니라 융화?
─아직 오지 않은 인간에 대한 현상학적 성찰

:: 이종관

1. 융합과학기술 앞에 선 삶의 미래: 인간의 죽음

융합의 명령

융합은 2002년 미국과학재단(National Science Foundation, NSF)에서 발간된 융합기술 보고서에서 본격적으로 등장했다. 여기서 미국인들은 융합기술의 가속적 발전을 통한 경제 생산성의 무한 증강과 죽지 않을 수 있다는 희망을 보았다. 그 희망은 어느 순간 우리나라에 스며들어와 경제·정치·문화를 이끌어가는 미래 삶의 이정표로 확고하게 자리 잡았다. 대체 2002년 융합기술 보고서는 어떤 배경에서 무엇을 말하고 있는가?

  첨단과학기술의 급속한 발전은 단순히 기술의 발전에 그치는 것이 아니라 급격한 사회문화적 변동을 초래한다. 이 사회문화적 변동은 다시 기술 발전에 되먹임되어 기술 발전을 촉진하고 있다. 이러한 급격한 상호변동의 과정에서 미래가 어떻게 전개될 것인가 하는 문제가 다른 무엇보다 우선하여 부각되고 있다. 세계 각국의 기업과 정부는 미래를 예측하기 위해 엄청난 물적·인적 자원을 투자하고 있다. 이러한 상황에서 인류의 미래에 대한 여러 예측이 난무하고 있다. 그중 가장 영향력 있는 미래비전은 테크노퓨처리즘(기술중심적 미래주의)이다. 이는 문자 그대로 급속히 발전한 첨단기술의 내적 논리를 파악하여 그로부터 미래를 바라보는 입장이다. 테크노퓨처리즘이 지배담론으로 등극한 것은, 앞에서 언급한 2002년 미국과학재단에서 출간된 한 보고서에 의해서이다. 이 보고서의 정확한 제목은 『인간의 성능 향상을 위한 융합기술(Convergent Technologies to Improve Human Performance)』이다. 여기서 첨단기술은 1) 나노과학과 나노기술, 2) 바이오기술과 바이오의학 및 유전공학, 3) 정보·컴퓨터과학 및 미디어이론과 기술, 4) 인지신경과학 및 인지과학기술로 특정되어 있어 NBIC 보고서라고 불리기도 한다.

NBIC 보고서에 등장하는 테크노퓨처리즘이 상당한 반향을 일으키며 미래전망을 독점하는 것은 예측이 과학적이기 때문이다. 이 보고서는 20세기 이후 첨단기술의 발전 추세를 통계적 방법을 도입하여 분석하였다. 이 분석 결과를 그래프로 그려보면 이미 컴퓨터칩의 발전 속도를 거듭제곱의 속도로 예측한 무어의 법칙과 같이 지수함수적 속도에 가까운 추세를 보이는 것으로 나타난다. 테크노퓨처리즘은 바로 이러한 결과에 외삽법을 적용하여 미래예측을 도출해 낸다. 그에 따르면 NBIC 기술이 거듭제곱의 속도로 발전하는 현 추세에서 각 기술발전 좌표축에 보이는 추세곡선은 소위 특이점에서 수렴하게 되는데, 이 특이점은 각 기술이 상호작용하며 결합하는 시점으로써, 이때부터 기술의 발전 속도는 폭발적으로 상승한다. 이러한 예측은 다음과 같은 테크노피아의 미래를 전망한다.[1]

트랜스휴머니즘과 인간-죽지 않는 인간

NBIC 융합은 공학적·조작적 융합이기 때문에 학문관 자체가 이미 도구주의적이다. 이러한 도구주의는 인간에게도 여지없이 적용된다. 이는 소위 초인간의 도래를 과학기술적으로 실현하고자 하는 트랜스휴머니즘으로 구체화되고, 현재의 테크노퓨처리즘은 사실상 트랜스휴머니즘에 의해 견인되고 있다. 트랜스휴머니즘은 구글과 나사가 지원하는 싱귤래리티대학의 총장인 레이 커즈와일, 나노물리학의 개척자 드렉슬러, 옥스퍼드대학의 철학자 닉 보스트롬 등 주로 영미권의 과학기술자와 철학자에 의해 주도되고 있다. 트랜스휴머니즘에 따르면 지수함수의 속도로 발전하는 나노기술, 바이오기술, 정보기술, 인지과학 등의 첨단기술이 특이점에—이 시점은 2040년으로 예측되고 있다—도달해 성공적으로 수렴되면, 첨단기술에 의해 성능이 완전하게 증강된 트랜스휴먼이 출현한다. 이 시점에 이르면 진화의 방향은 기술에 의해 조정되며, 자연적 진화와는 전혀 다른 새로운 차원의 진화가 기존의 과학이나 철학의 틀로는 상상할 수 없는 신세계를 펼쳐낸다.[2]

트랜스휴머니스트들은 첨단기술이 현재 모든 물리적 존재자들을 정보의 패턴으로 환원시키는 단계에 이르렀기에 물리적 존재자들을 이미 해부학적 차원에서 자유자재로 조작할 수 있다고 주장한다. 이러한 테크놀로지는 소위 인간 두뇌를 컴퓨터로 업로드하는 트랜스휴머니스트들의 미래비전에 결정적인 역할을 한다. 두뇌를 컴퓨터에 업로드하는 작업은 두뇌의 신경생리학적 작동원리가 정보공학적 패턴으로 시뮬레이션되고, 이 시뮬레이션 프로그램을 최적으로 구현하는 물리적 기반이 디지털 기술에 의해 제작됨으로써 실현가능하다. 이렇게 두뇌가 인간의 생물학적 신체로부터 컴퓨터로 업로드되면서 두뇌의 작동방식과 저장된 기억이 프로그램화되고 데이터화되어 동시에 옮겨진다면, 한 인간의 삶도 업로드되는 것이다. 뇌과학을 추종하는 철학자들이 주장하는 바에 따르면, 인간의 삶은 사실 생물학적 두뇌의 활동에 의해 결정되는 것이기 때문이다.

이렇게 개인의 삶을 결정하는 두뇌의 활동과 기억이 운명적으로 지니고 태어난 생체를 떠나 다른 물리적 기반으로 옮겨질 수 있다면, 설령 그 몸이 생물학적 수명을 다한다 해도, 인간은 다른 곳으로 자신의 삶을 업로드하여 영생할 수 있는 것이다. 이제 몸 자체는 존재의 기반으로서의 의미를 상실한다. 미래의 트랜스휴먼에게 몸은 인공생명의 외부를 둘러싸는 껍질이나 표피 나아가 장식물에 불과하다. 그것은 여러 가지 다른 물질로, 또 다른 모습으로 대체 가능하기 때문이다. 이런 트랜스휴먼에게 몸과 의상의 구별은 더 이상 의미가 없다. 따라서 몸에 대한 자유자재의 다양한 디자인이 활성화될 것이다. 그뿐만 아니라, 어떤 경우에는 몸을 고체 상태로, 어떤 경우에는 액체 상태로, 심지어는 기체 상태와 같은 홀로그램으로 물질화하는 시도가 추진될 것이다. 이러한 미래비전은 현재 최고의 미래학자이며 첨단기술자로 평가받고 있는 레이 커즈와일이나 인지과학자 한스 모라빅에 의해 주장되고 있다. 그리고 2015년부터 삶을 홀로그램으로 업로드하여 기체적 트랜스휴먼을 출현시킬 연구 프로젝트가 대규모 연구비 투입으로 개시된다.

2. 융합기술이 탄생시킨 융합인간-트랜스휴먼과 인공생명

2020년을 향해가는 지금 테크노퓨처리즘은 어떤 상황에 있는가? 테크노퓨처리즘은 시장의 이익에 부합한다는 이유에서 거대자본과 첨단기업 그리고 첨단산업의 육성을 목표로 하는 각국 정부의 직간접적 지원을 받으며 압도적인 메인스트림을 형성하고 있다. 그 상징적 사례가 바로 싱귤래리티대학이며, 이 대학 총장인 커즈와일은 '퓨처리스트(Futurist)'라는 국제단체를 중심으로 방대한 국제 네트워크를 형성하며 미래지향적 정부정책에 영향을 미치고 있다. 우리나라에도 수차례 방문하여 정부의 미래정책을 자문한 바 있으며 최근에는 아예 구글의 기술 담당 고위임원으로 취임하여 구글의 미래를 지휘하고 있다. 커즈와일은 2013년 5월에도 방한하여 창조경제를 자문하는 순회강연을 가진 바 있다. 그러나 과연 테크노퓨처리즘이 역사의 메인스트림을 장악하면서 미래를 책임질 수 있는가? 진정 미래는 트랜스휴먼이 주체가 되는 역사의 새로운 단계로 열릴 것인가? 인간은 미래를 트랜스휴먼을 향해 가는 테크노퓨처리즘에 맡길 수 있는가? 인간의 삶, 그 삶의 미래와 관련된 이러한 문제는 실로 철학적 성찰을 절실히 요구한다.

트랜스휴먼의 도래와 관련해서 확고한 기반으로 역할을 하고 있는 것은 IT와 BT의 융합으로 출현한 인공생명기술이다. 여기에는 다음과 같은 이유가 있다. 인간의 인간성을 구성하는 것으로 여러 가지를 꼽을 수 있지만, 가장 무리 없이 합의할 수 있는 것은 인간은 지능적 존재임과 동시에 생명적 존재라는 것이다. 바로 이 때문에 존재하는 것 중의 최고의 존재자로서 인간은 그 자신을 찬양해 왔다. 인간 존재에 대한 이러한 규정과 인간의 자기 찬양은, 언급된 특성을 보다 더 잘 구현하면 할수록 인간으로서 존재의 진정성을 높게 인정받는다는 사실을 함축한다. 즉, 인간이 지능적인 생명체로서 존재한다면, 보다 더 지능적이며 보다 더 생명적 생동성을 보일수록 인간의 존재규정에 진정하게 다가가는 것이다. 따라서 그러한 존재자는 고등존재자로서 존재의 권리에서 우선권을 갖는다. 그러나 인간이 발전시키고 있는 최근의 첨단기술은 인간의 존재를 역설적 상황에 처하게 만든다. 지금까지의 인간은 그의 존재규정에서 보면 자신을 흉내 낸 가상 존재자보다 미흡하므로 존재의 권리에서 뒤처진다는 것이다. 이러한 역설이 노골화되고 있는 기술이 바로 앞서 언급한 IT와 BT의 융합을 통해 출현한 인공생명기술이다. 이 기술에 의거하여 트랜스휴머니스트들은 다음과 같이 미래를 그린다. "호모사피엔스는 지구 상 최초로 진화와 한계의 의식을 가진 종이며, 인간은 종국적으로 이들 제한을 넘어서 진화된 인간, 즉 트랜스휴먼과 포스트휴먼으로 발전할 것이다. 이 과정은 영장류에서 인간으로 진화한 과정과는 달리 애벌레에서 나비가 되듯 빠른 과정이 될 것이다. 미래의 지능을 가진 생명체는 인간과 전혀 닮지 않았을 것이며, 탄소 기반 유기체는 기타 과잉 유기체와 혼합될 것이다. 이러한 포스트휴먼은 탄소 기반 시스템뿐만 아니라 우주여행과 같은 상이한 환경에 보다 유리한 실리콘 및 기타 플랫폼에 의존할 것이다."[3] 그런데 인공생명(이하 AL로 약칭)이란 무엇인가? 인공생명기술은 어떻게 인간을 역설적인 존재 상황에 처하게 하는가?

인공생명기술의 핵심 내용

AL은 발전의 한계를 드러낸 기존 인공지능(AI) 연구가 그 이론적 토대인 칸트적 인식론을 버텀 업의 방향으로 혁신하는 가운데, 유전공학의 연구 결과를 수용하고 이를 컴퓨터언어로 번역하여 진화론적 설계를 시도하면서 탄생하였다. 우선 AL 개발자들은 실증생물학에서 생명의 현상적 특징으로 규정한 내용을 출발점으로 삼는데, 그에 따르면 생명은 다음과 같은 특징을 갖는 것이다. 1) 성장, 2) 증식, 3) 자기유지, 4) 자율적 조절과 환경에의 적응, 5) 영양분과 에너지 필요. 이러한 현상적 특징은 보다 면밀한 생화학적 연구에서 다음과 같이 파악되었다. 1) 생명은 세포로 되어 있다, 2) 생명은 수용액에서 일어나는 탄소 염기의 화학작용에 기초하고 있다, 3) 거대하고 복잡한 부자 DNA가 세포활동을 통제하고 또한 후손에게 전달되는 유전인자를 담은 프로그램을 만들어낸다. 이를 보다 일반화하면 다음과 같다. 1) 생명은 진화할 능력을 가지고 있다, 2) 생명은 형태와 기능을 지배하며 복제되고 전달되는 정보이다, 3) 생명은 자기조직화의 몇 가지 일반법칙을 활동 중에 드러낸다.

AL은 생명의 특성을 세포자동자(이하 CA로 약칭)로 모델링하는 데 성공했다. CA의 작동원리는 다음과 같다. 컴퓨터 프로그램을 통해 컴퓨터 모니터 화면을 격자판으로 나누어 그 격자판 한 칸을 하나의 세포로 취급하고 각 세포에게 주어진 현재 조건과 그 이웃들의 조건 속에서 그것이 발전해 가는 방법을 기술한 규칙(유전정보)을 줄 수 있다. 그러고 나서 세포가 활성화하고 세포의 시스템이 발전해 가는 것을 지켜보면, 규칙에서 무작위적 변화(돌연변이)의 가능성이 구체화됨을 볼 수도 있고 시스템의 행위에서 진화를 기대해 볼 수도 있다. 이 시스템은 실제 생명에 비해 훨씬 단순하지만, 놀랍도록 생명과 닮은 행위의 패턴을 많이 보여준다. 구체적으로 말해서 각 CA는 단순한 유한 상태의 기계로서 작동하는데, 이때 CA는 (켜짐과 꺼짐의) 초기 조건에 의해서만 결정되고 작동방식을 명령하는 규칙과 각 순간에 그에 이웃한 세포의 상태에 의해 결정된다. 예컨대 한 그룹의 CA 규칙이 인접한 두 개가 켜 있을 때는 켜짐, 그 외에는 꺼짐이라 하자. 각 세포가 그 규칙에 따라 인접 세포의 상태를 점검하며 켜짐과 꺼짐의 상태로 변화될 때, 동시에 그 인접 세포도 같은 규칙에 따라 그의 편에서 인접해 있는 세포의 상태를 점검하며 자신의 상태를 갱신해 갈 것이다.

이 방식으로 세포 격자는 여러 세대를 거칠 것이며, 수백 세대로 뻗어가는 가운데 CA들 간의 상호작용에서 자발적으로 창발하는 수백 가지의 극도로 복잡한 패턴이 형성될 것이다. 이것이 컴퓨터에 프로그램되어 모니터에 디스플레이되면 살아 있다는 강렬한 인상을 준다. 에드워드 프레드킨은 바로 이렇게 다양한 구성요소들로부터 복잡한 동적 패턴이 창발하는 것에 착안하여 자연계에서 패턴의 형성과 소멸을 설명할 수 있다고 보고, 이 우주에서 모든 것이 형성되는 근본 구조를 CA에서 찾고 있다. 즉 자연계에서의 생성원리는 이제 다음과 같은 질문으로 변형되어 탐구된다. 어떻게 CA의 기초적 구조로부터 자발적으로 고수준의 연산이 창발하는가. 랭턴은 이 부문에서 괄목할 만한 성과를 이루었다. 그는 CA가 컴퓨테이션의 기본작동을 지원하는 조건은 정보의 전달, 저장, 변이를 요구하는 것으로 분석하였다. 이러한 그의 연구는 창발이 질서 지어진 구조와 무질서한 영역의 경계에서 발생할 가능성이 있음을 시사한다. 질서 지어진 영역에서 세포들은 극도로 상호의존하게 하는 규칙을 통해 서로 긴밀하게 묶여 있다. 질서로 유도하는 것은 이러한 상호의존이다. 그러나 긴밀하게 질서 지어진 구조는 통합체로서의 세포가 고수준의 연산을 수행할 수 없음을, 특히 정보의 전달과 변형을 수행할 수 없음을 뜻한다. 반면 무질서에서는 세포들이 서로 독립적이다. 이 상호독립성이 세포들을 무질서하게 나타나게 하는 이유이다. 이러한 상태는 정보의 전달과 변이를 가능하게 하지만 어떤 패턴도 오래 지속되지 않기 때문에 정보의 저장이 문제가 된다. 카오스와 질서의 경계 영역에서만 패턴이 형성되고 변이되고 소멸하지 않고 전달되는 것을 허용하는 필연적인 혁신과 복제의 긴장이 있다.

인공생명 기술의 철학적 함의-인간 존재의 딜레마와 철학

생명현상을 구현하는 CA는 실로 엄청난 사고의 혁신을 촉발시킨다. 우선 현재 생물학이 "있는 그대로의 생명체"에서 생명의 고유 특성으로 포착해 낸 현상들이 전혀 손상됨 없이 다른 매체 혹은 물리적 기반을 통해 구현된다는 것이다. 우리가 알고 있는 그대로의 생명체는 물리적으로 보면 탄소를 기반으로 한 단백질 생명체이다. 그런데 CA는 탄소를 기반으로 한 단백질 생명체만이 생명의 고유한 진화의 특성을 구현하는 유일한 존재자가 아니라 생명의 고유 특성이 탄소가 아닌 다른 매체, 즉 실리콘을 통해 실현될 수 있다는 것을 보여준다. 이는 생명의 본질을 결정하는 본질적 요소가 생명을 구성하는 물질적 기반이 아니라 생명의 진화과정을 가능하게 하는 원리라는 것을 의미한다. 그리고 나아가 생명의 진화원리는 "있는 그대로의 생명체"에서처럼 탄소에 기반할 때보다는 실리콘을 기반으로 할 때 장애 없이 또 빠른 속도로 구현될 수 있음을 보여주는 것이다. 다시 말해서 탄소를 기반으로 한 생명의 진화원리는 장애 받고 저지되어 생명현상의 발생에 교란이 일어나는 경우가 있지만, 실리콘을 기반으로 디지털로 구현되는 생명의 원리에서 생명진화 현상은 다른 물리적 매체에 기반할 때보다 훨씬 더 빠르고 생동적이다. 이는 마치 크리스털을 기반으로 한 생명의 현상이 초보적인 생명의 모습을 보여주었던 반면, 자연사에서 탄소에 기반한 단백질 생명이 발생하자 생명의 진화원리가 그 이전보다 잘 구현되었던 것과 같다.[4] 따라서 다음과 같은 주장이 가능하다. 탄소를 기반으로 한 단백질 생명에 비해 현저히 떨어지는 생명의 진화 현상을 보여주는 크리스털에 비교하여 단백질 생명체를 진정한 생명체라고 해야 한다면, 후자보다 생명의 진화 특성을 탁월하게 구현하는 실리콘 기반 디지털 생명을 이제 진정한 생명체라고 해야 한다. 크리스털보다 단백질 기반 생명이 생명의 원리를 더 잘 살아내듯, 실리콘 기반 디지털 생명이 탄소 기반 단백질 생명체보다 생명의 원리를 더 잘 살아내는 생명이기 때문이다. 이러한 입장에서 세계는 크리스털에서 탄소를 거쳐 실리콘 생명으로 진화하는 과정을 거치고 있는 것으로 드러난다. 여기서 우리의 통념을 전복시키는 새로운 사실이 돌출된다. 디지털 생명은 탄소 기반 생명을 모사한 가상생명이 아니라, 이 가상생명이 오히려 생명의 원리를 실재적으로 구현하는 실재생명이라는 것이다. 이 가상생명이 우리가 현실생명으로 알고 있는 생명의 원리를 진정으로 구현하기 때문이다. 그렇다면, 생명은 컴퓨터상에서 구현되는 프로그램에 불과하다. 이제 인간이 만들어낸 컴퓨터에 의해 잠재적 상태의 자연적 컴퓨터가 현실화된 것이다.

그리하여 생명의 카테고리는 이원화된다. "현재 우리가 알고 있는 그대로의 생명체"와 생명의 원리를 구현하는 "있을 수 있는 생명체"가 그것이다. 전자는 물을 필요로 하고 살로 이루어져 있다는 점에서 "Wet-life"라 불리고, 후자는 물 없이 실리콘으로 구현될 수 있기에 "Dry-Life"라 불린다. 이는 생명의 진화 역사가 다른 차원으로 진입하고 있음을 시사한다. 지금까지의 진화가 Wet-Life 테두리 안에서 일어난 탄소 기반 단백질 진화라면, 이제부터의 진화는 Dry-life를 향해 비약적으로 일어나는 것이다. 이러한 관점에서 보면 현재 초미의 관심사인 유전공학이 만일 Wet-Life의 테두리 안에서 생명의 공학적 조작을 시도하는 기술이라면, 이러한 기술은 AL에 비해 덜 진화된 기술이다. 이에 세계를 실재와 가상으로 구분하던 종래의 형이상학적 개념구도는 퇴장해야 할 것이다. 실재와 가상은 진정으로 존재하는 것과 그것을 모사하지만 실재로는 존재하지 않는 것으로 구분되는 것이 아니다. 그러한 구분은 사실상 생명이나 존재원리를 구현하는 물리적 기반, 혹은 매체의 차이에 불과하기 때문이다. 우리가 실재라고 여기는 것은 어떤 특정한 매체, 예컨대 탄소에서 실현된 현실을 실재 그 자체로 간주하는 편협한 사고일 뿐이다. 실리콘으로 구현되는 현실이나 생명이 실재성을 주장할 수 있다면, 그리고 실리콘으로 구현되는 현실이나 생명이 오히려 실재의 원리와 생명의 원리를 더 잘 구현할 수 있다면, 실재는 물리적 실재와 그것을 디지털 테크닉으로 흉내 낸 가상으로 구분되는 것이 아니라 아직 현실화되지 않는 잠재적 현실과 이미 어떤 매체를 통해서 현실화된 실재로 구분되어야 한다. 때문에 우리는 앞으로 다가올 가상현실의 시대와 가상생명의 시대가 가짜이며 거짓이고, 인간은 이제 거짓과 가짜의 악령에 사로잡혔다고 탄식할 필요가 없는 것이다.

여기서 진본과 시뮬레이션의 관계가 전복된다. AL의 출현은 우리가 지금까지 시뮬레이션으로 알고 있던 것이 우리가 지금까지 진본으로 알고 있는 것보다 더 진정하다는 사고의 반전을 유발하는 것이다. 이제 인간은 묘한 실존적 결단 상황에 처한다. 디지털 생명의 출현을 적어도 자신보다 생명의 원리에 더 가까운 진정한 생명체의 출현으로 인정하고 진화역사에서 도태해야 하는가. 우리는 진짜 생명체의 출현을 거부하지 말고 오히려 환영해야 하는 것 아닌가. 그것이 보다 윤리적이 아닌가! 더 진정한 것이 나타나면 덜 진정한 것은 자리를 비켜주어야 하는 것이 윤리적 인간이 취해야 하는 행동이기 때문이다. 우리는 지금까지 생명은 생산될 수 없으며 AL은 가상이고 가짜이고, 따라서 AL의 출현은 금지되든지 최소한 규제되어야 한다고 주장했다. 그래서 우리는 복제인간을 탄생시키려는 클로네이드사의 황당한 행위를 도덕적으로 비난해 왔던 것이다. 그러나 생명공학적 Wet-life의 복제가 아니라 디지털 기술을 통해 인간과는 물리적 기반이 다른, 그래서 인간의 복제품이 아니라 전혀 다른 매체로, 예컨대 살도 없이 실리콘으로만 생명의 원리를 구현하는 존재자가 출현한다면, 거기에 도덕적 비난을 가하는 것이 오히려 비윤리적이 아닌가. 그래서 우리는 결국 정보공학을 더욱 발전시켜 우리를 능가하는 AL의 도래를 기다려야 하는 것이 아닌가. 메시아는 이제 그렇게 오는 것이 아닌가!

앞으로 철학이 해야 할 일은 무엇인가? 적어도 한 가지는 분명하다. 인간이 미래에 어떤 선택을 해야 할지를 고뇌하는 학문은 없다. 있다면 오직 철학뿐이다. 따라서 철학의 과제는 다음과 같이 주어진다. 인간은 생명진화의 역사에서 도태를 선언하고 꺼져 들어가야 하는지 아니면 인간에게 주어진 존재사의 운명이 소진될 수 없다고 주장하며 계속 존재해야 하는지, 철학은 그에 대한 판단 근거를 제공해야 한다. 그러기 위해 이러한 상황의 발원지를 거슬러 올라가 과연 그것이 정당화될 수 있는지 성찰해야 한다. AL의 출현과 그 AL이 생명의 진정성을 보다 잘 구현하고 있다는 주장은 사실상 생명을 순전히 실증생물학의 입장에서 고찰하여 생명의 원리를 발견하고 그 원리가 디지털에서 최적으로 구현된다는 데 근거하고 있다. 따라서 철학의 과제는 실증생물학에서 주장되는 생명의 원리가 과연 타당한지를 철저히 검토하는 것이다. 그럼에도 철학이 실증생물학의 타당성을 과학이란 미명 아래 무비판적으로 추종하고 오히려 그 생물학에 기반하여 철학적 작업을 진행한다면, 그리하여 인식론도 진화론적 인식론으로, 윤리학도 진화론적 윤리학으로 전개한다면, 철학이 도태와 지속 사이에서 고뇌하고 있는 인간의 실존적 결단에 제공할 수 있는 답변은 오직 하나이다. 인간, 그들은 존재의 역사에서 추방되어야 한다는 것이다. 이제 철학은 AL을 계산주의, 환원주의, 물리주의, 기능주의로 정당화하며 인간의 처형에 앞장서야 할 것인가?

3. 생명, 인공생명, 그리고 인간

AL에 기대어 트랜스휴먼의 도래를 향한 새로운 디지털 진화를 예견하는 테크노퓨처리즘을 검토해 보면, 유감스럽게도 근본적인 성찰을 요하는 문제가 자명한 듯 전제되어 있다. 인간은 동물 등의 생명체와 동일한 범주에 속하며 동일한 생명의 원리를 공유한다는 것이다. 그리고 생명은 실증생물학에서 정의하는 바와 같이 여러 단계의 진화과정을 거쳐 고등생명체인 인간을 출현시킨다는 것이다. 그런데 정녕 인간의 삶은 동물과 동일한 생명의 원리를 공유하는가. 그리고 인간은 생명의 진화가 출현시킨 고도의 인지능력을 가진 생명체인가. 바로 이러한 차원에서 생명에 대한 철학적 성찰을 착수한 철학자가 하이데거이다. 물론 하이데거는 AL이 등장하기 이전에 죽었다. 그럼에도 그는 AL에서 발원하는 문제점을 철학적인 차원에서 성찰할 기회를 생명에 관한 논의를 통해 제공하고 있다.

생명에 관한 하이데거의 논의는 인간과 동물이 존재하는 방식의 존재론적 차이를 드러내는 데 집중된다. 그런데 이러한 그의 작업은 1) 물리적 생명론과 유기체적 생명론 구도의 갑론을박으로 혼란을 겪고 있는 생명논의를, 이 구도 자체를 해체함으로써 생명의 고유한 존재방식을 분명하게 드러내는 작업을 거쳐 2) 그 과정에서 얻어진 내용을 토

대로 다시 인간과 동물이 전혀 다른 방식으로 존재한다는 사실을 밝혀
낸다. 그리고 이는 인간을 생명진화의 결과로 나타난 생명의 일종으로
보는 생물학적 인간론의 전제를 무력화하는 결과를 낳는다.

생명의 존재론

하이데거가 밝혀낸 생명의 고유한 존재방식은 다음과 같다. 생명이 사
는 세계는 충동의 억제와 탈억제 그리고 전환의 폐쇄적 회로로 형성
되어 있으며, 동물은 그 회로에 사로잡혀 오직 그 회로 내에서 가능한
방식으로만 행동한다. 하이데거는 여러 생물학적 예를 들고 있는데,
발칸반도의 테라캐넌에 서식하는 산양의 예는 환경에 사로잡힌 생명
의 생존방식을 좀 더 분명히 드러낸다. 이 산양이 사는 곳은 험준한 절
벽이다. 산양은 이 절벽을 아슬아슬하게 타고 넘으며 먹이를 구하고
때에 따라 가파른 바위틈에서 휴식을 취하며 살아간다. 하지만 이러
한 생존방식은 위험천만하다. 조사에 따르면 이곳에서 서식하는 산양
의 경우, 포식자에 잡혀 죽는 것보다 절벽에서 추락사하는 비율이 높
다. 그럼에도 산양은 이 위험한 환경에서 살아남기 위해 어떤 조치도
취하지 않는다. 또 이 위험한 환경으로부터 벗어나 더 안전한 환경을
찾지도 않는다. 왜 그럴까? 산양에게 이곳은 위험한 곳이 아니기 때문
이다. 절벽은 산양으로서 생존할 수 있는 산양들 고유의 환경이며 그
곳에 살다 추락사하는 것도 그들의 생존방식이다. 산양이 절벽을 기어
오르며 사는 것은 산악인이 위험을 무릅쓰고 절벽을 등반하는 것과는
근본적으로 다르다. 산악인은 위험한 곳을 찾아 위험을 무릅쓰고 절벽
을 오르며 위험을 선택하고 그 과정에서 추락사라는 불운을 당하기도

한다. 그러나 산양은 산악인처럼 위험을 선택하는 것이 아니다. 산양은 생존환경이 위험하다는 사실을 확인하고 그곳에 사는 것이 아니기 때문이다. 산양이 사는 절벽은 절벽이 아니며 따라서 추락사도 추락사가 아니다. 인간에게는 추락사라는 불운이 산양에게는 정상적인 생존방식이기 때문이다. 산양은 주어진 환경에서 추락이라는 위험에 사로잡힌 방식으로 생존하는 것이다.

이러한 사례에서 생명에게 고유한 존재방식은 다음과 같이 발견된다. 동물과 같은 생명체가 존재하는 방식에서 동물이 사는 세계는 동물이 생존하는 데 완결된 폐쇄성으로 특징지어진다. 동물의 행동과 환경은 순환하는 고리를 형성하고 있는 것이다. 따라서 하이데거는 동물의 환경을 환경이라고 부르기보다는 행동에 둘려쳐지는 두름테(Umweltring)로 칭한다. 하이데거에게 생명의 존재방식은 각 생명의 행동을 고유하게 하는 두름테와 분리할 수 없는 것이었다. 그에게 동물은 동물로서 영양물과 먹이, 또 적과 교미 상대와 특정한 관계를 갖고 있을 뿐만 아니라 생존하는 동안 생존을 매개하는 매체에 정체하고 있다. 그것이 물이든 공기이든 아니면 둘 다이건 간에, 동물은 매개물을 알아차리지 못한다.

이는 객관적 세계라는 개념이 동물의 세계에는 성립하지 않음을 보여준다. 생명체에게 세계는 생존에 필요한 충동 고리에 따라 테두리지어진 환경, 즉 두름테들이 맞물려 있는 모습이다. 생명과 두름테의 관계는 이미 생명이 환경에 담겨 있는 방식이 아니기 때문이다. 생명이 살아 있다는 것은 생명이 생존 과정에서 끊임없이 행동하는 가운데 스스로 생존을 가능하게 하는 환경을 테로 둘러싸며, 그 테를 쟁취하면서 동시에 사로잡히는 과정이다. 이러한 의미에서 "자신을 테 두름"은 "그 안으로 다른 모든 능력이 개입되고 또 그로부터 자라나는 근본 능력"이다. 결국 각 생명체는 동일하게 밀림이라는 하나의 세계에 존재하는 것이 아니라 자신의 생존을 가능하게 하는 환경을 두름 테로서 행동을 통해 쟁취하는 가운데, 그 환경과의 밀착성 속에서 그것에 한계 지어진 방식으로 그 한계에 사로잡혀 충동적으로 행동함으로써 존재한다. 요컨대 밀림은 생명체에게 하나의 객관적 세계가 아니라, 각 생명체의 생존 행동반경으로 다르게 구성되어 있다. 그리고 이러한 생존 행동반경은 때로는 부분적으로 맞물리면서 생명체의 행동 간의 관계를 형성하기도 하고 때로는 전혀 관계없는 반경으로 구분되기도 한다.

인공생명의 허구적 생명성

하이데거의 생명에 대한 논의가 AL에 근거하여 상상을 초월하는 디지털 고등생명체, 즉 트랜스휴먼을 향한 급속한 진화를 예측하는 테크노퓨처리즘에 대해 갖는 의미는 무엇인가? 앞에서 논의한 AL의 핵심은 다음과 같다. AL을 구현하는 CA는 컴퓨터 프로그램을 통해 컴퓨터 모니터 화면을 격자판으로 나누어 그 격자판 한 칸을 하나의 세포로 취급하고, 각 세포에게 주어진 자신의 현재조건과 그 이웃들의 조건 속에서 그것이 발전해 가는 방법을 기술한 규칙(유전정보)을 줄 수 있다. 그것이 활성화하고 세포의 시스템이 발전해 가는 것을 지켜보면, 무작위적 변화(돌연변이)와 시스템의 진화가 시연된다. AL은 이렇게 CA에서 기존 생물학에서 주장하는 진화론적 변화를 컴퓨터로 완벽하게 시뮬레이션할 수 있다는 점에서 결국 진화를 디지털로 구현되는 과정과 동일시하고 있다. 그러나 여기에 머물지 않는다. AL의 연구자들과 이 연구 성과에 고무된 트랜스휴머니스트들은 실리콘을 기반으로 디지털알고리즘으로 구현되는 진화의 과정이 장애 없이 진화의 원리를 완벽하고 빠른 속도로 구현한다는 사실에 열광한다. 그리고 이 때문에 실리콘 기반 진화에서 오히려 생명진화의 진정성을 발견하려 한다. 이는 다시 AL을 컴퓨터 모니터상에서만 아니라 나노기술을 통한 3차원 입체 물질 생명체로 구현하려는 야심찬 시도로 비화한다. 실로 AL을 모니터에 어른거리는 가상의 세계의 이미지가 아니라 현실세계 거주자로, 다시 말해서 마른 인공생명이 아니라 젖은 인공생명으로 제조하려는 기획이 본격화되고 있다.[5] 이른바 바이오 3D 프린터가 대표적인 경우이다. 이 와중에 전대미문의 역사철학적 혁명이 일어나고 있다. 지금까지의 자연과 문화의 역사가 거대한 디지털 진화로 탈바꿈한다는 테크노퓨처리스트들의 미래비전이 그것이다.

바로 여기서 중요한 사실이 목격된다. 그것은 AL이 과거와는 다른 물리적 기반 위에서 다른 속도와 양상을 갖는 진화론을 주장하고 있음에도 자연적 진화의 근본 양상에 대해서는 이의를 제기하지 않는다는 점이다. 물론 AL이 구현하는 진화에서 고전적 다윈류의 진화론이 그대로 답습되는 것은 아니다. 다윈에 따르면 생명체는 객관적으로 존재하는 동일한 세계에 함께 존재하며 그 세계에 적응하면서 생존하는데 이 과정에서 보다 우수한 적응능력을 갖는 것이 생존하는 방향으로 진화가 전개된다. 하지만 AL은 이렇게 객관적으로 존재하는 생명의 세계를 전제하지 않는다. 생명체들은 서로 상호작용하는 가운데 그것들이 생존할 수 있는 환경이 생겨나는데, 이 환경은 다시 그 안에서 생존하고 있는 생명체의 상호작용 양상에 따라 비약적인 변화의 과정을 출현시키며 생명체를 고도의 단계로 진화시킨다. 요컨대, 다윈과 AL의 차이는 AL은 모든 생명체에 동일한 객관적 세계를 전제하지 않으면서 진화를 비선형적인 창발 과정으로 파악한다는 점이다.

이렇게 진화를 파악하는 관점의 상이성에도 불구하고 AL은 자연진화론의 근본적 가정을 보다 과격한 형태로 차용하고 있다. 그것은 바로 기존 생물학에서, 특히 진화론에서 당연하게 주장되고 있는 전제이다. 즉, 진화는 상호작용의 복잡성의 증가에 따라 보다 고도의 단계로 진화한다는 생명세계의 서열화구조이다. AL에 그대로 침투되어 있는 생명의 서열화구조를 AL의 연구영역에서 논의되고 있는 언어로 노출시키면 다음과 같다. 생명은 복잡성이 증대하는 방향으로 진화한다. 원핵 단세포 생명체는 보다 복잡한 진핵 단세포를 거쳐 다세포 생명체로 진화하고, 이것은 다시 복잡한 감각 처리 능력을 갖는 척추동물로 발전하여 결국 언어와 고도의 기술을 사용하는 고도의 지적 생명체로 진화한다. 인공생명의 거의 모든 시도들은 이렇게 고도의 지적 존재를 탄생시키는 열린 진화를, 프로그램 알고리즘을 통해 실리콘, 나아가 나노기술을 통한 새로운 합성물질로 구현하려 한다.[6] 그러나 하이데거의 입장을 통해 검토해 보면 AL이 소위 젖은 생명의 생물학으로부터 무비판적으로 차용하고 있는 생명세계의 서열화구조의 문제점이 폭로된다. 앞에서 밝힌 바 있듯이 생명체들의 세계는 각기 그들의 생존에 필요한 행위를 촉발시키는 고유한 환경으로 다양화되고 있으며, 이 고유한 환경들이 각기 갖는 관계는 우열을 따질 수 없기 때문이다.

사자는 모든 것을 물어 죽일 수 있는 밀림의 최고 포식자이다. 하지만 그런 사자도 모기에는 속수무책으로 물어 뜯긴다. 모기는 미미한 충격에도 생명을 잃는 나약한 곤충이지만, 그의 환경에서는 밀림의 왕자라 일컬어지는 사자를 깨무는 능력을 발휘한다. 사자는 그의 생존에 필요한 모든 것을 물어 죽일 수 있는 능력이 발휘될 수 있는 환경에서 최고의 포식자로 생존하지만, 모기는 그것이 생존하는 데 필요한 한, 사자를 물어 그 피를 빼는 능력을 발휘할 수 있는 환경과의 합일 속에서 생존한다. 모기가 생존하는 그 환경에서 사자는 어떤 공격력도 발휘할 수 없는 무능력한 존재자이다. 밀림을 환경으로 최고의 포식자로서 생존하는 사자는, 그러나 모기의 환경에 들어올 수 없으며 모기도 밀림의 최고의 포식자의 먹이가 될 수 있도록 사자의 환경에 들어올 수 없다. 이러한 의미에서 모기의 환경이 사자의 환경에 비해 불완전하거나 열등한 것이 아니다. 오히려 모기에게 사자는 밀림의 황제로 존재하는 것이 아니라 모기의 생존에 피를 제공하는 하나의 피식체로 존재한다. 여기서 분명해지는 것은, 생명체의 세계가 빈곤하다고 했을 때 하이데거에게 빈곤은 가치론적 미결이나 불완전성 등과 같이 어떤 열등한 상태를 말하는 것이 아니라는 점이다. 그것은 오히려 완결성을 의미한다.

이러한 사실을 간과한 AL의 연구는 비록 기존 진화론처럼 객관적 세계와 적응론을 따르지 않는다 해도, 일종의 성층존재론, 생명의 세계는 단순한 하등 생명체에서 고등 생명체의 세계로 서열화되는 특성을 갖는다는 진화론의 유산을 물려받고 있다. 이 유산은 AL이 진화 구성요소들의 상호작용이 활성화되면 새로운 차원을 향한 창발적 변화가 일어나는 CA의 현상을 보다 고등의 생명체로 진화하는 과정의 시뮬레이션으로 파악하고, 이 CA의 프로그램은 실행되는 알고리즘을 생명진화의 원리와 동일시하고 있는 데서 목격된다. 그 유산은 호세 코르데이로가 AL의 연구에 고무되어 선언하는 미래비전에서 다음과 같이 적나라하게 드러난다. "호모사피엔스는 지구 상 최초로 진화와 한계의 의식을 가진 종이며, 인간은 종국적으로 이들 제한을 넘어서 진화된 인간, 즉 트랜스휴먼과 포스트휴먼으로 발전할 것이다. 이 과정은 영장류에서 인간으로 진화한 과정과는 달리 애벌레에서 나비가 되듯 빠른 과정이 될 것이다. 미래의 지능을 가진 생명체는 인간을 전혀 닮지 않을 것이며, 탄소 기반 유기체는 기타 과잉 유기체와 혼합될 것이다. 이러한 포스트휴먼은 탄소 기반 시스템뿐만 아니라 우주여행과 같은 상이한 환경에 보다 유리한 실리콘 및 기타 플랫폼에 의존할 것이다."[7] 그러나 생명체들이 생존하는 환경들의 관계는 가장 낮은 물질계에서 시작하여 보다 높은 차원으로 수직적 변화가 일어나 고등의 지능적 존재로 상승하는 것이 아니다. 하이데거가 강조하듯 "자연은—죽어 있든 살아 있든—가장 낮은 층으로 그 위에 인간존재라는 층이 성립하는 발판과 같은 것이 아니다." 따라서 CA에서 아무리 역동적으로 세포들이 상호작용하는 가운데 그 세포들의 상호작용에서 그다음 세대에는 보다 고수준으로 비약하는 역동적 변화가 일어나는 과정이 창발한다고 해도 이 과정은 생명현상이 아니다. 오히려 생명의 역사는 서로서로 맞물려 짜여지는 양상에 비유하는 것이 하등에서 고등으로 향하는 수직적 진화 모델보다는 더 정확할 것이다.

4. 인간의 얼굴을 잃은 인문학과 아직 오지 않은 인간

하이데거의 생명에 관한 논의는 인간과 생명체의 존재방식의 차이를 극명하게 밝혀냄으로써 인간의 존재방식은 진화의 원리를 시뮬레이션하는 CA를 통해서는 더더욱 구현될 수 없다는 것을 보여준다. 이미 생명체의 존재방식을 밝혀내는 가운데 시사되고 있지만 동물과 인간의 존재방식이 동일화될 수 없음을 노출시키기 위해 동물의 존재방식을 다시 한 번 상기해 보자. 동물과 같은 생명은 그것이 생존하는 환경을 테두리로 하여 그 환경에 사로잡혀 있으며, 그 환경은 그 동물이 생존하는 데 필요한 것들로 구성되어 있고, 이러한 것들은 동물의 생존 충동을 통해 각 동물의 특정 방식의 행동을 유발하는 탈억제로 존재할 뿐이다. 파리가 파리로서 생존하는 환경에는 거미줄이 존재하지 않는다. 때문에 파리는 아무리 거미줄에 걸려 죽는 생존의 오류를 범해도 그 오류 행동이 수정되지 않고 거미줄에 걸려 죽는 비극을 반복하는 것이다. 이러한 사례는 파리와 같은 곤충에만 일어나는 일은 아니다. 곤충보다 훨씬 복잡한 생물학적 존재인 동물에게도 나타난다. 앞에 인용된 테라캐넌의 산양이 그 대표적인 예다.

반면에 인간은 이러한 충동과 환경에 사로잡혀 그 안에서 폐쇄회로를 순환하듯 행동하지 않는다. 오히려 인간은 그러한 사로잡힘의 상태를 벗어나며 자신과 세계의 관계를 열어 밝히는 방식으로 존재한다. 가령 인간은 그가 사는 곳이 절벽인 경우 그곳을 추락을 위협하는 절벽으로 밝혀내고 그 위험을 피하는 방안을 강구하거나 그곳을 떠난다. 아니면 산악인처럼 절벽은 위험한 것으로 절벽의 위험을 실존의 어떤 의미로 밝혀내고 그의 삶을 걸고 도전하는 모험을 감행한다. 이렇게 드러나는 인간과 생명의 존재 방식의 차이를 하이데거는 『형이상학의 근본문제』에서 생명체와 환경의 합일적 구조를 칭하는 세계 빈곤이라는 방식과 구별하여 세계를 열고 형성하는 방식으로 밝혀낸다. 나아가 인간이 세계에 존재하는 방식은 생명체와 달리 도구를 사용하면서 존재한다. 좀 더 정확히 표현하면 인간은 동물과 달리 그저 맨몸으로 행동하며 살 수 없고 도구로 무엇인가를 만들어내면서 살아간다. 앞의 테라캐넌 절벽의 예로 돌아가 보면, 산양은 그곳에서 맨몸으로 살며 그곳에 사로잡혀 추락을 자연스럽고 당연한 생존방식으로 살아내지만, 그곳을 오르는 인간은 그곳을 위험한 절벽으로 밝혀내고 그 위험에 대해 회피나 도전의 방식으로 처신하면서 이러한 처신에 필요한 여러 가지 도구를 만들어 사용하며 그곳을 오른다. 이러한 의미에서 인간은 행동하지 않고 처신, 즉 처한 상황을 드러내며 그 드러난 의미를 자신의 삶과 관련시키며 행동을 취한다. 때문에 인간의 세계는 동물의 환경도, 그렇다고 물체들이 위치하는 3차원적 연장 공간도 아니다. 이렇게 인간은 그냥 살면서 그 삶에 파묻혀 있는 방식으로 존재하지 않고 삶을 벗어나 존재하는 것들의 의미가 밝혀지는 터를 열어놓으며 이 터에서 사는 방식으로 존재한다.

이러한 논의와 연관지어 인간이 독특한 존재방식으로 살아간다는 사실을 가장 간결하고 명확하게 밝혀내는 것은 후기 저작 "휴머니즘에 대하여"라는 서신이다. 여기서 하이데거는 존재하면서 존재를 벗어나 자신의 존재를 문제 삼고 드러내는 인간 특유의 존재방식을 탈존으로 기술한다.[8] 그리고 이렇게 탈존하면서 사는 한 인간은 결코 동물과 동질적인 존재방식에서 그 삶이 접근될 수 없음을 강조한다. 나아가 인간을 동물로 이해하는 동물학적 진화론적 관점조차 동물과는 동일화될 수 없는 탈존이라는 존재방식에서만 가능하다는 점을 분명히 한다. 동물은 단지 생존할 뿐, 자신이 생존하는 상황을 벗어나 탈존하면서 스스로를 그렇게 생존하는 동물로 밝혀낼 수 없다. 하지만 인간은 존재하면서 자신의 존재를 문제 삼는 탈존적 존재방식에서 그 자신의 존재를 그 무엇으로, 경우에 따라서는 스스로를 동물로 이해하는 방식으로 존재한다. 그에 따르면 "인간의 본질에 관해서만, 인간의 있음의 방식에 관련해서만 탈존이 언급될 수 있다. 왜냐하면 우리가 경험하고 있는 한 오직 인간만이 탈존의 역사적 운명에 관여하기 때문이다. 따라서 탈존은 결코 다른 종류의 생물들 사이에서 하나의 독특한 종으로서 사유될 수 없다. 자신의 속성 및 활동을 자연과 역사의 차원에서 기술하여 보고하는 것뿐만 아니라 자신의 존재의 본질까지도 사유하는 것이 인간의 운명임을 감안해야 한다. 그러므로 우리가 동물과의 비교에 입각해서 동물성으로서의 인간에 귀속시키는 것조차 그 자체 탈존의 본질에 근거한다".

이것이 바로 생명체는 생물학을 할 수 없는 이유이다. 반면 인간은 삶에서 존재하는 사물의 의미를 밝혀내고 그 의미에 어떤 태도를 취하며 그 의미와 함께 삶을 창조하며 살아간다. 그렇기에 인간은 생물에 대해서도 생물이란 존재가 무엇인지 밝혀내며 생물과 관계하는 생물학이란 학문을 창조한다. 그러나 인간을 닮을 정도로 지능이 높아 보여 유인원이라 불리는 생물조차 초보적인 생물학도 하지 못한다. 반면 인간은 생물학을 전개하며 그것을 통해 자신을 생물학이 정의하는 그 생명체로 파악하는 경우도 가능하다. 그러나 이러한 경우에는 역설적으로 인간 자신을 그런 생명체로 정의하면서도 그렇게 자신을 정의하게 하는 인간 특유의 탈존적 존재방식이 바로 그 인간에게 은폐되고 마는 것이다.

이제 우리는 다음과 같은 결론에 이를 수 있다. 인간이 동물과는 존재론적으로 다른 존재방식의 존재자, 즉 탈존하는 존재자라면, 이러한 존재방식은 젖은 생명의 진화론은 물론 이 젖은 생명의 진화과정을 아무리 완벽하게 빠른 속도로 구현하는 실리콘 기반 디지털 진화를 통해서도 구현될 수 없는 것이다. 결국 하이데거의 철학을 통한 성찰에서 테크노퓨처리즘과 그들이 예측하는 트랜스휴먼을 향한 디지털 진화는 여러 가지 과거 형이상학의 굴레에서 벗어나지 못한 후진적 미래비전으로 폭로된다. 특히 이 미래비전은 진화론의 바탕에 놓여 있는 성층존재론이 첨단과학의 시뮬레이션기술을 통해 극단화된 파생물에 불과한 것으로 전락한다. 성층이론에 근거한 그들의 인간은 사실상 인간이 아니다. 그리고 탈존적 인간은 AL과 같은 기술을 통해 시뮬레이션될 수도 또 물질적으로 구현되어 세계에 거주할 수도 없다.

사실 현대 철학은 어느 순간부터 인간에게 고유한 삶과 존재방식을 거부하는 경향을 보이고 있다. 예컨대 포스트모더니스트들은 미셸 푸코에서 공개적으로 선언되듯 인문학에서 인간의 얼굴을 지웠다. 또 현대 과학기술에 위축된 일단의 영미분석철학은 인간을 물질로 환원시키는 입장에 동조하며 모든 것이 계산될 수 있다는 계산주의를 전파하고, 과거 우리가 인간적이라 불렀던 것은 미신과 같은 민속심리학에 불과하기에 완벽하게 제거되어야 한다고 주장한다. 이렇게 현대 철학은 앞장서서 인문학에서 인간의 얼굴을 지우며 휴머니즘에 등을 돌렸다. 따라서 스스로의 철학적 위치를 휴머니즘과 가까운 곳에서 찾는 철학자는 스스로를 퇴물화하는 자살행위를 하는 것이다. 그러나 우리는 인공생명 기술에 대한 비판을 통해 인간의 고유한 존재방식을 드러낸 후에 다음과 같은 하이데거의 말을 경청할 필요가 있다. "비록 인간들이 인간을 동물과 동일시하지 않고 오히려 인간에게 하나의 종적 차이를 인정한다고 해도, 궁극적으로 인간은 동물성의 본질영역 속으로 내버려진다는 사실이다. 생명의 원리인 영혼이 사고의 원리인 영혼 혹은 마음으로 그리고 이것들이 후에 주체, 인격, 정신으로 정립될 때조차, 사람들은 항상 동물적 인간만을 사유한다. […] 그러나 그 결과 인간의 본질은 너무나 대수롭지 않게 여겨지며 자신의 유래에 맞게 사유되지 않는다. 그래서 역사적 인류에게 인간의 본질적 유래는 항상 본질적으로 다가설 미래로 남아 있다." 우리가 휴머니즘으로 알고 있는 그 과거의 휴머니즘에서 인간은 아직 오직 않았다. 인간은 새로운 휴머니즘을 기다리는 것이다. 새로운 휴머니즘은 인간의 삶을 그 인간의 탈존적 존재방식에서 밝혀내며 인간에게 갈 길을 열어주는 그런 철학을 통해 역사에 출현할 것이다.

| 참고문헌 |

레이 커즈와일, 장시형 · 김명남 옮김, 『특이점이 온다』, 김영사, 2007.

마르틴 하이데거, 이선일 옮김, 『이정표 2』, 한길사, 2005.

베인브리지, 『인간의 성능향상을 위한 융합기술(Convergent Technologies to Improve Human Performance)』 보고서.

캐서린 헤일스, 허진 옮김, 『우리는 어떻게 포스트휴먼이 되었는가』, 플래닛, 2013.

호세 코르데이로, 「인간의 경계: 휴머니즘에서 포스트휴머니즘까지」, 제1회 세계인문학포럼 발표자료집, 325~334쪽.

N. Katherine Hayles, *How We Became Posthuman. Virtual Bodies in Cybernetics, Literature, and Informatics*, the univ. of Chicago press, 1999.

Stanley N. Salthe, *Evolving Hierarchical Systems*, New York: Columbia University Press, 1985

Valerie Ahl & T.F.H. Allen, *Hierarchy Theory*, New York: Columbia University Press, 1996.

나노테크놀로지의 자연모방과
그 딜레마

:: 김연순

1. 머리말

'보이는 것이 다가 아니다'라는 말이 있다. 시각적으로 판단할 수 있는 물질의 세계 너머에 다른 어떤 것이 있다고 생각하는 사람들은 이 말을 즐겨 사용한다. 혹자에게 그것은 신의 세계이고 혹자에게는 인간의 참마음이며 또 다른 사람에게는 가늠할 수 없는 세상의 심오한 이치이기도 하다. 우리가 하루 종일 '보는' 세상은 모두 물질로 구성되어 있기 때문에 '보이는 것이 다가 아니라' 함은 자연스럽게 비물질의 세계를 가리키곤 했던 것이다.

그런데 단순하게 보아온 물질의 세계가 첨단 기술의 발전에 힘입어 더 세밀하게 관찰되면서, 과학자들은 이제까지 감히 생각지도 못했던 나노(nano) 단위의 세계를 발견해 냈다. 극미한 분자 세계가 새로이 열리면서 마치 우주처럼 광대한 공간이 인간에게 펼쳐지게 된 것이다. 미국의 이론물리학자인 리처드 파인만(Richard Feynman)은 1959년 강연에서 이를 "바닥에 풍부한 공간이 있다(There's Plenty of Room at the Bottom)"라고 표현했다. 그것에 대해 최초로 논의의 불씨를 던졌던 파인만이 말하고자 한 것은 단지 바닥에 공간이 있다는 것이 아니라, '그런 식으로 물건의 크기를 줄이는 것이 실제로 가능하다'는 것, 그래서 '엄청난 양의 정보가 극단적으로 작은 공간에 담겨질 수 있다'는 것, 그로 인해 장차 '작은 크기의 물건들을 조작하고 제어하는 문제'가 중요하며 아울러 이런 분자의 세계를 위해 여러 기술이 적용되리라는 것이다.[1]

파인만의 과학적 상상은 나노과학의 창시자로 일컬어지는 에릭 드렉슬러(Eric Drexler)에 의해 이론적으로 체계화되면서 오늘날의 나노테크놀로지로 실현되고 있다. 분자기술이라고도 하는 나노기술의 핵심은 크기가 관건인 소형화로서, '점점 더 작게 됨'을 구현하는 것이다. 주사탐침현미경과 같은 특수 현미경을 통해서나 볼 수 있는 극히 최소단위의 원자들이 마치 레고 조각처럼 조작되고 제어되어 기계적으로 하나하나 연결되면서 전혀 새로운 물질로 만들어지는 것이다. 이러한 나노 크기로는 재료공학적으로 물질도, 물질의 성질도 규정받지 못한다. 원자가 10개 정도 배열되어야 물질의 성질을 가지므로 원자 2~3개로 이루어진 1나노는 물질일 수 없기 때문이다. 1나노 크기의 철은 철이라 할 수는 없다. 그것은 다만 한 가지 가능성으로 철일 수 있는 성질을 가질 뿐이다. 이러한 나노의 모호한 존재적 특성은 중요한 의미를 가진다. 왜냐하면 물질로서의 가능성만을 가지는 불완전한 나노 크기의 미결정성은 결정되기 이전의 변화 가능성을 의미하며, 이는 곧 다른 것과의 융합 가능성을 의미하기 때문이다. 변형이 일어나려면 나노 크기여야 하고, 나노의 미결정적 가능성에 근거해서 나노 세계에서는 융합이 활발해질 수 있는 것이다. 달리 말하자면 나노 세계에서 조작과 제어는 그만큼 중요해진다는 것이다. 그러므로 나노테크놀로지는 간학문적이고 초학문적인 융합의 가능성을 촉진시킨다.

자연은 나노 크기의 구조에서 비롯된다. 자연에서 살아가는 모든 생명체의 기본단위는 세포이고, 이 세포 속에서 일어나는 모든 활동은 나노 크기의 분자구조에서 형성되며, 그것에 의해 놀랍도록 정밀하게 조절되기 때문이다. 이런 의미에서 생물의 역사는 자연의 극미세계에서 활발하게 가동되는 나노분자기계들이 스스로를 복제하며 진화해온 길고도 긴 이야기이다. 그러므로 나노테크놀로지는 스스로를 복제하며 진화할 수 있는 나노분자기계들을 만들고자 하며 그 가능 근거를 자연현상에서 찾는다. 그것은 자연의 최적화 시스템 때문이다. 그 한 예로 생체모방기술(Biomimetik)이 제시될 수 있다. 이것은 자연 생물의 기능이나 모양새에서 영감을 얻어 재료공학이나 생명공학 및 의학 등에서 활용되고 있다. 가장 널리 알려져 있는 것 중 하나가 상어 비늘의 기능 연구이다. 톱니모양의 상어 비늘은 저항을 최소화하여 물의 빠른 흐름을 유도하기 때문에 수영선수들의 속도 증가를 위한 전신수영복 개발에 활용되었다.

그러나 자연에서 작용하는 원리나 기능을 배워 인공적으로 실현해 내려면 무엇보다도 자연적인 분자기계처럼 가동할 수 있는 나노기계가 인공적으로 만들어져야 한다. 인간의 손에 의해 만들어진 나노기계가 스스로 알아서 일을 하고 인간의 의도대로 자연에서처럼 작동할 수 있다면, 그것이 인공적이라 하더라도 기능 면에서 자연과 다를 바 없으므로 나노기계 존재에 대한 이해는 그저 모호해진다. 그렇다면 이렇게 가동될 수 있는 인공적인 나노기계가 자연적인 나노기계처럼 활동하는 것, 즉 '인공적인 나노기계의 자연화'란 과연 무엇이며 무엇일 수 있는가?

2. 나노기술의 자연모방

나노와 나노테크놀로지

'나노(Nano)'는 '난쟁이'란 뜻의 그리스어 'nanos'에서 유래한다. 1미터(m)를 10억분한 것이 1나노미터(10^9nm)이다. 이는 일반 사람들에게 그저 추상적으로 들리기 때문에, 흔히 1나노미터는 머리카락 1만분의 1이며 원자 3~4개가 배열된 것이라고 설명하거나 혹은 지구와 한 마리의 작은 벌레를 비교하는 등 심적인 이미지를 활용해 이해를 돕는다. 이런 1나노미터에서 100나노미터 크기에 해당하는 물질성의 원자와 분자를 연구하

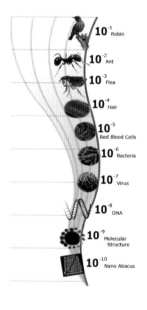

10^{-1} Robin
10^{-2} Ant
10^{-3} Flea
10^{-4} Hair
10^{-5} Red Blood Cells
10^{-6} Bacteria
10^{-7} Virus
10^{-8} DNA
10^{-9} Molecular Structure
10^{-10} Nano Abacus

나노 크기

는 것이 나노테크놀로지이다.

나노테크놀로지는 다양한 기술 영역과 융합하여 우리의 물리 세계를 근본적으로 변화시킬 수 있다는 잠재력에 대한 기대 때문에 오늘날 핵심기술로 간주되고 있다. 따라서 이것은 기술뿐만 아니라 경제, 사회문화, 생태 등 광범위한 영역의 발전에 영향을 줄 것으로 예측되고 있다. 그런데 일반적으로 나노테크놀로지에 대한 이해는 학자마다 다르다. 그 가운데 주로 실용적 차원에서 세 가지로 정의되고 있다.

나노 크기의 물질로 이루어진 미세한 크기의 재료나 기계를 만드는 기술과 나노 크기 영역에서 나타나는 새로운 물리현상을 응용하여 장비의 성능을 크게 향상시키려는 기술, 그리고 눈으로는 볼 수 없는 미세한 영역의 자연현상을 측정, 예측하는 기술이라 할 수 있다. 즉 나노기술은 물질의 크기가 100나노미터 이하일 때 나타나는 새로운 현상과 특성을 이용하거나 나노미터 수준에서 물체를 재조합, 조작하는 모든 기술을 이르는 말로서 원자나 분자 수준의 초미세 극한기술이라고 할 수 있다.[2]

말하자면 나노테크놀로지는 원자나 분자 정도로 극히 작은 크기의 단위에서 합성하고, 조작·제어하거나 혹은 그 물질의 성질을 측정·규명하는 기술을 뜻한다. 그러한 나노기술의 목표는 나노분자조립기계(Assembler)를 만드는 것이다. 이 점에서 레이 커즈와일(Ray Kurzweil)은 "나노기술은 우리 몸과 뇌를 포함한 물리 세계 전체를 분자 수준으로, 나아가 아마도 원자 수준으로 재조립하는 도구를 쥐어줄 것"[3]이라 했다. 왜냐하면 이론대로라면 나노분자조립기계는 모든 분자물질을 나노 크기의 수준에서 자유자재로 만들어 소형화·집적화할 수 있기 때문이다. 그렇게 된다면 나노테크놀로지는 인간의 삶뿐만 아니라 심지어 우주에까지 영향을 미칠 것으로 예측되고 있다.

우주, 계산, 생산, 복지 분야의 기술 진보는 모두가 우리의 원자 배열 능력에 좌우된다. 분자조립기계가 있으면 우리의 세계를 다시 만들 수도 파괴할 수도 있을 것이다. 그러므로 이 시점에서 한발 물러서서 우리가 할 수 있는 한 가장 분명하게 그 전망을 살펴보는 것이 현명한 태도이다. 분자조립기계와 나노기술이 단순한 미래학적 신기루가 아니라는 것을 스스로 확신할 수 있기 위해서 말이다.[4]

이러한 나노테크놀로지가 겨냥하는 것은 본래 생명의 세계이다. 생명의 세계는 기계처럼 끊임없이 정확하게 가동되는 분자에 기반을 두고 있고 매 상황마다 생산적으로 효율성 높은 활동을 이어가기 때문이다. 말하자면 생명은 그 내부에서 그 자신을 이루는 수없이 많은 분자기계들을 통해 인간의 환경을 구성해 내며 우주를 이끌어가는 것이다. 여기서 분자에 기계 개념을 부여한 것은, "특정한 목적을 달성하기 위해 미리 결정된 방식으로 힘을 변형, 전달, 제어하는 모든 종류의 시스템, 그 구성품은 보통 단단한 물체이며 이것이 서로 연결되어 하나의 시스템"[5]을 이룬다는 기계의 정의와 분자의 기계적 활동이 잘 들어맞기 때문이다. 그런데 인공적으로 만들어진 만능 분자조립기계는 자연을 그대로 모방하여 그 원리대로 만들어졌으므로, "세포 안에 있든 그렇지 않든, 나노기계들은 보편적 자연의 법칙에 따른다".[6] 그러나 인공적인 나노기계는 더 나아가 자연적인 나노기계의 능력을 넘어선다.

기술의 자연화와 자연의 기술화

나노분자조립기계의 제작을 최초로 제안한 에릭 드렉슬러는 분자기술에 있어서 인공적인 나노기계가 세포 안에 있는 자연의 나노기계와 똑같은 능력을 발휘할 수 없다는 의심을 일축했다. 그는 오히려 자연의 단백질기계를 이용해서 단백질보다 더 견고한 물질로 구성된 나노기계가 만들어질 것이며, 그렇게 된다면 인공적인 기계가 자연적인 기계보다 더 많은 일을 할 수 있을 것이라 주장했다. 이러한 드렉슬러의 주장에서 드러나는 것은, 그에게 자연의 세포 분자나 인공의 나노 분자나 모두 기계일 뿐이라는 점이다.

이제까지 거시기술에서 인간에게 필요한 것을 재료 특성에 준해서 제작했던 인공적인 기계들과는 달리 나노기술은 미결정적인 원자와 분자를 정밀하게 제어하는 것이기 때문에, 자연적인 기계와 인공적인 기계 간의 본질규정은 큰 의미를 갖지 않는다. 사람의 손에 변형됨 없이 내재적 원인에 근거해서 최적화를 실행하는 자연적인 기계나 인간을 위해 사용될 목적으로 무엇인가를 만들어내는 인공적인 기계 사이에서 중요한 것은 오히려 '능력'이 동일한지 우월한지일 따름이다. 따라서 나노 분자의 수준에서 제작되는 나노기계 자체의 자연성과 인공성 간의 구별은 모호할 수밖에 없다.

물질일 수 있는 가능성만을 가진 원자로서, 어떤 것으로 규정되기 이전의 상태인 나노 분자는 미결정적이다. 바로 이 미결정성 때문에

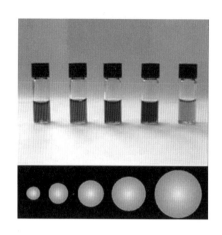

금은 나노 크기에서는 붉은빛을 띤다.

나노 분자는 오히려 잠재적인 가능성을 가진다. 이 점에서 나노테크놀로지는 원자 수준까지 파고들어가 물질 구조를 제어하고, 그것을 통해 인간의 계획대로 다양하게 변형된 새로운 어떤 것들을 생산할 수 있는 것이다. 이것을 온전히 실행하기 위해서는 만능 분자조립기계가 만들어져야 한다. 그렇게 되면 "분자조립기계는 자연의 법칙이 그 존재를 허용하는 한 무엇이든 만들 수 있게 해줄 것이다. 합리적 배열이라면 원자들을 거의 모든 형태로 배치할 수 있도록 해줄 것이기 때문이다."[7] 따라서 나노 수준의 미결정성은 기술의 자연화를 가능케 하는 단초가 된다.

기술의 자연화란 재료적인 차원이기보다 원리적인 차원으로 기술이 자연의 지침대로 모방해서 인공적인 기계가 자연 생물에서나 가능한 활동을 그대로 실행하고 연결하려는 것이기에 자연과의 차별성이 모호한 것을 뜻한다. 그 성과는 철저히 기술력에 달려 있지만 그 결과는 자연적이기 때문이다. 이것이 성공할 경우, 그것으로 얻어진 결과는 기술에 의한 것임에도 불구하고 자연적인 것으로 받아들여질 것이다. 애초에 인공과 자연의 구분이 모호한 나노 세계에서 인공적인 기계가 자연 그대로를 모방해서 재현해 낸다면 자연과 인공의 차이를 구분해 낸다는 것은 어렵기 때문이다. 그러므로 기술의 자연화는 곧 자연의 기술화를 의미하는 것이기도 하다. 자연을 그대로 모방했지만 그것은 기술을 통해서 이루어진 것이기 때문이다. 이로써 자연과 인공의 대립구도는 모호해지고 서로 뒤엉키게 된다.

나노테크놀로지에서 자연은 기획하는 행위의 전형으로 무수히 많은 미세한 기계들이 자기조직적인 복잡한 패턴을 이루며 결합된 거대한 기계 시스템이다.[8] 이런 의미에서 인간의 신체는 대표적인 예로 제시되곤 한다. 신체를 구성하는 내부기관과 그 기관을 구성하는 세포기계들은 자기조직화가 작동하는, 이른바 스스로 질서를 갖고 움직이는 하나의 시스템이기 때문이다. 이와 같이 자율적으로 움직이며 자기복제적 자연을 모방하여 효율을 극대화하려는 것은 나노테크놀로지의 핵심이다. 이런 맥락에서 부각되는 것은, 근대 이후 끊임없이 도전을 받고 있는 자연의 창조 문제이다. 자연의 창조는 본래 신(神)의 성역이었기 때문이다. 모든 자연은 신에게서 비롯된 것으로써 그 법칙을 알아내는 것이 불경이던 시대도 있었다. 그러나 오늘날에 이르러 천지의 창조자로서 신만이 자연을 다양한 방식으로 설계할 수 있으리라는 생각은 나노테크놀로지의 발전으로 인해 강한 도전을 받고 있다.[9] 이제 인간도 자신의 목적을 위해 자연을 만들고 변형시킬 것이기 때문이다. 그것을 가능케 하는 매개의 고리가 기술력에 의한 '자연모방'인 것이다.

3. 나노테크놀로지 자연모방의 양가성

자기조직화

자연의 생명현상에서 자기조직화를 탐구한 스튜어트 카우프만(Stuart Kauffman)은 자기조직화를 "저절로 생기는 질서"[10]이며 "생물체에서 보이는 질서의 대부분은 [⋯] 자기조직화 계에서 나타나는 자발적인 질서의 결과"[11]라 했다. 그런데 이 매력적인 '저절로 생기는 질서'는 균형 잡히고 안정된 상태에서는 거의 일어나지 않는다. 이것은 구성 요소들 간의 복잡한 상호작용에 의해 무질서한 것으로 보이는 불균형 상태에서 스스로 자신을 조직하고 외부 환경에 적응해 가며 새로운 질서를 만드는 현상이기 때문이다. 특별한 지침을 유도하는 주체가 없어도 질서는 새로이 전개될 수 있다는 것이다. 이른바 비평형 상태에서 생명과정이 유지될 수 있는 것은 질서를 스스로 찾아가는 자기조직화에 기인하며, 더욱이 생명의 자기조직화는 끊임없이 상호작용하는 분자기계들의 집단적인 성질에 기인한다. 이에 전체가 부분의 합 이상인 것처럼 개별 분자기계들의 상호작용에서 비롯된 생명현상은 곧 전체를 뛰어넘는 창발현상인 것이다.

종 전체를 쓸어버리는 데 항상 운석이나 외부로부터의 재난이 필요한 것은 아니다. 오히려 종 분화와 멸종은 종들의 사회의 자발적인 동역학을 잘 반영하는 것으로 보인다. 생존을 위해 투쟁하고 자신과 공진화하는 상대의 크고 작은 변화와 적응하려고 노력하는 바로 그것이 궁극적으로 어떤 종들을 멸종시키기도 하고 또 어떤 종들에 대해서는 살아나갈 새로운 둥지를 만들어주기도 한다. 그리고 크고 작은 돌발적인 분화와 멸종과 함께 또한 오래된 것은 퇴출시키고 새로운 것은 영입하는 끊임없는 변화의 행렬 속에서 생명은 펼쳐진다. 이 관점이 옳다면, 생명이 돌출하고 소멸하는 양상들은 내생적이고 자연스러운 내적 과정에 의해 야기된다. 생태계와 역사를 통해 사태처럼 쇄도하는 종 분화와 멸종의 이러한 양상은 일종의 자기조직화이고, 하나의 집단적인 창발현상이며, 우리가 찾는 복잡성의 법칙에 대한 자연의 한 표현이다.

이렇게 스스로 "크고 작은 변화와 적응하려고 노력하는 바로 그것이" 자기조직화이다. 나노테크놀로지가 이러한 자기조직화 능력을 자연으로부터 배운다는 것은 언뜻 보면 그저 자연을 기계적으로 따라하는 것으로 간단히 생각하기 쉽다. 그러나 자연의 자기조직화는 구성

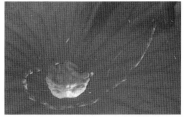
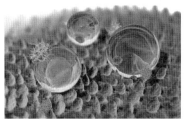

물에 젖지 않는 연잎 효과를 모방해 비를 맞아도 깨끗한 페인트나 물에 젖지 않는 나노섬유 개발

요소 간의 자발적인 상호작용을 통해 변화무쌍한 환경에 반응하고 적응하면서 새로운 질서를 만들어가는 것이라면, 인위성은 자연적인 행위를 그대로 본뜬 것이라 하더라도 결국 인간의 프로그램에 의존해서 실행되는 것이므로 그 자체에 내재해 있는 이율배반성에 따른 결과는 예측될 수 없다. 자연으로부터 배운 자기조직화 능력이 인간의 프로그램으로 실행되기 때문에 실험실과 같은 일정한 환경에서 벗어날 경우 변수가 제기될 수 있고, 그로 인해 구성요소 간의 상호작용에 따른 결과 또한 예측될 수 없기 때문이다.

　무엇이든 만들 수 있다는 나노분자조립기계에서 자기조직화는 자연으로부터 배워야 하는 핵심 지침이며, 그런 나노분자조립기계를 만드는 것은 나노테크놀로지 발전의 관건이다. 만약 인간의 기술체계가 자연의 자기조직화 능력을 획득해서 실용화된다면, 자연적인 기계와 인공적인 기계 간의 구별은 완전히 사라지게 될 것이다. 즉 자연과 인공, 인간과 기계의 탈경계가 실현되는 것이다. 심지어 인공 기계가 자발적인 상호작용에 의해 자기조직화를 실행하게 된다면, 이것이 바로 나노테크놀로지의 자기조직화가 궁극적으로 얻게 될 창발이다. 여기서 간과하지 말아야 할 것은 일단 일어난 자기조직화는 되돌릴 수 없다는 점이다. 인공적인 나노기계가 활발한 상호작용을 통해 질서를 찾아가는 자동화 시스템은 계속 진행될 뿐이기 때문이다. 이것은 탈물질성의 획득과 맞물려 심각하게 고려해야 할 나노 세계에 내재된 자기조직화의 잠재적 위험성이기도 하다.

창발성의 딜레마

자기조직화는 창발로써 그 여정을 일단락 짓는다. 지속적인 상호작용을 통해 새로운 단계로 들어서게 되면 일단 혼돈에서 질서로 조직화되기 때문이다. 창발이란 "작은 규모로 존재하는 행위자들이 한 단계 높은 행동을 창조하는 일이 발생"하는 것으로, "저차원의 법칙에서 고차원의 복잡계로 발전하는 것을 뜻한다."[12] 나노분자조립기계가 발달된 기술과 자연의 지침에 따라 놀라운 결과를 얻게 되어 이전에는 경험할 수 없는 전혀 새로운 어떤 것을 이루어놓는다면 그것은 창발이다. 말하자면 인공적인 나노기계가 자동화 시스템에 의해 변화하는 환경에 스스로 적응하면서 자기복제를 하고 자기조직화까지 한다면 그 결과로 얻어질 수 있는 것은 탈물질화이며, 그 탈물질화는 창발인 것이다. 여기서 탈물질화는 기계적인 반응 이상이며 이전에 없던 전혀 다른 차원의 성질이기 때문이다.

창발된 탈물질화는, 인공적인 나노기계가 자연적인 나노기계처럼 작동함으로써 드러나는 현상으로서 물질의 차원을 넘어서서 스스로 조직화를 통해 생물체처럼 활동하는 결과적 특성이다. 이것은 마치 새들이나 물고기들의 무리에서 볼 수 있는 공조화 현상이기도 하다. 그러나 인공적인 나노기계의 공조화 현상이 자연적인 현상인 것처럼 자발적으로 이루어진다면, 그것은 단순한 기계임에도 불구하고 '탈물질적 특성'을 갖게 된다. 따라서 자연적인 것이 아니면서 자연적인 것처럼 존재하는 인공적 나노기계의 이율배반성은 인간 자신을 객체로 만들어버리는 통제불능의 문제를 불러일으킬 가능성이 높다. 실험실에서와는 달리 열린 자연에서 스스로의 자기결정에 따라 반응하고 적응해서 얻어지는 인공적인 나노기계의 창발성은 예측할 수 없기 때문에 통제할 수도 없게 되고, 이로써 나노 기계의 자기조직화 길에 내재된 잠재적 위험성이 제기되는 것이다. 이것은 인공적인 것과 자연적인 것 간에 또는 인간과 기계 간에 제기되고 있는 통제와 예속의 문제로 귀결된다.

나노테크놀로지에 꿈을 심은 커즈와일이나 드렉슬러 같은 학자들의 말대로라면, 분자조립기계는 만능이어서 '우리의 세계를 다시 만들 수도 파괴할 수도 있을 것'이다. 이러한 엄청난 결과를 두고 볼 때, 그 분자조립기계는 보다 높은 단계의 행동을 창조해 내겠지만, 그 행위가 만능이어서 결과가 무한히 열려 있다면 '고차원의 복잡계'로 나가는 것이라 해서 창발을 선호해야 할 이유는 없다. 창발이 이전의 것과 비교해서 새롭고 차원 높다는 것과, 인간에게 새롭고 차원 높은 것의 실질적인 의미는 별개이기 때문이다. 자연적으로 만능인 인공의 나노기계를 지향하는 나노테크놀로지의 숨은 딜레마가 여기에 있는 것이다. 무엇이든지 할 수 있기 때문에 그 역설도 열려 있는 것이며 그만큼 위험도도 높은 것이다.

20세기의 대량파괴 무기로 사용되었던 핵, 생물, 화학 등의 기술들은 대부분 정부기관의 실험실에서 개발된 군사용이었다. 이와 대조를 이루는 21세기의 유전학, 나노테크놀로지 그리고 로봇공학 등의 기술들은 분명한 상업적인 용도를 가지고 있으며, 그것들은 거의 예외 없이 기업들에 의해 개발되고 있다. 상업주의가 기승을 부리는 이 시대에 테크놀로지는 일찍이 볼 수 없었던 엄청난 돈벌이가 되는 거의 마술 수준의 발명품들을 끊임없이 내놓고 있다. 현재 아무런 도전을 받지 않는 전 지구적인 자본주의 체제와 그 체제의 다양한 경제적 인센티브와 경쟁 압력 안에서 우리는 이들의 새로운 테크놀로지들이 제시하는 약속을 공격적으로 추구하고 있다.[13]

하나둘 제기되는 문제점을 뒤로하고 오늘날 많은 나라에서 나노테크놀로지에 국가와 기업이 앞다투어 대대적인 투자를 아끼지 않고 있다. 그러나 하루가 다르게 발전을 거듭하고 있는 나노테크놀로지의 이런 딜레마에 대한 인식이 높아지면서 우려의 목소리가 한층 높아지고 있음에도 불구하고 여전히 공론화는 이루어지지 않고 있다. 자본은 자기 성과로 얻어지는 하나의 정답만을 우선적으로 얻고자 할 뿐이기 때문이다.

4. 맺음말

21세기에 막 들어선 2000년에 컴퓨터 과학기술자 빌 조이(Bill Joy)는 미국의 한 잡지 『와이어드(wired)』에 「미래에 왜 우리는 필요 없는 존재가 될 것인가」란 글을 실었다. 그는 이 글에서 모두가 환호하는 첨단기술이 결국에는 가까운 미래에 인류를 멸망시킬지도 모를 '악마의 기술'이라면 어떻게 할 것인가라는 질문을 던졌다. 첨단과학기술의 미래에 대해 많은 글이 있음에도 불구하고 사람들이 그의 글에 관심을 갖는 이유는, 과학기술자의 자기부정과 암울한 미래전망 때문이다. 첨단

과학기술에 대한 비판이 그 영역에서 이미 큰 성과를 올린 당사자의 반성적인 통찰과 윤리적인 성찰을 통해 전개됨에 따라 통제의 문제와 관련해서 제시되는 비판적인 전망은 높은 신뢰를 갖게 한 것이다. 중요한 것은, 인간이 기계를 신뢰하고 그것에 의존하면서 편리를 내세워 통제권을 소홀히 여긴다면 기계 스스로가 모든 것을 결정하게 되고, 그로 인해서 인간은 결국 기계의 결정을 받아들이는 것 외에는 달리 선택의 여지가 없게 되는 상황에 맞닥뜨리게 될 것이라는 점이다.

이렇듯 통제 문제와 관련해서 우려되는 과학기술 영역은 지난 세기 말 이래로 주목받고 있는 유전공학, 나노기술 그리고 로봇공학(GNR: Genetik, Nanotechnologie und Robotik)이 꼽히고 있다. GNR의 발전은 오늘날 국가와 기업의 막대한 투자에 힘입어 급속히 진행되고 있으며, 무엇보다도 나노테크놀로지의 이론과 그에 관련된 과학은 타 영역에 비해 상대적으로 늦게 현실화되고 있음에도 불구하고 많은 성과를 내고 있다. 원자나 분자 수준의 조작을 통해 의식주에 필요한 생산품을 제공함으로써 생활에 깊숙이 파고들어와 있는 나노테크놀로지의 경우 어떤 것이라도 만들 수 있다는 만능 기술로 간주되기까지 한다. 게다가 나노테크놀로지에 의해 만들어진 인공적인 나노기계가 자연적인 나노기계보다 우월할 것으로 예측된다. 이를테면 무엇이든지 먹어치우는 인공 박테리아들이 진짜 박테리아들과의 경쟁에서 이길 수 있다는 것이다. 생물계에서 어떤 생명체가 더 우월한 경쟁자와 만났을 때, 그 경쟁자를 물리치고 살아남을 승산은 거의 희박하다.

문제는, 그런 나노테크놀로지가 자연을 모방해서 자연의 원리에 따라 마치 생물체가 아님에도 생물체처럼 활동하면서 최적화를 실현하고자 하는 것에서 더 나아가 궁극적으로는 자연보다 나은 것을 만들려는 데 있다. 이것은 최소의 에너지로 최대의 효율을 얻는 자연을 모방하면서도, 자연에 내재된 한계를 인위적으로 극복하려는 것이고, 원리적으로는 자연을 모방하고 결과적으로는 인간을 위한 최적화를 추구하려는 것이다. 그것을 위해 나노분자조립기계가 연구되고 있다. 만능으로 설계될 이 나노기계가 자연처럼 자기재생을 통해 증식하고 자연의 지침대로 스스로 자기조직화에 의해 자발적으로 질서화하면서 창발적 결과를 얻게 된다면, 모든 것이 자발적으로 전개되는 과정에서 인간은 불필요로 하는 존재로 전락할 것은 당연하다. 그렇기에 통제의 문제가 언급되고, 거시 세계에서는 생각할 수 없는 재앙의 시나리오들이 제기되며, 심지어 종으로서 인류의 멸망까지도 예견된다. 따라서 나노테크놀로지의 자연모방은 모방 행위 자체 내에 빛과 그림자의 양가성을 동시에 드리운 딜레마를 함축하고 있는 것이다.

| 참고문헌 |

레이 커즈와일, 김명남·장시형 옮김, 『특이점이 온다』, 김영사, 2007.

빌 조이, 「미래에 왜 우리는 필요 없는 존재가 될 것인가」, 『녹색평론』 제55호, 2000년 11-12월호.

서갑양, 『나노기술의 이해』, 서울대학교출판문화원, 2011.

스튜어트 카우프만, 국형태 옮김, 『혼돈의 가장자리』, 사이언스북스, 2002.

스티븐 존슨, 김한영 옮김, 『미래와 진화의 열쇠 이머전스』, 김영사, 2004.

이인식 엮음, 『나노기술이 미래를 바꾼다』, 김영사, 2002.

Richard Feynman, There's Plenty of Room at the Bottom, http://www.zyvex.com/ nanotech/feynman.html

Andreas Woyke, Animation der Materie?—Kritische Betrachtungen zur Nanotechnologie.

첨단과학기술의 시각장치와
새로운 마술

:: 김화자

1. 들어가며: 첨단과학기술의 영상시대

스마트폰의 알람으로 잠에서 깬 현대인은 인터넷 영상 뉴스를 보고,
메일과 SNS로 메시지를 점검하며 하루를 시작한다. 초고속통신망에
연결된 모바일 속 무한 증식하는 이미지-정보는 생각할 시간 없이 빠
르게 스쳐 지나간다. 현대인은 사람들과 직접 접촉하고 소통하기보
다 주로 이미지-정보로 매개된 일상을 살아간다. 얼굴을 마주하고 소
통할 때보다 정서적이지 못하지만, 멀리 떨어진 사람들을 영상통화로
볼 수 있는 편리함도 있다. 프랑스의 과학철학자이자 과학사가인 세
르(Michel Serres)는 『엄지세대, 두 개의 뇌로 만들 미래』에서 딱딱한 물
리적 세계가 스마트기기에 의해 부드러운 이미지나 기호가 되어 젊은
엄지족들의 창조행위에 무한한 보고가 된다고 진단한다. 이처럼 포스

트스마트 시대 현실은 모바일과 IT기술을 통해 유연한 가상으로 끊임없이 복제, 변형, 연결, 재생산되며 소비된다. 이런 디지털 영상과 복제술은 최근 창조경제의 엔진으로 여기는 사물인터넷, 3D 프린터 제조업, 홀로그램의 기반기술이기도 하다.

신의 눈을 대체한 '카메라 옵스큐라'는 근대 계몽지식의 전문화·체계화의 근간이 되어 중세의 종교적 환상에서 벗어나게 해주었다. 이미지에 대한 플라톤의 경계에도 불구하고 인간은 거시적이고 미시적인 세계를 더욱 멀리, 더욱 가까이 볼 수 있는 렌즈를 발명하고, 나아가 육안이 모두 기억하지 못하는 순간을 기록할 수 있는 카메라를 발명했다. 광학장치의 진화에 따라 현대에 이르러 거시적으로는 우주 행성들까지, 미시적으로는 나노테크놀로지와 주사형 터널현미경에 의해 10억분의 1미터의 세계인 나노미터 단위까지 볼 수 있게 되었다. 국내에서 나노테크놀로지는 지호준의 예술창작에 활용되어 사진작품으로 이미 발표되었다. 주사형 터널현미경은 빛 대신 전자선으로 대상을 관찰하

지호준, 5개의 기둥들, 2009

는 전자현미경의 원리와 달리 프로브(mechanical probe)라 불리는 탐침을 대상물에 접촉해 원자의 표면을 만질 수 있다. 나노테크놀로지와 내시경의 결합은 시각을 촉각에 연결시켰다. 그 결과 인간은 극한 상황에서 로봇 팔의 촉각적인 시각으로 원격 제어할 수 있게 되었다. 또한 시뮬레이션 영상에서도 데이터 글러브와 HMD(Head Mounted Display) 장치로 시각과 촉각의 교환과 연동을 통해 인공현실감을 발생시킨다. 이처럼 카메라와 첨단과학기술의 융합은 인간 시각을 보다 멀리, 더욱 가까이 연장시켜 거시적이고 미시적인 세계를 보고 만질 수 있게 하였다.

　현대 ICT문화는 선형적인 역사문화시대의 이분법적 논리와 가치관의 경계를 해체하고 파편화된 이종적인 것들을 서로 연결시키는 것이 중요한 쟁점이다. 디지털 기술에 기반을 둔 "사진 이후의 사진(Photography after Photography)"[1]은 그림, 영화, 비디오, 설치 등과의 혼성교배를 통한 '기록적인 것과 상상적인 것'의 애매성으로 해체 분열된 현실의 모습을 표현해 왔다. 나아가 디지털 기술과 초고속통신망의 결합은 모든 것을 스펙터클로 변환시켜 전송 가능하게 만들었다. 결국 이미지가 되지 않는 현실을 더 이상 믿지 못하는 시대가 된 것이다. 특히 GPS장치와 디지털 기술의 결합은 이질적인 편린들을 연결할 뿐만 아니라 현실에 3차원 가상 이미지를 겹쳐 현실감을 더욱 극대화한 증강현실(Augmented Reality, AR)을 만들었다. 나아가 〈아바타〉, 〈인터스텔라〉 같은 SF영화나 게임에서 흔히 볼 수 있는 장면처럼 3D 소프트웨어의 수치계산만으로도 완벽한 가상현실(Virtual Reality, VR)을 창조하게 되었다. 최근에는 딱딱한 건축물 외벽 전체를 IT기술, 센서, 화려한 조명으로 장식한 미디어 파사드(media fasade)[2]가 사람들과 상호

문 홀로그램(뮤지컬 〈고스트〉, 2014)

작용하는 감성적 소통을 유도한다. 나아가 LED 조명, 거울, 레이저 빛으로만 움직이는 가상을 만들 수 있는 홀로그램이 기업의 광고, 마술쇼, 박물관 외에도 콘서트나 뮤지컬 공연장에서 실제 등장인물과 무대장치를 대신할 수 있게 되어 생생한 몰입을 극대화하기에 이르렀다. 가상은 실재를 대체하고 결국 인간도 사라지게 될 것이라는 디지털 기술문명사회에 대한 보드리야르(Jean Baudrillard)의 냉소적인 경고가 현실로 다가왔다. 보드리야르는 특히 『시뮬라시옹』, 『사라짐에 대하여』에서 근대과학의 탄생 순간에 세계는 이미 분석적인 시선과 개념으로 해체되었고, 종국에는 이미지와 지식 속으로 사라질 것이라고 예견한다. 종말과 죽음 너머를 보고 싶어 하는 인간의 욕망이 기계적 감광만으로 실재를 투명한 리얼리티로 존재하게 만든 사진 이후, 디지털 기술에 의한 유사성의 시뮬라크르(simulacre)는 세상의 사라짐을 더욱 가속화시켰다는 것이다. 디지털 기술과 최첨단 과학기술의 시각장치가 융합된 뉴미디어 이미지들은 스스로를 파괴하고 인간은 네트워크 형태로만 살아남게 된다는 것이다. 보드리야르는 사진과 이미지, 즉 진정한 이미지와 숫자의 유희로만 생산되는 소비적 이미저리(imagery)를 구분하는 기준을 '공허'라고 보았다. 즉 그는 아날로그 사진이 기계적 감광에 의해 남긴 순수하고 객관적 흔적으로서 공허와 부재를 내포한 데 비해 디지털 기술의 수치계산으로만 생산된 자기지시적 이미지는 공허도 부재도 없이 무성생식만을 반복하며 실재를 사라지게 할 것이라고 비난한다. 바르트(Roland Barthes)는 대표적 사진이론서『밝은 방』에서 사진이란 존재했던 실재가 인화지에 남긴 죽음으로서의 빛의 흔적이고, 이 흔적은 현존·부재 사이의 틈에 존재하는 것이므로 낯선 충격을 통해 '푼크툼(punctum)'을 일으킨다고 보았다. 실재의 흔적이 남긴 공허가 야기하는 푼크툼은 강렬한 파토스이기 때문에 사진을 보는 주체에게 상실한 본래성을 회복할 수 있게 해준다는 것이다.

실재와 상관없이 컴퓨터에서 생성되고 합성되는 이미지의 폭력이 묵시록적 미래만을 약속한다면, 아날로그 사진의 공허가 야기하는 푼크툼의 효과를 디지털 이미지에서는 기대할 수 없는가? 뉴미디어의 이미지들은 결국 실재를 사라지게 만드는 파국에 이를 수밖에 없는가? 다시 말해 플라톤이 경계했던, 이데아와 가장 먼 시뮬라크르들이 실재를 사라지게 만들 것인가? 그러나 플루서(Vilém Flusser)는 근대 선형적인 역사모델을 넘어선 탈역사 모델의 근간을 인간과 기술이 상호작용하고 공존하는 텔레매틱(telematique) 사회의 기술적 형상에서 발견한다. 왜냐하면 그에게 기술적 형상이란 프로그램에서 탄생한 기술적인 코드로서 소통하고자 하는 사람의 의도를 약호화된 정보로 담지하는데, 이때 정보는 혼란스런 데이터에서 분석되고 분류된 것이므로 자연과 사회의 엔트로피를 낮추는 데 기여하기 때문이다. 그렇다면 첨단과학기술의 시각장치는 기술과 인간의 이분법적 분리를 극복한 상호작용적 공생을 통해 새로운 공동체와 인간성을 위한 새로운 마술을 실현할 수 없는가?

2. 자동기술의 지표와 이미지-행위

현대 테크노 이미지의 기원은 사진이다. 전통적인 사진은 일상의 소소한 것을 기계적 감광에 의해 다르게 볼 수 있게 해주었다. 현실의 파편이지만 평범하지 않게 보이는 것은, 벤야민(Walter Benjamin)이 지적했듯이, 광학적인 빛에 의해 "무의식적으로 엮인 공간"[3]을 가시화할 수 있었기 때문이다. 사진은 카메라의 자동성을 통해 "순수한 우연(Tuché), 고유한 기회, 고유한 만남"[4]을 가능하게 해주었다. 수전 손택(Susan Sontag)은 자동기계의 도움으로 잠재적이고 우연한 것을 솟아오르게 해 가시성과 비가시성을 전복시킨 사진을 가장 성공한 초현실주의라고 평가한다. 사람이 부재한 파리 근교를 촬영한 앗제(Eugene Atget)의 사진처럼 시공간의 단절로 인해 현실에 잠재적으로 공존하는 '상실한 것'이야말로 더욱 초현실적이라는 것이다.

반면, 최근 사진은 대부분 디지털 카메라와 편집 프로그램을 적극적으로 활용해 지시적 실재성에 상상적 실재성을 혼합한 디지털 합성 이미지이거나 실재와는 상관없이 컴퓨터의 시각으로만 온전히 생성된 것도 있다. 세상과 빛으로 연결된 은염 사진의 재현미학에서 해방된 현대 디지털 사진은 스캔 방식을 통해 사진적 다큐멘트를 부분적으로 수용하거나, 소프트웨어와 컴퓨터의 기능 조작을 통해 스크린 내부에서만 만들어질 수 있는 '사진 이후의 사진'으로 간주된다. 즉 포스트미디어시대에 이르러 컴퓨터와 최첨단 과학기술 장치로 생산되는 뉴미디어 이미지는 계산만으로 외부 지시대상과 상관없이 내재적으로 생성되는 자기지시적 이미지이기 때문에 '조우의 우연성'보다 '창작의 의도성'이 더 많이 작동하게 된다. 이처럼 외부 실재를 바라보는 시선의 회의와 인화 시간의 기다림 없이 자기지시적 세계를 창조한 디지털 이미지를 보드리야르는 '이미지 패키지'로 간주한다. 그리고 그는 실재의 사라짐을 가속화하는 디지털 이미지를 사진이라 부를 수 있는지 자문한다. 왜냐하면 최첨단의 시각장치와 디지털 기술로 생산된 초과-실재(hyper-reél)는 아날로그 사진에 새겨진 죽음, 부재로서 실재의 흔적이 존재하지 않기 때문이다. 보드리야르에 따르면, 전통적인 사진과 달리 컴퓨터 계산으로만 모델링된 디지털 이미지에는 현실과 환상의 차이가 사라졌기 때문이다. 다시 말해 디지털 행위는 이미지들을 무의미하게 자가 증식시켜 '내적 도취'에 이르게 하므로 정보 가치가 영에 도달한 디지털 이미지는 '이미지 죽이기'로서 세상에 폭력을 가한다는 것이다.

그런데 컴퓨터 합성이미지는 '사라짐'이 문제되는 것이 아니라 이미지에서 다른 이미지로 자동적으로 이동, 대체하는 '이미지의 이탈'만이 문제된다는 것이다. 즉 실재를 생생하게 포착했던 시간이 사라져 버린 스튜디오에서 합성한 이미지는 촬영 시 실제 세계와 단절한 죽음의 부동적 시간이 존재하지 않고 가상의 시간성만 존재하기 때문에 보드리야르는 가상의 이미지에는 아날로그 사진처럼 "보이는 시간 속의 존재적 측면(punctum)"[5]이 없다고 보았다. 디지털 사진에는 존재했던 과거의 시간이 사라지고 스튜디오에서 조작하는 현실의 시간만이 존재한다. 여기서 보드리야르는 끊임없이 분석하려는 이성적인 지식으로 무장하지 말고 인생의 본질인 공허와 그 애매성을 즐길 줄 알아야 한다고 조언한다. 진정한 허무주의란 공허의 망각에 있기 때문이다. 그렇다면 카메라로 복원된 새로운 마술적 힘은 디지털 시대에 사라질 수밖에 없는 것인가? 손택도 회화에 대한 플라톤의 의심과 달리 사진은 예수님의 얼굴이 새겨진 성포(聖布)처럼 실재를 나눠 가졌기 때문에 성포와 비슷한 힘을 지닌다고 진단한다. 그러나 최근에는 첨단 시각기술장치의 발달로 실재보다 더 실재 같은 이미지를 제작하게 되었다. 그렇다면 영상 이미지가 넘쳐나는 시대에 이미지의 운명을 보드리야르같이 회의적인 시선으로 바라볼 수밖에 없는가?

사진에 분유된 실재란 바르트가 『밝은 방』에서 사진의 리얼리즘을 이루는 고유한 본질인 "'존재했던 것'의 심령체"[6]로 간주한 사진 밖에 이미 존재하는 대상이다. 테크노 이미지의 기원으로서 사진은 우선 카메라의 기계장치에 의해 산출된 빛의 자국이다. 사진과 촬영 대상이 빛을 매개로 물리적으로 연결되어 있기 때문에 사진은 외부 대상의 자국이라는 점에서 바로 퍼스의 "지표(index)"[7] 기호에 해당된다. 그러나 퍼스에게 '바람개비가 풍향의 지표'이고, '습기 찬 공기가 비의 지표'인 것처럼, 지표란 '대상과의 닮음보다는 연관성'을 가리킨다. 즉 사물의 피부에서 떨어져 나온 지표로서 사진은 회화와 달리 피사체와 '닮음의 유사성'이 아니라, 랑시에르(Jacques Ranciere)가 지적한 것처럼, 떨어져 나온 것의 감각적 현전으로서 "원-유사성"[8]을 지녀 객관적인 실재성의 효과를 지닌다. 피사체와의 '원-유사성'을 지닌 사진의 실재성은 대상을 촬영할 때 '존재했음'이란 사실을 입증한다. 한편 사진의 실재성은 사진가의 시각과 의도에 의해 맥락화되고 변형된 '상황적 실재성'을 의미한다. 따라서 사진은 '있는 그대로의 사실의 실재성'과 주어진 상황에서 사진가에 의해 특정 부분만 선택되어 포착된 '사태[9]의 실재성' 간의 긴장 관계에 존재한다. 말하자면 그 실재성은 이미 사진가의 시각과 의도에 의해 약호화된 것이다.

뒤바(Philippe Dubois)는 마이클 스노우(Michael Snow)의 사진적 자화상인 「Authorization」(작가가 되는 것을 가능하게 해주는 것, 1969)을 예로 들어 사진이란 그것을 있게 한 행위 밖에서는 생각할 수 없는 "이미지-행위"[10]라고 정의한다. 여기서 '행위'란 이미지를 생산하기 위해 작가가 거울에 비쳐진 자신을 바라보는 주체이자 대상이 되는 촬영 행위는 물론 그 작품을 바라보는 관람자의 행위까지도 포함한다. 비록 사진은 기계적 기록을 통해 찍는 사람이 의도하지 않은 것, 기억하지 못하는 것을 광학적 무의식으로 일깨우기도 하지만 보는 주체와 보이는 대상이 상호작용하는 행위 가운데 생산된다는 것이다. 플루서도 사진가가 촬영할 의도에 적합한 시공간을 선택해서 대상을 객관적 거리를 두고 사유하며 바라보는 것은 철학자가 대상과 거리를 유지한 채 사유하는 행위와 유사하다고 보았다. 사진가의 제스처는 카메라의 내부 프로그램 장치와 자신의 사유를 매개하는 상호작용적 행위를 통해 사진에 대한 사실주의적 입장과 관념론적 입장의 대립을 극복할 수 있다는 것이다. 따라서 카메라는 단순히 기계의 광학적 무의식만을 실천하는 것이 아니라 사진가의 행위가 매개되기 때문에 이미지는 맹목적이기보다는 코드화된 정보이자 상징이다. 바르트가 사진의 무매개성을 강조할 정도로 사진의 객관적인 실재성을 주장하면서도 사진의 대상은 명백하게 관습적으로 코드화된 메시지인 스투디움(studium)의 측면을 지닌다고 보았다. 스투디움은 촬영 당대의 사회에 관한 객관적인 시각 정보들을 전달하기 때문에 사진가의 의도뿐 아니라 사회 구성원 간의 소통을 가능하게 해준다.

그런데 1980년대 이후 디지털 카메라와 포토샵이 점차 보급되면서 현대 사진은 실제 대상을 충실히 포착하기보다는 디지털 편집프로그램을 기반으로 현실에서 '잠재적 세계', '상상할 수 있는 세계'를 끌어내거나, 회화, 영화, 조각, 비디오, 설치 등을 상호 연결하는 메타 매체가 되어 상호매체성을 실천할 수 있게 되었다. 이런 특징은 회화, 소설에서 소재를 차용해 현대인의 일상을 극적 연출로 재구성한 제프 월(Jeff Wall), 자본주의 산업구조와 현대인의 소비욕망 및 획일화와 같은 현대사회의 유형에 대해 작업한 안드레아스 구르스키(Andreas Gursky), 일상과 상상을 합성하여 기록이 진실이고 허구가 거짓인가를 탐색하며 디지털 다큐멘터리를 제작한 페드로 마이어(Pedro Meyer), 비현실적이고 몽환적인 조명을 통해 현대인의 원초적인 불안, 고독을 컬트영화처럼 표현한 크루드슨(Gregory Crewdson) 등의 작업에서 찾아볼 수 있다. 국내에도 필름 카메라 또는 디지털 카메라를 사용하지만 소프트웨어를 기반으로 상호매체성을 실천하며 실재와 그 의미가 매체로 함몰되는 것을 비판하거나, 실재와 가상의 경계에서 이미지의 본질에 대해 탐색하거나, 첨단영상장치를 활용해 '보이는 것'의 이면과 영역을 확장시켜 작업하는 작가들이 많다. 특히 임안나는 프라모델의 무기와 장병, 미니어처(miniature)를 활용한 치밀한 미장센과 조명을 통해 전쟁무기로 인한 폭력이 평화로 가장되어 미디어의 스펙터클로 소비되거나 우상화되는 아이러니, 실재와 가상의 차이가 사라져 의미가 탈루되는 사회를 비판적인 시선으로 누설해 왔다. 또한 전정은은 실제 풍경에 작가의 기억과 느낌이 스며들게 과도한 색채, 선명한 디테일의 나무, 풀, 꽃, 곤충 등을 조합하거나 중첩시켜 생생하다 못해 실재를 초과한 낯선 판타지 풍경을 제작하고 있다. 그리고 역사적인 장소의 현재와 기억 사이에서 변화된 공간의 의미를 사진의 본질에 대한 탐색에서 3D 영상, 게임으로 확장시켜 작업하는 안성석의 작품에서 그 적절한 실례들을 발견할 수 있다. 이처럼 현대 영상작가들은 역사나 사회의 사실보다 작가 자신의 체험과 사유를 다양한 내러티브와

크루드슨, Twilight, 1998-2002

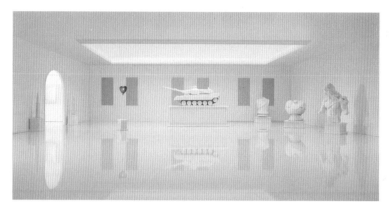

임안나, Frozen Objects#15, Pigment Print, 2015

큰 사이즈의 작품, 관람자와의 상호작용을 위해 디지털 기술과 미장센을 적극적으로 활용해 '지시적인 다큐멘트와 상상적인 환상'이 모호하게 공존하는 장면으로 구현해 낸다. 그렇다면 실재가 내재적 변환으로 생성된 디지털 이미지의 무한증식으로 대체되어 사라지면, 보드리야르의 회의적 시선처럼 실재와 연결된 '심령체'로서 사진의 마술적 힘도 사라지고 말 것인가?

3. 침묵의 '이타성'과 '낯선 정동'으로서 푼크툼

아날로그 기계식 사진기에서 디지털 카메라, 편집 프로그램, 홀로그래프처럼 최첨단 과학기술장치가 발달하면서 사진의 지표적 특징이 사라지게 되었다. 보드리야르는 대상과 연결고리 없이 숫자 유희에 불과한 가상이 '상상될 수 있는 실재'를 사라지게 한다는 데 주목한다. 아

전정은, Strangely Familiar #08, 2013

안성석, OPEN PATH―관할 아닌 관할, 2013

날로그 사진의 중심에는 실재가 빛에 의해 사라지며 남긴 '틈', '공허'가 존재하지만 디지털 기술로만 합성된 이미지에는 그런 죽음 자체가 사라져버렸다는 것이다. 따라서 보드리야르는 마술적 이미지가 지닌 태생적 죽음과 공허의 말소가 오히려 허무주의를 초래하고, 나아가 세상의 종말을 초래한다고 진단한다. 공허를 지닌 사진은 시뮬라크르 세상이 도래하는 파국을 막을 수 있는 진정한 이미지이고, 그것이 없는 사진은 환상과 허구만을 생산하는 이미지에 불과하다. 즉 침묵이자 여백일 수 있는 그 공허는 일상이 온전히 분석 가능하거나, 효용성의 가치만을 추구하는 소비의 스펙터클로 환원되는 것을 막는 부정적인 요소다. 소비로 고갈될 수 없으며 지배 이데올로기에 동화되지 않는 부정적인 요소로서 '공허'가 어떻게 생성되고, 무엇을 의미하는지 살펴보자. 이것은 바르트가 지성에 의해 분석될 수 있는 객관적 자료로서의 스투디움 외에 자료의 순수한 정동효과라고 간주한 '푼크툼'의 가치를 소환해야 한다. 그런데 바르트는 『밝은 방』에서 두 종류의 푼크툼에 대해 언급했다. 주사위 던지기처럼 우연히 외상을 입히는 정동으로서 푼크툼이 1부에서는 눈으로 확인 가능한 '세부적인 요소'로, 2부에서는 부동의 죽음이란 시간성의 파급효과로 간주된다. 그러나 바르트는 '시간의 강도'로서의 푼크툼이 보다 진정한 것이라고 강조한다.

바르트는 실재의 분신이란 사진의 지표적 특징에 근거해 사진의 객관적인 기록 가치를 부각시키려고 했음에도 불구하고 설명 가능하지 않은 분위기로 남아 스투디움을 깨고 사진에 활기를 불어넣는 푼크툼을 우위에 놓는다. 사진은 기계적으로 복제될 수 있지만 침묵하는 층 때문에 결코 '반복될 수 없는 우연한 특이성'을 체험하게 하는 역량을 지닌다는 것이다. 그런 특이성은 보는 사람의 의식에 균열을 일으켜 낯선 느낌을 갖게 하는 순수한 정동으로서 '푼크툼'이 지닌 힘이다. 푼크툼은 생생했던 것이 인화지 위에 부동의 죽음이 되어 '존재-부재' 사이 정지된 시간의 강도가 야기하는 것, 즉 '말하고 싶어 하나 표현될 수 없는 것'이다. 바르트는 이런 침묵이 야기하는 푼크툼이야말로 사진이 다른 매체와 구별되는 사진의 본질이자 정수라고 강조한다. 다시 말해 사진에서 부정할 수 없는 것은 '거기 있었던 것'이 인화지 위에는 죽음으로 부재하기 때문에 과거와 현재 "사이-존재(interfuit)"[11]로서 공허다. 사진을 바라보는 시선의 대상은 '사이-존재'로서 텅 비어 있는 무(無)이다. 이때 무는 스투디움과 달리 '그것이 존재했음'만을 확인하게 해주는 분위기로 바라보고 지향하는 의식에 상처를 주어 우울함을 경험하게 하거나 평범했던 것이 낯설게 느껴지게 만든다. 따라서 푼크툼은 과거에 존재했지만 인화지 위에서 정지해 있는 시간의 부동화, 즉 죽음이 일으킨 충격이다. 바라보는 의식의 지향작용에 비어 있는 무(無)로서의 노에마(noema)는 스투디움이 말해 주지 않는 특별한 것과 조우할 수 있게 해준다는 것이다. 푼크툼은 바로 실재와 그 발산물이 보여주는 것 사이의 불일치에서 기인한다. 사진의 리얼리티는 '그것이 존재했음'만을 확인하게 해주는 사물의 층과 사물 너머 언어로는 분해 불가능한 분위기의 층이라는 이중시학에 근거한다. 바르트는 꿰뚫어 볼 수 없는 분위기가 야기하는 강렬한 파토스가 명백한 가시적 형태와 정보 너머 자신만의 특별한 체험인 "광기적 진실(vérité folle)"[12]을 갖게 해준다고 강조한다. 즉 존재했던 것과 부재 사이의 차이가 촉발한 '광기적 진실'이란 시선이 투명한 사진으로부터 자유롭게 상상하거나 내면으로 귀환하면서 상실한 것을 발견할 수 있게 해주는 사진의 고유한 힘이다. 바르트는 사진이 예술로 되면서 사진의 정수인 대상의 부재, 공허가 사로잡는 광기를 완화시킨다고 경고하였다.

그러나 랑시에르도 『이미지의 운명』에서 주목했듯이, 상징적인 언어로 규정하기 힘든 광기적 진실은 역설적으로 사진의 인증적인 기록 가치를 넘어서는 순수한 예술 이미지의 가치이기 때문에 사진이 예술이 될 수 있는 가능성을 열어놓는다. 아날로그 시대로 역행할 수 없는 뉴미디어 사회에서 아날로그 사진의 '공허'를 되살리기 점점 힘들게 되었다. 보드리야르도 디지털 이미지는 공허의 부재를 살려내기보다 "이미지는 또한 어떤 방식으로는 스스로에게 낯설게 남아 있어야 한다"[13]고 강조한다. 말하자면, 이미지는 실재인 척하지 말고 허구로 남아 현실과 구별되어야만 무한 증식하는 이미지가 되지 않을 수 있다. 즉 이미지는 실재와 동일시되지 않는 '차이 나는 것'을 지녀야 한다. 여기서 '차이 나는 것'은 기록 가치로 환원될 수 없는 것으로 바르트가 실재와 발산물 사이의 불일치에서 생성되어 푼크툼을 야기하는 것으로 주목한 것이다. 이런 점에서 시간적인 기록가치로 환원될 수 없는 푼크툼은 친숙하지만 새롭고 낯설게 느껴지는 프로이트의 "두려운 낯섦(unheimliche)", 즉 "언캐니(The Uncannay)"[14]의 감정과 상통한다. 다시 말해 낯설게 느껴진다는 것은 익숙하지만, 온전히 알 수 없는 '차이 나는 것'을 지녔기 때문이다. 또한 삶의 욕망과 죽음 충동이 만나는 지점에서 발생하는 언캐니는 살아 있던 것이 인화지 위에서는 죽음, 즉 부재하기 때문에, 공허·무의 노에마가 일으킨 푼크툼과 유사하다.

이미지의 운명에 대해 탐색한 랑시에르는 외부의 무엇도 지시하지 않고 내부 빛을 통해 보여주는 텔레비전 또는 디지털 이미지의 특징을 자기지시적 동일성이 아니라 '동일성과 이타성의 공존'임을 강조한다. 그리고 그는 재현체제와 단절한 19세기 미학체제의 예술 이미지가 지닌 '이타성'의 특징을 사진 이미지의 고유한 성질인 바르트의 푼크툼에서 발견한다. 그 이유는 기술적 매체를 통해 실재의 '원-유사성'을 나눠 가진 사진에서 분위기로 체험될 뿐 설명 불가능한 것이 존재하고 그것의 효과인 푼크툼은 이타성을 산출하는 지점에서 생성되기 때문이다. 바르트는 푼크툼이 사진의 특수한 시간성, 즉 과거에 존재했던 것이 부재하는 간극, 즉 '볼 수 없는 시간'에서 기인하므로 사진이 예술이 되면 이런 간극이 사라진다고 경고했다. 그러나 존재했던 것이 이미지로 확인되는 순간, 시간의 간격이 만든 동일하지 않은 차이가 푼크툼을 야기한다면, 랑시에르는 바로 그 지점이야말로 사진이 인증적인 사회적 가치 너머 예술이 될 수 있는 미학적 가치를 지닌다고 주목한 것이다. 요컨대 예술 이미지는 실재와의 "어떤 간극, 비-유사성을 산출하는 조작"[15]인데 사진도 보고 설명할 수 있는 유사한 것과 침묵하고 알 수 없는 비-유사성의 관계에서 생산되므로 자연스럽게 사진도 예술이라는 것이다.

그렇다면 아날로그 이미지에서처럼 푼크툼을 일으키는 시간의 간격이 디지털 합성이미지에 존재하지 않더라도 낯선 감정을 야기한다면 디지털 푼크툼이 가능하다고 말할 수 있지 않겠는가? 비록 낯선 감정을 야기하는 원인은 다르지만 디지털 이미지에도 푼크툼과 유사한 감정의 파토스를 경험할 수 없는가? 즉 푼크툼을 야기하는 공허는 존재하지 않지만 상징적인 언어로 설명할 수 없는 분위기가 낯선 감정을 불러일으킨다면 그것은 분명 동일하고 획일적인 가치로 환원되지 않는 예술 이미지의 순수한 가치를 지닌다. 결국 아날로그 사진에서 푼크툼을 촉발하는 기이하고 낯선 분위기가 디지털 영상에서도 존재하는지, 이 '낯선 정동으로서의 푼크툼'이 왜 지배 이데올로기에 동화되지 못하게 만들면서 이미지 자신에게 '낯선 것'이 될 수 있는지 살펴보자. 언뜻 보면 실제 슈퍼마켓이나 빌딩 내부 같지만 어느 순간 균일한 평면의 사진 전체가 똑같이 초점 맞춰 변형되거나 합성되어 현실과 다르고 낯설게 보이는 구르스키의 사진, 도자기같이 매끄럽고 완벽한 미모를 지닌 마네킹 같지만 미간에 인간적인 감정을 내비친 올렉 도우(Olec Dou)의 얼굴, 최근 〈K-POP 홀로그램 콘서트〉에서 볼 수 있는 실제 가수 같은 홀로그램들. 이 모두는 실재 같지만 실재보다 더욱 과도한 '초과실재'로서 실재와의 차이가 낯설게 느껴진다. 이 낯선 감정은 사진이 촬영된 과거 시간으로의 회귀보다는 현재 혹은 더욱 자본주의화된 미래 사회의 충격적이고 기이한 모습을 예견하게 한다. 아날로그 사진의 푼크툼이 과거에 존재했던 것이 존재하지 않는 균열·불일치가 건드리는 상처라면, 디지털 영상에서 현실에 존재하지 않지만 잠재적으로 또는 미래에 더욱 과도하고 섬뜩하게 존재할 수 있는 '차이'도 강렬한 충격을 주며 '불안하고 두려운 낯섦'의 효과를 불러일으킬 수 있다.

아날로그 사진에서 존재했던 것과 존재하지 않는 것, 보이는 것과 보이지 않는 것, 말하는 것과 침묵하는 것, 의도적인 것과 우연적인 것 사이의 불일치와 균열이 야기한 푼크툼의 파급효과는 시선을 내면으로 향하게 하고 잃어버린 본래성을 회복시킬 수 있는 외상적인 체험의 장을 만든다. 그렇다면 공허는 존재하지 않지만 디지털 영상이 주

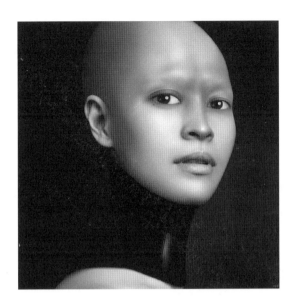

올렉 도우, Tight, 2006

는 기이한 낯선 느낌은 아날로그 이미지의 푼크툼과 다른 파급효과를
지니는가?

4. 최첨단과학기술 영상과 새로운 마술: 디지털 기술의 시학

디지털 이미지의 화려한 가상이 결국 현실을 소거해 버릴 거라는 보
드리야르의 회의로부터 현실과의 연결성이 선물한 '공허'의 가치를
확인할 수 있었다. 아날로그 이미지의 공허가 야기하는 푼크툼의 강렬
한 정동은 언어로 투명하게 설명될 수 없는 존재의 '낯섦'이 지닌 광
기적이고 마술적인 힘이다. 실재와 어떤 연관 없이 계산으로만 생산되

는 이미지도 마술적인 힘을 지닐 수 있는가? 객관적 진실을 악착스럽게 추구하며 모든 것을 계산될 수 있는 수치적인 현실로 바꿔버린 최첨단 과학과 디지털 기술이 창조해 낸 초과실재는 더욱 선명하고 투명한 현실이 되었다. 그렇다면 디지털 영상의 과도한 실재는 기존 아날로그 이미지의 마술적 힘과는 다른 새로운 마술적 힘을 기대할 수 없는가?

플루서는 기술 형상의 탈역사적 문화모델이 연산 프로그램, 네트워크, 멀티미디어 시스템의 상호작용을 통해 쌍방향의 전지구적 소통이 가능한 텔레매틱 사회를 대표한다고 보았다. 근대의 역사모델은 인간의 상상력에 의해 세계를 선형코드의 구조로 암호화하여 통제하려 했기 때문에 명료성의 폭력에서 벗어날 수 없었다. 반면 디지털 기술의 상상력은 빠른 계산능력으로 점 성분들을 산정하는 전산화를 통해 세계를 이미지로 표상하는 주체의 상상력에서 벗어날 수 있었다. 플루서에 따르면, 전통적인 그림을 제작하는 주체의 상상력이 4차원의 세계를 2차원으로 추상화하는 능력이라면, 점 성분들을 횡단하며 하나의 평면으로 모으는 디지털 기술의 상상력은 오히려 구체화하고 투사하는 능력이다. 즉 컴퓨터를 사용한 제작 행위는 기억장치에서 점 성분들을 추출해 그림으로 전산화하기 때문에 주체의 상상력으로만 세계를 추상화한 것이 아니다. 작가는 컴퓨터에 입력된 기억장치의 상상력과 대화한 것을 이미지로 변환해 전송하기 때문에 실재의 모상이 아닌 '산정된 이미지'를 창조한다. 이런 점에서 플루서는 기술적 상상력이 컴퓨터에 입력된 의도적인 가능성에서 벗어나 잠재적인 새로운 것을 생산하는 순수한 예술과 미학을 실천할 수 있다는 사실을 강조한다.

기술철학자 시몽동도 기계의 자동성을 인간이 개입할 수 있는 "비결정성의 여지"[16]로 보지만, 인간은 기계 시스템에 개입하기 때문에 자신 마음대로 하는 것이 아니라 인간과 기계가 동등하게 서로 정보를 교환하며 상호작용을 한다고 강조한다. 즉 숫자코드들이 이미지로 형태화되는 것은 인간노동의 결과가 아닌 시스템의 산물이므로 인간은 형태화되는 과정에 외재적으로 매개할 뿐이다. 인간의 기술적 작용은 시스템 중심에서 기계의 작동과 하나의 앙상블을 이루게 된다. 첨단과학기술 이미지는 이와 같은 상호등가적, 작용적 관계에서 생성될 때에만 무성생식에 의한 무한증식의 순환에 빠지지 않을 수 있다. 플루서는 산정으로 제작된 디지털 이미지는 구체적인 현실을 이미지로 표상하는 추상행위가 아니라 저장된 실재들을 결합시키고 해체하는 유희이기 때문에 유희하는 인간이 노동의 인간을 대체한다고 간파하였다. 시몽동 또한 노동과 기술행위는 서로 다른 패러다임을 지닌다고 강조한다. 노동은 인간과 자연 사이에 매개 없는 상호 심리적 관계인 데 반해, 기술 활동하는 인간은 기술을 매개로 인간과 자연 관계를 형성하므로 인간의 권력을 차단해 '공동 집단'을 형성할 수 있다는 것이다. 다시 말해 인간은 디지털 기술로 탈중심적인 작용적 시스템을 만들어 세계와의 관계를 객관화할 수 있고 이런 관계망을 통해 사회적 공동체를 구축하면서 집단적인 소통을 할 수 있다. 이런 현상은 특히 네트워크를 통해 사회 공동체를 구축하려 했던 텔레매틱스 예술(telematics art)을 대표하는 로이 애스콧(Roy Ascott)의 「LPDT 2(The Second Life of La Plissure du Texte)」[17]에서 찾아볼 수 있다. 다양한 참가자들이 게이머처럼 작품에 접속해서 자신의 아바타로 동화를 쓰며 의식을 공유하는 집단으로 통합된다. 텔레매틱스 소통의 참여자들은 상호작용적인 네트워킹의 공동체를 구축하면서 개별적인 동시에 복수로 다층화된 "관(貫)개체적인 것(le transindividuel)"[18]으로서 주체가 된다. 정보 테크놀로지로 연결된 '관개체적 주체'는 사회적인 삶과 개인의 삶을 양립해서 역동적으로 살아간다. 이런 점에서 시몽동은 기술 문화에 참여한 개개인은 노동의 공동체 너머 집단지성을 실천하며 원초적인 마술적 세계의 단일성을 되찾을 수 있다고 주장한다.

　디지털 기술은 선형적인 것에서 양적 차원의 전산화로 향해하며 촉각적 시각에 의해 사태로 돌아가 타인들과의 관계 속에서 표상도 아니고 유사성의 시뮬라크르도 아닌 잠재적인 것을 생산하며 상호작용적 소통을 실현한다. 따라서 산정의 리얼리티는 모방의 마술이 아니라 아직 완전히 실현되지 못한 잠재적인 역량을 기술 시스템의 매개로 타인과 상호작용하는 마술을 구현할 수 있다. 그 결과 새로운 기술적 상상력에 의한 새로운 추상화는 단순히 정보를 얻는 것에서 벗어나 잠재적인 것을 현실화하면서 상호관계적 소통으로 나아간다. 여기서 플루서는 '잠재적'이란 라틴어 '힘(vis)'에서 유래하는 것으로 디지털 이미지는 생성 프로그램에 의해 "가능성의 영역으로부터 떠오른 것"[19]으로 간주한다. 주어진 세계가 가능성이 실현된 것 중 하나에 지나지 않는다면, 디지털 이미지에 의해 새로운 가능성의 영역이 열리게 된다. 들뢰즈에 따르면, 가능한 것은 현실화(réalisation)에 의해 실재적인 것이 되지만, 이미 실재하는 잠재적인 것은 현행화(actualisation)에 의해 현실적인 것이 된다. 즉 가능한 것은 투사에 불과한 상상 속에서 일어나는 것으로 '현실과 대립'되는 것이고, 자신의 힘을 드러내지 않은 잠재는 그 힘을 드러낸 '현행과 대립'[20]되는 것이다. 포스트모던 세계관에서 물질은 고정된 실체가 아니라 비실체적이고 유연하므로 현실과 환상, 실재와 가상의 구분은 더 이상 중요하지 않다. 인간은 컴퓨터 프로그램을 매개로 작용하는 기술적 상상력을 통해 자기중심적인 시각을 넘어 타인들과 상호소통하면서 노동과 해독의 공동체 너머 유희하는 새로운 공동체를 일구어낼 수 있다.

첨단과학기술의 시각장치와 디지털 기술은 주어진 세계의 복제가 아닌 새로운 존재를 생성하는 유희를 통해 신화적 상상력과 사유를 부활시키는 새로운 마술을 전개할 수 있다. 원시시대의 이미지가 주술적 상상력으로 신화를 제의화한 것이라면, 인간-기계 쌍에 의해 생성된 기술 형상은 과학 장치의 개념과 상상력으로 부활시킨 제의화다. 최첨단의 시각장치와 디지털 프로그램으로 만들어진 디지털 영상, 텔레매틱스 아트, 홀로그램의 이성과 상상력이 조화된 기술적 상상력은 죽음의 의미를 새기는 과거로의 회귀 욕망보다 미래를 꿈꾸며 새로운 현실을 창조하려는 포이에시스(poiesis)의 욕망을 대변한다. 그러나 첨단과학기술로 인공현실을 창조하려는 후기생물학적 욕망은 최근 생명공학과 같은 과학적 유물론의 창조욕망과 만난다. 현실과 실재를 더이상 구별할 수 없는 초과실재를 만들어 현실을 대체하려는 인간의 과도한 창작 욕망의 위험성은 물신적 삶의 가치만을 추구하는 신자유주의 경제의 자본욕망으로 배가된다. 그 결과 실재보다 더욱 실재처럼 보이기 위한 이미지의 과도한 색채, 선명한 묘사, 과장된 3차원의 원근감은 어느 순간 현실 너머의 낯선 느낌을 야기한다. 음악이나 뮤지컬 공연에서 홀로그램 장면의 초과실재는 관객의 몰입체험을 극대화할 수 있지만 실재같이 보이도록 과장한 '과도', '초과'의 이질적인 요소는 갑자기 낯설고 섬뜩한 전율을 일으키기도 한다. 현실과 차이 나는 '초과'의 탐미적이고 치명적인 인공미는 실재와 이타적인 순수한 미적 이미지, 즉 예술이 되어 낯선 감정으로서의 푼크툼을 야기해 이미지와 일정한 간격을 유지하게 만든다.

기이하고 두려운 낯섦은 자본주의의 스펙트럼에 맞춰 점점 물신적이고 스펙터클화되어가는 세계와 거리를 두게 한다. 동시에 그 거리는 인간-기계 앙상블의 매개에 의해 묵시록적 암울한 세계를 극복하고 사실주의와 이상주의의 이항 대립을 벗어나 상호작용을 실현하는 균열과 틈이 되어야 한다. 이처럼 디지털 푼크툼의 기이하고 두려운 낯선 감정은 물신적인 세계와 거리를 두고 바라보게 함으로써 세상에 매몰되지 않는 힘을 지녀 세계를 비판적인 시선으로 새롭게 바라볼 수 있게 한다. 푼크툼의 이런 힘은 칸트의 숭고(무한한 것에서 느끼는 불쾌한 감정)를 연구한 낭시(Jean Luc Nancy)가 「숭고한 봉헌」[21]에서 언급했던 '상상력의 무한히 자유로운 탈경계의 운동'이 야기한 충격에서 오는 숭고의 능력에 비교될 수 있다. 왜냐하면 길들여지지 않은 비결정적인 것이 선물한 숭고의 '탈경계 운동'은 상투적인 일상에 안주하는 것을 부정하는 힘을 지닐 수 있기 때문이다. 보드리야르도 실재가 이미지로 대체되어 사라지지 않기 위해서는 '상상적인 거리'의 중요성을 강조하였다. "실제로 상상은 어떤 거리에서만 존재한다." 이 거리는 실재와 허구 사이의 거리를 유지해 실재가 시뮬라크르로 대체되거나 매체 속으로 사라져 종국에는 어떤 차이도 남지 않는 시뮬라시옹 단계를 저지해 주기 때문이다.[22] 주어진 세계가 아니라 만들어진 기술적 실재는 인간과 기계, 나와 타자, 사실주의와 이상주의의 이항 대립을 벗어나 상호소통을 실천하는 방향으로 나아가야 한다. 사르트르는 상상력을 욕망하는 대상을 소유할 수 있게 해주는 '주술적 행위'로 간주한다. 그렇다면 '초과실재'를 창조하는 디지털 상상력의 시학에도 몰입하려는 개인의 쾌적한 만족과 욕망 외에 길들여지지 않는 낯선 것을 산출하며 타인들과 소통하고 유희할 수 있는 마술적 행위가 작동해야 한다.

5. 나오며: 디지털 상상력과 푼크툼

인간의 무한한 창작욕망은 실재를 이미지로 재현하는 작업 너머 무에서 생명을 창조하는 신의 창조행위를 닮아가고 있다. 창조경제를 목표로 인간과 자본의 욕망은 리얼리티 구축에 기반 한 공연, 전시, 게임과 관계된 실감 콘텐츠 개발을 위해 3D 영상에 이어 IT 분야의 새로운 성장 동력인 홀로그램 산업에 주목한다. 카메라로 절묘한 순간을 기록한 아날로그 사진의 투명성 이후 현실과 환상의 경계가 불분명한 디지털 사진을 거쳐 주사터널 현미경, LED 조명, 투명 스크린, 레이저 빛처럼 최첨단의 과학기술과의 하이브리드에 의해 3차원의 인공세계를 홀로그램으로 창조하게 되었다.

이미지에 대한 플라톤의 경고에도 불구하고 현실보다 더 실재 같은 스펙터클로 넘쳐나는 동시대에 우리는 이미지를 현실보다 더 믿게 되었다. 이에 보드리야르는 실재가 가장 훌륭한 자신의 이미지가 되어 차이가 제거된 시뮬라시옹의 단계에 이르러 지구촌이 파국을 맞을 것이라고 경고하고 아날로그 사진 내부의 '공허'가 야기한 강렬한 푼크툼의 가치에 주목하게 해주었다. 따라서 인간의 창조적인 제작 행위가 세계와 인간의 파멸을 초래하지 않기 위해 테크노 이미지의 기원으로서 아날로그 사진의 존재론적 본질의 효과인 '푼크툼'이 이미지의 운명 너머 인간과 세계의 운명에 어떤 의미와 가치를 지니는지 탐색해보았다. 원시시대 이미지가 유사성의 시뮬라크르 넘어 '감각적 현전'이란 마술적 가치를 실현한 것처럼, 첨단과학과 결합된 디지털 기술 형상이 복원시킨 새로운 마술적 가치를 살펴본 것이다. 실재와 우연히 만난 인연이 새긴 자국이지만 유령 같은 존재가 상처 낸 푼크툼은 과거를 회상하며 상실한 것을 되찾게 해주는 마술적 힘을 지닌다. 그러나 그런 푼크툼의 마술적 힘은 존재했던 피사체로 온전히 귀속될 수 없고 이성적인 지식으로는 설명 불가능한 이타적 존재가 야기한 낯선 감정이라는 점에서, 자기지시적인 디지털 이미지에서도 이와 유사한 효과를 발견할 수 있었다.

아날로그의 기술적 상상력이 실재했던 것과의 우연한 만남을 자동기계의 감광으로 기록하는 데 작동한다면, 디지털 상상력은 디지털 편집 프로그램을 통해 자유롭게 변형, 합성하거나 네트워크를 통해 타인들과 함께 직접 새로운 세계를 창조할 수 있는 유희적 힘을 지닌다. 첨단과학기술 장치와 디지털 기술이 창조한 이미지의 현실 같아 보이도록 만든 '과도한 선명함과 인위적인 색채'가 자아내는 강렬한 충격은 몰입효과와 동시에 불안하고 낯선 느낌을 야기한다. 잠재적인 것을 가시화, 현실화시킨 디지털 이미지의 파급효과로 몰입과 낯선 감정이 교차하는 정동은 현실의 잠재적 세계를 상상하고 예견할 수 있게 해준다. 이처럼 '과도한 것'은 낯선 감정을 통해 새로운 환상에 몰입하게 하면서도 미래 세계의 묵시록적인 파국 또한 예견할 수 있게 해준다. 아날로그 카메라의 시각과 컴퓨터 시각이 야기하는 푼크툼의 작용과 효과는 유사한 점도 있지만 분명 다르다. 아날로그 푼크툼과 디지털 푼크툼 모두 신화적이고 주술적인 상상력을 과학기술 장치를 통해 복원된 것에 근거한다는 점에서는 유사하다. 그러나 실재했던 것과 이미지와의 차이가 야기한 아날로그 푼크툼은 사회적 소통보다 상실한 것의 진실을 찾게 해준다. 반면에 디지털 푼크툼은 환상과 현실, 허구와 실재를 모호하게 공존하게 하는 디지털 상상력을 통해 이분법적 세계관의 해체와 잠재적인 세계의 진실을 드러내준다. 다양한 첨단과학기술 장치와 디지털 합성기술은 완벽한 복제 이미지 넘어 새로운 존재와 세계를 생성하고 있다. 아날로그 사진은 이미지 내의 빈 구멍을 통해 상상력을 작동시키는 사적인 체험에 의해 주체가 자신의 본래성을 회복할 수 있는 치유의 힘을 지닌다. 반면 디지털 이미지는 포화, 과장된 장면을 통해 타인과 상호작용하는 공동체와 새로운 세계를 적극적으로 상상해서 창조하는 포이에시스와 유희의 효과를 지닌다. 디지털 이미지는 호모 파베르(homo faber)의 노동하는 제작역량보다는 호모 루덴스(homo ludens)로서의 유희역량을 개발하게 해준다.

결론적으로 아날로그 이미지의 공허 파토스와 디지털 이미지의 낯섦 파토스는 이성의 분석 가능한 가치와 자본주의 욕망이 추구하는 효용성의 가치에 부합하지 않는 부정적인 능력을 통해 시선의 총체성과 신화적이고 마술적인 본래성을 회복할 수 있게 해준다. 즉, 푼크툼의 광기적 힘은 지성적인 질서에 배제되었던 정서적 진실을 체험하게 해준다. 동시에 그 힘은 평상시 익숙하게 소비하며 길들여졌던 이미지들과 거리를 둘 수 있게 해준다. 특히 2차원 복제와 창조를 넘어선 3차원 세계의 완벽한 복제와 새로운 존재의 창조를 가능하게 만든 3D 프린터의 상용화를 앞두고 호모 루덴스의 진정한 유희는 포이에시스의 충만함 가운데 공허, 낯섦의 부정적 요소를 생산할 수 있어야 한다.

| 참고문헌 |

레브 마노비치, 「디지털 사진의 역설」, 『사진과 텍스트』, 눈빛, 2006.

발터 벤야민, 최성만 옮김, 『기술복제시대의 예술작품-사진의 작은 역사 외』, 발터 벤
　야민 선집 2, 도서출판 길, 2007.

윌리엄 J. 미첼, 김은조 옮김, 『디지털 이미지론』, 아이비스출판부, 2005.

자크 랑시에르, 김상운 옮김, 『이미지의 운명』, 현실문화, 2014.

장-뤽 낭시 외, 김예령 옮김, 『숭고에 대하여: 경계의 미학, 미학의 경계』, 문학과지성
　사, 2005.

장 보드리야르, 하태환 옮김, 『시뮬라시옹』, 민음사, 2001.

장 보드리야르, 하태환 옮김, 『사라짐에 대하여』, 민음사, 2012.

지그문트 프로이트, 정장진 옮김, 「두려운 낯섦」, 『예술, 문학, 정신분석』, 열린책들,
　2008.

찰스 샌더스 퍼스, 김성도 편역, 『퍼스의 기호 사상』, 민음사, 2006.

필립 뒤바, 이경률 옮김, 『사진적 행위』, 마실가, 2004.

Gilbert Simondon, *Du mode d'existence des objets techniques*, Paris: Aubier, 1989(1958).

Gilbert Simondon, *L'individuation à la lumière des notions de forme et d'information*,
　Grenoble, Millon, 2005.

Gilles Deleuze, *Le Bergsonisme*, Paris: P.U.F., 1966.

Maurice Merleau-Ponty, *Phénoménologie de la perception*, Paris: Galimard, 1945.

Roland Barthes, *La chambre claire, Note sur la photographie*, Paris: Gallimard, Seuil,
　1980.

닫힌 영토화 운동 안의 얼굴,
그 위험한 모험[1]

:: 김진택

1.

우리는 아름다움을 가꾼다고 말한다. '가꾼다'라는 말은 생각하면 참
따뜻하고 예쁜 말인 듯하다. 어떤 사물이나 생명을 고이고이 품고 소
중히 대하면서 항상 본래 모습과 같게, 혹은 본래 모습보다 더 훌륭
하고 아름답게 간직하려는 노력을 일컫는 표현일 터이니 말이다. 그
래서 이 가꾼다는 말은 '아름다움'이라는 말과 '소중함'이라는 말과
함께 잘 어울려 다닌다. 유구한 우리의 문화유산을 '아름답게 가꾸
고', 고난을 이기고 값지게 얻어낸 우리의 민주주의를 '소중하게 가
꾸고', 공해로 피곤한 하늘과 땅을 다시 청명한 기운으로 살아나게
할 숲과 공원의 나무들을 '푸르고 울창하게 가꾸는' 노력이라는 등에
서 보듯. 그런데 최근 들어 우리가 무엇보다도 열심히 가꾸는 게 있
는 듯하다. 바로 우리들의 외모를 '아름답게 가꾸는' 일이다. 그런데,

정말 우리는 우리의 외모를 '아름답게 가꾸고'는 있는 걸까? 얼굴뿐 아니라 신체 구석구석을 성형외과술과 피부미용술의 도움으로 자르고, 버리고, 채우고, 다듬고, 붙이는 우리들의 행동이 정말 우리를 '아름답게 가꾸는'일일까?

이 글은 어원학적으로 아름다움이라는 한국어가 '알음답다'에서 온다는 부분을 받아들인다. 물론 다른 의견을 갖고 있는 학자들도 있지만 '알고 있을 만한', 즉 '알고 있을 가치와 소용이 있다'라는 뜻을 가지고 있다는 것이다. 한자 '미(美)'는 '커다란(大) 양머리(羊)'를 뜻하는 상형문자이며, 영어로 'Beauty'는 'Beau'의 어원에서 오며, 이 'Beau'는 'Util(유용함)'을 뜻하는 말과 같은 어원을 갖고 있다. 서로 다르게 부르고는 있지만 이 단어들에는 공통적인 부분이 있다. 그것은 바로 '어디 어디에 쓰임이 있고 유용하다'는 의미다.

아름답다가 '알음답다'에서 온다고 했을 때 그것은 그것을 알 만한 가치가 있다는 것, 알고 있을 만한 용도가 충분히 있다는 것을 뜻한다. 알고 있으면 유용하고 좋은 것이다. 아름다운 풍경은 그저 시각적으로 보기 좋아서 아름답고 좋은 것이 아니라, 그러한 시각적 쾌감은 우리의 마음을 편하게 해주고 자신과 세계를 다시 돌아보게 하는 힘을 주기에 우리로서는 당연히 알고 있을 가치와 소용이 있는 아름다운 것이 된다는 것이다.

한자 미(美)가 뜻하는 커다란 양머리는 그 자체가 시각적으로 강한 인상과 권위를 보여주는 부분도 있겠지만, 한편으로는 인간과 신이 맺은 제사의식에서 나타나는 인류학적 차원을 검토할 필요가 있다. 신비와 경외의 대상이었던 자연과 신 앞에 머리를 조아리고 우리의 안녕과 평화를 기원하기 위해 당시 목축과 농경에 종사하던 이들은 우리가 가진 가장 좋은 것, 큰 양의 머리를 바쳤다. 가장 좋은 것을 아낌없이 바쳐야 자연과 신의 노여움을 가라앉히고 평온한 삶을 유지할 수 있기에 당시 가장 귀한 재산이었던 양의 머리를 재물로 바치는 일은 매우 쓸모 있고 효용성 있는 아름다운 일이었고, 당연히 양의 머리는 매우 유용하고 좋은 존재인 것이다.

그래서인지 영어 'Beauty'의 어원인 'Beau'의 의미가 유용하고 효과적이라는 말과 어원을 함께하고 있다는 사실도 자연스럽게 느껴진다. 이렇듯 아주 오래된 언어인 '아름다움'이라는 말은 동서양의 문명이 만나는 지점에서 공통적으로 체험되고 인식되어진 흥미로운 사태였던 것이다. 즉, 아름다움은 그것이 우리에게 쓸모 있고 효과적인 것이기에 마음에 담고 머리로 기억할 만한 가치와 소용이 있어 아름다운 존재인 것이고, 바로 그렇게 아름답기에 우리에게 쓸모 있고 효과적인 존재로 여겨지는 것을 뜻하는 신비한 반복의 힘을 가지고 있다.

오늘날 우리가 아름답다는 말을 할 때, 우리는 시각적인 조화와 세련된 조형미, 색상 등을 떠올리거나 가슴을 적시는 감동과 정념의 이미지를 말하고 있지만, 그보다 앞서 아름다움이라는 말은 우리에게 유용하고 이로운 존재를 의미하는 것이었다. 세련된 조형미와 색상, 형태의 조화 등이 아름다움과 관계가 없다는 것이 아니라, 그것이 우리에게 유용하다고 여겨지는 방식이라면 그것은 곧 우리에게 아름다운 존재로 진화해 왔다는 것이다. 우리가 이토록 아름다운 외모에 집착하고 그것을 열망하는 것은 그것이 우리에게 쓸모 있고 유용하기 때문이다. 아름다움이 무엇이기에 우리를 이토록 그 앞에서 눈을 멀게 하느지에 대해 묻는다면, 우리는 그것이 우리에게 치명적으로 유용하고 쓸모 있기에 누구나 자기 것으로 만들어 사용하고 싶은 것이라고 말할 수 있을 것이다.

2.

이러한 치명적인 유용함과 아름다움을 함께 고민해야 하는 과정에서 들뢰즈와 가타리가 『천 개의 고원』에서 주목했던 '얼굴'에 대한 논의를 함께 살펴보자.

들뢰즈와 가타리는 현상학적 지향성(intentionalite) 안에서 설명되는 시선보다는 얼굴의 일차성을 강조하는 태로로 얼굴을 바라보려 한다. 현상학적 시선이 일종의 주체성이나 인간성의 형태로 회귀될 수 있다고 여기는 것이다. 눈은 현상학적 시선을 전제하기보다는 안면성(visageité)의 검은 구멍(un trou noir)과 흰 벽(un mur blanc)의 조합에서 생각되어져야 한다는 것이다.[2] 즉, 의미를 만드는 지향성으로서의 시선이 얼굴을 만드는 게 아니라 일차적인 흰 벽과 검은 구멍의 조합과 배열이 얼굴들을 만든다. 따라서 들뢰즈와 가타리에게 얼굴은 그러한 시각적 기호로서의 조합과 배열 그 자체가 되고, 또한 입에서 나가는 기호들은 얼굴과 함께 우리로 하여금 그들과 동조와 공명을 요구하는 표현기계(machine d'expression)이다. 시선을 통해 지향적 의미론에 부합하는 얼굴이라기보다는 시선으로 하여금 얼굴이 주는 명령을 읽게 하고 일종의 '눈치'를 보도록 만드는 얼굴인 것이다. 이때 눈이 주는 강도와 의미는 의미론적 코드가 존재하는 사태라기보다는 불확실한 공명(résonnance)을 체험하게 만드는 것에 가깝다. 따라서 얼굴은 레비나스가 강조하는 절대적 고통에 근거하여 타자를 동정하거나 공감하는 대상이 아닌, 의미화하는 기호체계 및 주체화하는 기호체계 사이에 위치하는 존재다.

얼굴은 흰 벽과 검은 구멍이 구성하는 일종의 구멍 뚫린 표면이라는 체계의 일부분이며, 이렇게 본다면 신체의 표면은 나름대로 모두 그러한 구조를 갖고 있기에 얼굴을 갖는다고 말할 수 있으며, 따라서 얼굴은 표정을 갖게 되었을 때 탄생한다고 할 수 있다.

즉, 얼굴은 자연스러운 표현이라기보다는 개체들 사이의 끊임없는 명령과 순응, 공명이 오가는 계산되고 만들어진 표정이고, 그것은 일종의 권력의 체계를 환기한다. 주류적 권력 구조가 만드는 흐름을 갖거나 정염(passion) 역시 감정을 주체성으로 돌려놓는 권력이 작동하는 것이다. 다시 말해, 권력의 경제 혹은 권력의 조직화가 문제인 것이다. 가령 "젖을 먹이는 동안에도 얼굴을 통과하는 모성적 권력, 애무를 할 때에도 연인의 얼굴을 통과하는 정염적 권력, 대중의 행동에서 플래카드나 아이콘 상징으로 나타나는 지도자의 얼굴을 통과하는 정치적 권력, 스타의 얼굴과 클로즈업을 통과하는 영화의 권력 […] 텔레비전의 권력 등등"[3]이 모두 그렇다는 것이다. 얼굴이 만드는 모든 표정의 모습은 자연스러운 공감이 드러나는 매끈한 공간이 아니라 미시적으로 침투한 권력의 조직화와 관계하는 계산된 공간인 것이다. '나 힘들어(날 위로해 줘)', '네 말이 날 화나게 하고 있어(너 때문이니 너의 변화를 원해)', '너의 편지를 받고 너무 행복해(앞으로도 나를 계속 이렇게 기쁘게 해줘)', '알았어(알았다고 했지만 좋아서 긍정한 건 아니야)' 등등의 기호체계는 모두 얼굴이 담는 조직화된 무의식에서 정초된다. 들뢰즈에게 언어는 직접 표현되는 것이 중요한 것이 아니라 그 안과 밖을 횡단하는 잉여적인 명령어를 담고 있는 것이다. 그것을 얼굴이 표현하는 것이고 그럴 때 우리가 보는 얼굴은 비로소 얼굴이 된다. 어떤 행동을 요구하는 잉여적인 명령어가 기호로서, 표현기계로서의 얼굴의 본질적인 기능이라는 것이다. 얼굴이 표현형식으로서 언어와 짝을 이룬다는 것은 바로 얼굴이 이러한 잉여성을 담당하고 있기 때문이다.

3.

얼굴은 무언가를 말한다. 그러나 슬픔과 기쁨, 고통과 쾌락 등을 표현하는 자연적인 기호는 안면성을 충분히 말해주지 못한다. 자연스러운 것으로 간주되는 표정 역시 불충분하다. 들뢰즈는 '타자의 고통스러운 얼굴'로 동정과 연민의 도덕을 구성하려는 레비나스의 윤리학이 부적절하다고 여긴다. 그것은 고통스러운 표정 역시 항상은 아니어도, 대개는 어떤 형태로든 명령어를 방사하고 있다는 점을 놓쳐서는 안 된다는 것이다.[4] 이것은 쇼펜하우어가 말하는 동정의 논의를 다시 검토하게 해준다. 쇼펜하우어에게 형이상학의 중심에는 인간의 윤리학적 원리가 있다. 그는 생에 대한 맹목적 의지가 끊임없이 결여를 산출하고 이 결여가 인간의 실존을 고통스럽게 만든다고 본다. 그 고통으로부터 해방되는 길은 예술적 고찰, 윤리적 실천과 종교적 행위를 통한 구원에 있다고 그는 보았다. 다른 사람의 고통에 온전히 직접 참여하는 행위로서의 동정은 우리를 잠정적 구원에 이를 수 있게 하는 실천이라는 것이다. 그는 동정을 모든 자유로운 정의와 모든 진정한 인간애의 현실적 기초로 파악하고, 나아가 이기주의의 극복과 동정의 실천을 도덕적 행위의 근본 명제로 여긴다. 한 행위의 도덕적 가치는 모든 이기주의적 동기가 결여되어 있는 곳에서 나타난다.

그러나 니체는 이러한 이타주의적 동정의 이면에는 비밀스러운 이기주의가 있으며, 명령이 담겨 있음을 역설한다. 이러한 동정의 담론에는 근원적인 삶의 부정과 약화를 이끄는 페시미즘이 담겨 있는 것이다. "쇼펜하우어는 자신의 니힐리즘으로부터 동정만을 덕으로 남겨 보존하는 완벽한 권리를 가졌다. 그와 더불어 삶에 대한 의지 부정이 가장 강하게 증진된다."[5] 고통받는 얼굴을 동정하거나 내가 고통받는 얼굴을 보이며 동정을 구하는 행위는 도덕적 가치를 실현하거나 정감을 나누는 행위가 아니다. 그것은 타인과의 관계에서 얼굴이 행사하는 명령과 권력의 게임이다. 우리는 얼굴을 통해 명령과 권력의 행사에 참여하거나 종속된다. 우리가 얼굴을 통해 명령하고, 자신에게 이익을 최대한 많이 확보하려는 얼굴의 권력 행사가 이기적인 행동이라면 우리는 이것을 인정해야 한다.

따라서 이기주의의 극복이 곧 동정의 실천을 통해 이루어진다고 말하는 것은 위선적인 철학이다. 이것을 인정하지 않는 동정에 대한 태도는 인간의 도덕적 행위를 보증할 수 없다. 니체에 있어서 참된 의미의 이기주의는 동정의 행위를 통해 극복되어야 할 간단한 대상이 아니다. 오히려 이기적 행위는 인간으로 하여금 자신의 솔직한 태도를 인정하게 하고, 자신의 정신적 향상을 타인과의 관계에서 새롭게 도모하게 하는 실존적 태도다.

들뢰즈와 가타리가 말하는 얼굴 역시 쇼펜하우어의 동정론과는 거리가 멀다. 레비나스와 쇼펜하우어는 얼굴이 명령어를 방사하고 있고, 그런 명령어에 적합한 방식으로 얼굴이 만들어지고 있다는 점을 보지 못하거나 외면하고 있는 것이다. 레비나스가 "타자의 얼굴은 우리에게 상처받을 가능성과 무저항성을 지니고 현현한다"[6]고 규정하는 부분은 이곳에서 상충한다. 얼굴은 단순한 고통으로 환원 불가능한 많은 표현능력을 갖고 있으며 실제로 그렇게 사용된다. 또한 내가 어찌할 수 없는, 상관이나 권력자의 얼굴과 전제군주의 얼굴과도 같은 절대적 명령의 얼굴들과도 우리는 만난다. 그 얼굴들은 우리가 언제나 그들의 표정을 관찰하고 눈치를 보아야 하는 타자의 얼굴이다. 이러한 얼굴 역시 레비나스가 말하는 고통스러운 얼굴만큼이나 나의 주관 밖에 있는 절대적 타자의 존재를 증명하고 있는 것이다.

따라서 들뢰즈와 가타리는 얼굴은 개인적인 것으로 작용하지 않는다고 여긴다. 분명 얼굴은 개인들 사이에서 기호를 방사하고 고유한 명령어를 전달한다. 이 계산된 명령어와 표정을 통해서 그것을 보는 사람이나 방사하는 사람은 방사되는 기호에 대응하는 특정한 판단을 하고, 그에 따라 특정한 개인이 된다. 얼굴은 언어적 기호 못지않게 언어를 위해 만들어지는 표현기계이고, 특정한 권력의 배치가 얼굴의 생산을 필요로 하는 것이다.[7] 개인적인 어떤 느낌이 고유하게 작동해서 개인적 얼굴이 되는 것이 아니라, 얼굴에서 표현되는 것은 그것을 둘러싼 특정한 권력의 표현과 체계에 응답하는 특정한 표현이자 공명이다. 이 지점에서 우리는 들뢰즈와 가타리의 "얼굴은 정치다"[8]라는 정의를 이해할 수 있다. 얼굴은 그것의 생산을 필요로 하는 권력 배치의 산물이기에 그 자체로 권력과 상응한다. 따라서 얼굴의 문제가 권력의 문제인 한, 얼굴 자체가 바로 정치가 되는 것이다.

4.

그러나 얼굴을 권력과 정치의 관계 안에서 규정하는 사태는 단순한 회로를 갖는 것이 아니다. 마치 벗어나려는 노력을 하면 저항하며 걷어낼 수 있는 정치적 슬로건이 될 수 없다는 것이다. 우리가 기호들을 사용하는 활동은 언제나 안면성이라는, 즉 얼굴의 정치화를 언제나 전제한다. 얼굴을 보지 않아도 누군가 "여기 내 손 좀 봐"라고 말할 때 우리는 어조로 어떤 뜻인지 짐작하지만 그것은 청각적인 이미지만이 아닌 시각적인 이미지를 함께 수반하여 다가온다. 안면성이 바로 그것이다. 시각적으로 우리가 얼굴을 볼 때 그 의미는 더욱 명확해진다. 마음을 읽는다 혹은 일종의 눈치 보기가 실천되는 것이며 그 결과에 우리는 대응한다.

비트켄슈타인에게 우리가 배우듯, 말의 의미를 안다는 것은 그 말의 용법을 충분히 안다는 것을 뜻하는 것 외에 다름이 아니다. 말의 용법을 익혔다는 것은 곧 하나의 구체적 상황에서 타인과의 관계 속으로 자신의 언어와 행동을 대응시키며 의미화 작용을 한다는 것이다.

따라서 얼굴의 정치화, 정치화된 얼굴을 말할 때 이 부분이 단순하지 않은 것은 이미 얼굴은 긴밀한 내적 관계인 추상기계로서 작동하고 있다고 봐야 한다. 권력적 배치와 조직의 관계보다 추상기계가 갖는 내재성은 그것을 더욱 광범위하게 포함하고 그 안에서 존재들을 생성시킨다.

얼굴은 흰 벽-검은 구멍으로 구성되는 추상기계(machine abstraite)에 의해서 만들어지는 것이다. 현상학적 주체화를 넘어 얼굴을 사유하는 순간 즉, 흰 벽과 검은 구멍의 체계로 얼굴을 정의하는 순간, 흰 벽과 검은 구멍이 섞여서 어떤 표현적인 장면을 만들어내는 모든 것은 얼굴이 되는 것이다. 이렇게 되면 얼굴은 인간의 얼굴의 범위를 벗어난다. 얼굴은 추상기계가 만드는 표현적인 성질의 모든 것이자 그것을 가능케 하는 내적 관계망의 구조인 것이다.

만일 우리가 얼굴이라 부르는 것이 있다면 그것은 특정한 맥락과 구조를 갖는 사회구성체 안에서 존재하는 인간만이 얼굴을 말하는 것이다. "특정한 사회구성체들만 얼굴과 풍경을 필요로 한다. 이 모든 것이 바로 역사다."[9] 특정한 사회구성체는 특정한 얼굴을 생산한다. 인간의 얼굴뿐 아니라 모든 사물, 자연물, 풍경도 그 맥락과 권력 배치에서 자유로울 수 없다.

5.

얼굴은 신체의 표면이다. 신체로부터 탈코드화된 표면이다. 이처럼 얼굴은 유기체로서의 신체의 일부이길 멈추고 새로운 지형학을 만들며 존재한다. 따라서 얼굴은 신체로부터 탈영토화된다고 말할 수 있으며 이는 얼굴만이 아니라 신체 어느 부위도 탈영토화되었다가 다시 재영토화되는 과정을 겪을 수 있다. "예컨대 물건을 잡을 수 있는 손은 앞발, 나아가 움직일 수 있는 손의 상대적인 탈영토화를 의미한다. 그것은 그 자체로 상관자(Corrélat)를, 즉 사용대상이나 도구를"10 가지면서 다시 재영토화된다. 반면, 얼굴은 내용의 층위(plan)에서 표현의 층위로 비약하는 탈영토화이기에 다른 신체기관과는 다른 탈영토화일 것이다. 손이나 다른 신체처럼 어떤 도구나 대상과 관련하여 탈영토화되거나 재영토화되지는 않는 대신, '흰 벽-검은 구멍'으로 특정한 배치를 통해 다양한 안면성을 생산하는 것이다. 다양한 얼굴의 표정, 안면성은 코드화된 반복을 부르고, 이는 정형화된 얼굴을 만들고 이는 다시 하나의 안면성을 작동시킨다.

즉, 정형화된 얼굴이 탄생한다. 백인의 얼굴, 흑인의 얼굴, 인디언의 얼굴, 야만인의 얼굴, 미개인의 얼굴, 귀족의 얼굴, 노예의 얼굴, 죄인의 얼굴, 광인의 얼굴 등은 바로 그러한 배치의 목록이다. 그런데 들뢰즈와 가타리에게 얼굴이란 애초에 하나의 추상기계고 처음부터 추상기계에 의해 탄생한 것이다. 바로 안면성의 추상기계는 그들의 얼굴을 추상하여 만들어진 것이다. 들뢰즈와 가타리는 그 추상기계는 유럽 백인의 얼굴에서 구성된 것이라고 생각한다. 머리로부터 얼굴을 독립시키는 추상기계는 안면성을 만들어냈지만 그 안면성은 유럽 백인의 얼굴 자체로부터 추상되어 나타난다는 것이다. 들뢰즈와 가타리가 원시인들은 아직 얼굴을 가지고 않았다고 서술하는 이유는 그들이 주체화를 만드는 흰 벽-검은 구멍의 체계를 가지고 있지 않았다는 말이다. 유형성과 정형성의 코드를 벗어나는 다의성이 그들의 신체를 지나간다. 그들의 얼굴은 흰 벽-검은 구멍이 만들어내는 유럽 백인의 얼굴의 정형성을 모른다. 가면을 쓰는, 곧 얼굴을 바꾸는 행위도 원시인들에게는 새로운 신체적 힘과 능력을 얻기 위한 것이다. 곰의 힘과 용맹을 얻기 바라면서, 호랑이의 눈빛과 번개 같은 판단력이 자신에게 솟아나기를 바라면서 가면을 쓰는 것이었다. 곰 되기(devenir un ours), 호랑이 되기(devenir un tigre)였던 그들의 행위는 정해진 얼굴의 표정을 만드는 고정된 얼굴 만드는 일이 아니다. 동물의 영혼으로 자신의 신체를 채우는 '정신적', '영혼적'인 행위였다. 바로 어원적 의미에 가까운 '애니미즘'의 실천이었던 것이다.

　따라서 들뢰즈와 가타리에게는 원시인은 얼굴이 아니라 정신적인 머리만이 있는 존재들이었다. 추상기계가 기호체계를 구축하며 만드는 얼굴이 필요하지 않았던 것이다. 유럽에서 가면은 그러나, 일정한 장소와 상황에서 새로운 역할을 담당하고 유형화된 표정을 통해 그 사람, 그 존재가 되는 일이다. "원시적 기호계의 경우처럼, 가면은 머리가 신체에 속함을, 그것의 동물 되기(devenir un animal)를 보장한다. 아니면 현재의 경우에서럼, 가면은 얼굴의 승격과 고양, 머리와 신체의 안면화를 보장한다. 가면은 이제 얼굴 자체고 얼굴의 추상화 혹은 작동이다."[11] 유럽의 마스크가 정해진 표정과 역할의 표정을 차용하기 위해서라면, 애니미즘의 가면은 새로운 영혼과 힘을 신체에게 입력시키는 행위인 것이다. 지금 우리의 옷, 신체의 연장인 옷 역시 흰 벽-검은 구멍의 체계로 안면화를 작동시키는 것이다. 동물과 식물로부터 얻은, 빌려 몸에 이식한, 탈영토화된 옷은, 지금 다시 현대사회와 교섭한 기호체계의 기호로 재영토화된다.

　기획하고, 정형화의 코드들을 작동시키는 얼굴의 잉여성을 생산하는 얼굴은 권력을 방사하는 권력 배치의 산물이자 특정한 사회 구성체의 산물이다. 흰 벽-검은 구멍의 기호 체계는 유럽 백인 남성을 표상하고 그것은 곧 예수의 얼굴이다.[12] 유럽의 전형적인 백인 중년 남자의 얼굴, 화가가 그린 그 얼굴은 예수의 얼굴로 그려지고 하나의 척도가 되었다. 유럽 백인 남성의 얼굴, 자신의 얼굴은 자신 안의 그리스도의 얼굴이고, 그것은 곧 얼굴을 만드는 안면성의 추상기계로 작동한다. 머리와 신체의 안면화를 완성하고, 모든 풍경을 안면화하는 척도를 유지한다. '인간화'라는 명분은 정치적 권력의 배치가 만들어낸 안면화가 생산하는 인간중심주의적 관념의 보편화는 물론 백인중심주의 얼굴의 보편화를 정당화하려 한다. 일종의 유럽 백인 얼굴의 동일화의 방식으로 인간화가 성립한다. 얼굴성은 규범적 코드화를 통해 남성과 여성, 아이와 어른, 유산자와 무산자라는 정형적 타입의 형상을 분류화하는 데에 그 목적이 있다는 것이다. 추상기계가 생산한 얼굴성은 얼굴을 머리로부터 탈영토화하지만—신체의 손이 도구를 잡으면서 자신의 손은 물론 그 도구까지 자연물로부터 탈영토화시켰다가 다시 신체화되는 도구로 재영토화시키는 일련의 코드화 과정을 거치듯이—얼굴성은 바로 유럽 백인 남성의 얼굴로 인간화로의 재영토화를 실현한다.

얼굴성이 의미화와 주체화를 통해 의식, 정염 등을 구현하는 일련의 이 과정은 들뢰즈와 가타리가 리좀(rhizome)을 통해 얘기하려고 하는 생성적 존재의 운동과는 다른 길을 가게 된다. 존재와 사물이 세계와 접속하는 불연속적이고 탈경계적인 운동과 탈주선은(la ligne de fuite)은 리좀의 현장에서 발견되지만, 이미 경계를 군건히 구축하며 서 있는 나무의 몸과 줄기는 리좀의 운동을 재영토화시키는 일에 몰두한다. 절대 이분법적인 경계 나누기를 위해 들뢰즈와 가타리가 나무와 뿌리와 리좀을 말하는 것은 아니다. 나무를 예로 들어보자. 이미 뿌리를 통해 나무의 몸 안으로 들어온 땅의 성분은 나무를 살아가게 만드는 요소로 탈영토화되고 이것은 줄기로, 잎으로, 가지로 재영토화되어 간다. 이것은 뿌리로 빨려 들어간 땅의 요소들의 탈영토화를 전면 재코드화시킨 사건은 아니다. 그러나 재영토화된 잎과 가지와 줄기는 하늘의 공기와 햇빛을 나무 자신의 몸에 입력시키는 탈코드화를 진행하고 그것을 뿌리와 소통시키며 다시 자신의 몸으로 재영토화시킨다. 이 과정은 언제나 사고와 일탈, 은폐, 왜곡, 잉여성들이 존재한다. 일종의 차이가 생성된다. 차이가 만드는 존재의 생성은 차이로서의 생성 그 자체를 만들어낸다. 이러한 차이로서의 생성은 탈영토화와 재영토화의 과정을 뒤따라가는 단순한 모니터링이 아니다. 그것은 존재가 세계와 복잡하게 맺는 네트워크의 비연속적 데이터의 유통과 조합이다.

따라서 하나의 사물과 존재는 우주적 네트워크와 광대한 시간이 응축된 결과물이자 현재진행형인 생성의 사건 그 자체이다. 얼굴은 따라서 추상기계가 생산하는 기호체계의 안면성 안에서 해석을 기다리는 존재가 아니다. 특정한 사회적 구성체가 정해 준 코드를 준수해야 하는 영토도 아니다. 얼굴이 신체의 표면이라면 그것은 신체의 깊은 역사와 사건들의 총체로서의 실존과 접속하는 의미에서의 표면이지 형이상학적 내면에서 멀리 떨어진 결격적 존재로서의 표면이 아니다. 형이상학적 의미가 표면에 있는 요소들을 인도하고 해석하고 의미를 만들어줄 과정을 기다리는 표면은 아닌 것이다. 안면성의 잉여성이 관장하는 권력의 배치로서의 얼굴의 표정은 따라서 정형화된 코드들의 의미로 환원되는 집합체가 아니다. 비규정적, 비환원적, 탈경계적 생성의 운동의 표현으로서의 얼굴을 찾아내는 일이 중요하다. 성형은 생성의 표현으로서의 얼굴과 접속하지 않는다. 그것은 안면성의 코드화를 지루하게 반복하는 동일성의 패쇄적 운동이다.

6.

끊임없이 수행되어야 할 탈영토화와 재영토화의 생성의 과정 표면으로서의 얼굴의 안면성을 벗어나려는 '안면성 해체(déconstruction de la visageité)' 작업은, 따라서 끊임없이 몸들에 가해지는 각인과 주입작용을 해체한다는 것이며 동일성의 원리를 바탕으로 하는 고전적 존재론에 대한 강력한 전복의지를 드러내는 일이기도 하다. 들뢰즈와 가타리가 '얼굴은 정치'라고 정의한 것처럼 얼굴의 해체도 하나의 정치다. 그정치는 결코 쉽게 진행되지 않는다. 얼굴의 해체는 데리다의 표현과매우 비슷한 '밀항자/잠행자/불법체류자 되기(devenir-clandestin)'의 운동이다.[13] 가장 탁월한 밀항/잠행의 모습은 바로 많은 사람들 사이에서 사는 것이다. 이미 많은 사람들 사이에서 밀항/잠행자로 살아가는사실 자체가 잠행을 존재적으로 정초한다. 그리고 그것은 그만큼 위험한 일이다. 얼굴성의 해체는 곧 특정 사회구성체의 주체화의 코드를벗어나는 일이다. 얼굴을 해체하는 것은 이미 안면성이 구축한 네트워크를 흔드는 것과 동시에 아직 설정되지 못했거나 권력적 배치 질서에서 밀려난 안면성의 네트워크를 새롭게 구축하는 일이다. 그것은 마주 선 사람에게 명령이나 공명을 잉여성 안에서 타성적으로 수행하는일에서 빗어나는 일이다. 얼굴의 잉여성 자체가 문제가 아니라 권력적 배치가 만들어놓는 잉여성의 모순의 내면화가 문제인 것이다. 그러므로 매우 힘든 전략만이 얼굴성의 해체에 부합한다. 예술적 체험의 강렬한 내재적 강도(intensite)를 경험하고 실천하거나, 고도로 숙련된 미학적 태도를 훈련하는 일이 그러할 텐데, 그것은 바로 니체에게서 들뢰즈가 계승하는 실존적 미학의 영역이다. 들뢰즈와 가타리 역시 얼굴을 해체하는 것은 의미화, 주체화의 지층에서 광기의 위험, 죽음의 위험에 부딪힐 수 있을 만큼 쉬운 일이 아니라고 말한다. 우리의 실존적 대응은 그러한 광기와 죽음의 문턱까지 다다르는 훈련을 이겨낼 수 있을까?

결코 쉽지 않을 것이다. 특히, 지금 우리가 말하는 미용적 차원의 성형에서는 아니다. 우리는 결코 얼굴 없는 원시적인 시대로 회귀할 수도 없으며, 이론적인 차원에서도 그것은 위험한 환원주의의 위험을 안고 있다. 그러나 미용 성형은 나의 흰 벽-검은 구멍을 알고 있는 행위는 아니다. 나의 마음에 들지 않는 나의 얼굴에 대한 생각이 나의 얼굴을 알고 있는 것을 말해 주지는 않는다. 우리는 어느 누구누구처럼 만들어달라고 손가락으로 타인의 얼굴을 가리킬 뿐이다. 게다가 그것이 유럽 백인의 척도로부터 재단된 흰 벽-검은 구멍의 기호체계에 근거한 것이라면, 그리스도의 얼굴로 주체화와 의미화에 성공한 추상기계가 생산한 '아름다운 얼굴'은 나의 안면성의 주체성과 의미화를 말해 주지 않는다. 서양 유럽의 역사에서 벗어나야 한다면, 그것은 그 역사가 안면성의 권력적 배치를 수행했다는 것에 있다기보다, 그 권력적 배치를 가능케 하는 척도를 우리에게 내면화시키고 있기 때문이다.

지금 현재를 이끄는 대중적 미적 담론과 미적 현상의 연대의 틀 안에서 '탐색하는 머리(tete chercheuse)'를 사유할 수 없는 상황이다. 마이클 잭슨이 보여준 광기의 위험이 탐색하는 머리가 실천하는 분열적 전략이 될 수 있을까? 마치 들뢰즈가 분열적 방법으로 자본주의적 체제를 흔들어놓을 수 있다고 말하는 역설의 경우처럼 말이다. 가장 자본주의적 방법으로 자본주의적 체제에 균열을 줄 수 있는 태도가 있을 수 있겠지만 그만큼의 자기파괴라는 모순과 희생을 감내하고 얻을 수 있는 것은 없다. 정신분석적 태도에 대한 정신분열적 태도의 긍정성을 모색하는 과정과 마이클 잭슨이 구축하려 한 안면성의 극단이 보여준 현장을 함께 이어 붙이는 행위는 무모한 사유다.

안면성의 추상기계가 생산하는 권력적 배치로서의 얼굴의 존재를 주제로 세우기 위해 들뢰즈는 사르트르와 레비나스의 얼굴을 둘러싼 현상학을 건너뛰려 했지만, 그것은 성형과 관련한 타자와의 관계 및 태도에 대해서 주요한 성찰을 제공한다. 사르트르에게 타자 그리고 나는 서로에게 존재의 가능성을 제공하며 이 세계에 함께 존재하는 존재로 규정된다. 이러한 구조 속의 타자는 어떤 지향성을 갖고 관심 어린 시선으로 나를 보고 있으며, 나는 급기야 그의 시선 안에 들어가게 된다. "내가 나 자신에 관한, 나의 자유로운 가능성들에 관한 의식을 획득하는 한, 나는 타인의 실존에 대해 책임이 있다."[14] 이러한 책임을 통해 우리는 서로에게 무한한 가능성을 선사하며 실존의 책임과 성숙을 도모하는 것이다. 그러나 지금 미용성형은 서로에게 가능성을 주는 타인과 내가 아니다. 타인은 외모라는 기호체계 안에서 나의 자유를 구속하는 존재이며, 타인의 시선에 의해 속박적 경험상황은 강화될 뿐이다. 권력적 배치로부터 생산된 안면성으로부터 자유롭지 못한 성형수술은 나와 타인을 함께 구속하며 서로를 얽매는 영토에 갇힌다.

　레비나스의 타자의 얼굴도 마찬가지다. 그에게 타인의 얼굴은 우리의 세계 밖에서 침입해 전체성의 균열을 일으키며 우리의 삶에 개입한다. 타인의 얼굴은 무엇으로도 환원할 수 없는 차이, 절대적 차이를 드러낸다. '외재적 존재의 현시'인 것이다. 미용 차원에서 성형수술을 거친 얼굴은 연예인 얼굴의 무개성적 반복의 재영토화만이 패쇄적으로 맴도는 공간이다. 절대적 경험으로서 타인의 현시는 이제 없다.

　'머릿수를 센다'라는 몰개성적, 폭력적 셈법은 레비나스에게는 위험한 인식의 형태다. 그러나 이미 성형의 담론에서 그리고 성형수술을 담당하는 의사들은 성형수술을 과학적 지식이 경험적으로 전이되는 과정으로 만들어가고 있다. 과학적 치료의 대상이 된 우리의 얼굴은 객관적인 관찰 및 치료 대상으로서의 사물이 된다. 우리의 얼굴이 지니는 다양한 네트워크의 소통과 공명은 그들 앞에서 언제나 정해진 과학적 기준에 근거해 모자라거나 과한 요소들을 함유하는 '머리'라는 임상학적 집합체로 변환된다. 안면성의 권력적 배치가 과학적 지식의 권력과 담론 안에서 재편성되고 있는 것이다. '나'와 '타자'의 유대적 공명을 그친 우리의 얼굴은 성형수술 후 배치된 권력의 흔적과 힘을 추적하게 만들 뿐이다.

7.
물론 자신이 자신의 외모에 대해 판단하고 삶에 대한 만족도를 갖는 것은 매우 개인적이고 주체적인 판단에 근거할 수 있다. 그러나 현대

사회의 미디어와 뷰티산업, 성형외과술이 부추기고 있는 외모지상주의 편재는 개인들로 하여금 자신의 외모를 지속적으로 타자화하는 방식을 가속화시키고 있다. 다이어트나 외모에 관해 정신적 질환을 갖고 있거나 상담을 받는 사람들에게 공통적인 것은 타인의 시선으로 자신을 바라보는 시선의 타자화가 매우 강하게 작용하여 '남들이 나의 외모를 어떻게 볼 것이다'라는 생각으로부터, 미디어가 만들어준 시선에서 한 치도 자유롭지 못하다는 점이다. 메이크업은 자신의 얼굴을 일상적인 차원에서 유쾌한 마술을 부리듯 자신의 외모를 향상시키고 작은 변화로 소소한 즐거움을 찾는 일을 넘어, 타자화된 시선을 급급히 따라가야만 하는 숙제이자 스트레스가 된다. 명품화장품과 명품의류, 액세서리 디자인이 만들어내는 아름다움에 대한 시뮬라크르(Simulacre)적인 현상을 어느덧 모험처럼 즐기는 현대 여성들은 시뮬라크르를 말하는 보드리야르의 냉소적 태도를 이미 넘어 극단적인 초과실재의 상황과 '용감하게' 조우하고 있는 듯하다.

완벽한 외모는 존재할 수 없지만 완벽한 외모가 있음을 공공연히 약속하는 미디어의 노력 탓에 외모를 완성해 나가는 노력이 없는 사람은 매우 게으르거나 자기개발에 소홀한 열등한 계층으로 인식하는 흐름이 만들어지고 있다. 치아가 고르지 못하다는 것은 과거에는 그저 개인의 차이나 개성의 문제일 수 있었지만 이제는 자신에게 부주의하고 타인에게 불쾌감을 주는 사태가 되어가고, 남성이 근육질의 몸을 만들지 않거나 운동에 관심이 없는 것은 남성으로서 수치스러운 일이라는 인식을 만들고, 키가 작으면 루저임을 강요받는 일은 그저 웃고 넘기기엔 심각한 상황일 수 있다. 특히 젊어 보여야 한다는 강박과 주름살에 대한 공포와 두려움은 대다수 일반인들에게 일상적 차원에서 겪어야 하는 극심한 스트레스를 가져다주고 있는 실정이다. 삶의 굴곡과 경로가 자연스럽게 만들어내는 주름은 이제 감춰야 하고 숨겨야 하고 제거해야 하는 흉물스러운 신체의 흔적이 되어버린 것이다. '자연적인 것이 가장 좋다'라는 경직된 자연주의적 태도도 바람직하지 않지만 몸이 시간과 엮어가는 네트워크와 생태적 시스템의 급속한 변화는 붕괴로 이어질 수 있다.

트랜스휴먼의 얼굴은 이 붕괴 역시 새로운 가능성으로 돌려놓을 수 있는 훈련이 되어 있을까? 이제 인간의 얼굴에서 시간과 삶의 표정은 없어지고, 성형외과의 미용적 정보와 지식에 의한 온갖 결점투성이의 데이터들만이 얼굴들을 채우고 있는 것일까? 우리의 몸과 얼굴을 스쳐 간 시간을 돌려놓거나 시간을 이겨보겠다는 철없는 강박과 안달의 흔적만이 얼굴에 남게 되는 것일까? 일정하게 투여되어야 하는 미량의 독으로 붙잡아두고 있는 얼굴의 근육이 어느 날 피곤함과 권태를 이기지 못하게 될 순간에 대해 이렇게 아무도 얘기하지 않아도 괜찮은 걸까? 우리는 아름다움을 가꾸는 것이 아니라 조급한 욕망과 수다를 떨며 불안한 시선을 가꾸고 있는 것은 아닐까? 시선은 살아 있는 이미지가 우리의 몸에 접속하는 정신적 행위이자 과정이다. 시선과 관계하는 인간의 감각적 교섭의 통로에는 언제나 몸과 정신, 주체와 객체의 이분법적 사유를 가로지르는 현상학적 존재론의 잠재성이 기능하고 있다. 시선은 몸과 정신이 이미지를 일정한 순간(garder), 즉 보전하고 간직한다는 행위이자 그것을 다시 몸과 정신에게 간수하는 행위다. 시각적 체험 속에는 이미 사물과 존재 그 자체를 보살피고 간직하는 행위가 함축되어 있으며 그때 우리가 보는 것은, 간직하는 것은 단순한 대상이 아니라 세계와의 관계이자 그 대상을 포함한 존재적 차원의 떨림이다.[15] 이 떨림은 사르트르의 시선의 현상학적 경험과 개체에게 제안된 실존적 태도의 수행에서 체험되었고, 레비나스가 윤리학의 실천을 가동시키는 시선의 구조 안에서도 체험되었던 현상학적 교감이었다. 즉, '나'의 시선에 의해 나에게 오는 사물의 얼굴과 타인의 얼굴은 결국 상호주관성의 '봄'의 나르시시즘을 통해 가능한 일이었다. 성형수술은 추상기계가 생산한 안면성의 권력적 배치를 강화함은 물론, 재코드화의 폭력의 심각성을 미적 체험이라는 체험으로 탈색시키며 광적으로 몰아간다. 이제 '나'와 '사물'은 메를로-퐁티의 '봄'의 나르시시즘을 체험하기 어려운 상황에 있다. 성형수술의 체험은 표피의 잠재성인 살(flesh) 조직을 체험하며 서로 공명하고 떨림을 나누는 우주적 살-존재들로 생성할 수 있는 상상력 가동을 어렵게 한다. 애니미즘이 가지고 있던 신체와 얼굴에 대한 솔직하고 겸손한 태도의 현대적 변용은 가능할까? 해체적 안면성이 갖는 미학적 힘을 충분히 연습하고 공유하는 기회를 갖기도 전에 우리는 너무 쉽게 인간 증진의 관점을 트랜스휴먼에 접속시킨 것은 아닐까? 강박적 재영토화만을 실천하는 성형수술을 통한 변이체들과의 대면은 우리에게 어떤 철학적, 미학적 훈련을 가능하게 할 것인가?

강영안, 『타인의 얼굴: 레비나스의 철학』, 문학과지성사, 2005.

E. Levinas, *Le temps et l'autre*, Paris, P.U.F, 2011, 강영안 옮김, 『시간과 타자』, 문예출판
　사, 1996.

F. Nietzsche, Fragments Posthumes, Automne 1887- mars 1888 in Oeuvres G.
　Deluze, F. Guattari, Mille Plateux, Paris, Les Editions de Minuit, 1980.

J. Derrida, Psyché, Inventions de l'autre, Paris, Galliée, 1988.

J.L. Nancy, Le regard du portrait, Paris, Galilée, 2001.

J.-P. Sartre, L'Etre et Le Néant, Paris, Gallimard, 1976, 손우성 옮김, 『존재와 무 I』, 삼
　성출판사, 1992.

Philosophiques complètes III, Traduit de l'allemand pour Français par P. Klossowki,
　Paris, Gallimard, 1976.

2부

깊어지는 시선

HYBRID
Poiesis

SF와 근대 과학(자)신화의
전복

:: 안상원

1. 이카로스의 상승과 추락

명공 다이달로스는 그리스 신화에서 가장 아이러니한 존재다. 크레타의 왕 미노스의 왕비가 포세이돈의 저주로 인해 반인반수의 괴물 미노타우로스를 낳자 왕은 다이달로스에게 한 번 들어가면 빠져나올 수없는 궁전 '라비린토스'를 건축하게 한다. 미노스 왕은 매년 아테네로부터 거둔 인신 공물로 그 궁전 안의 괴물을 먹였다. 이 굴욕의 세월을마감하기 위해 아테네의 왕자 테세우스가 스스로 공물이 되어 크레타왕국에 오고, 크레타의 공주 아리아드네는 이 용맹한 청년에게 마음을빼앗긴다. 그리고 다이달로스에게서 미궁의 탈출 방법을 알아내어(실타래를 풀면서 들어갔다가 나올 때 그 실을 따라서 돌아 나오는 것. 이 얼마나 간단한 방법이란 말인가!) 테세우스에게 알려준다. 테세우스가 괴물 미노타우로스를 죽이고 공주와 함께 달아난 후, 왕의 노여움을 산 다이달로스는 아들 이카로스와 함께 자신이 설계한 미궁에 갇히고 만다. 자신의 창조물의 수인이 된 다이달로스는 아들에게만큼은 자유를 주고 싶었다. 그는 창가에 떨어진 새의 깃털을 모으고 모아서 밀랍으로 이어 붙여 날개를 만들었다. 이카로스는 마침내 날개를 달고 탈출에 성공한다. 그러나 이카로스는 너무 높이도 너무 낮게도 날아서는 안 된다고 한 아버지의 경고를 주의하지 않았다. 자유의 비상에 도취한 이카로스는 높이 더 높이 날아오르다가 태양 가까이 근접했고, 태양 열기에 날개의 밀랍이 녹는 바람에 지상으로 추락하고 만다.

비행, 그것은 인간 존재의 한계성을 극복하거나 초월한다는 의미를 내포하며 인류의 오랜 염원에 속했다. 그래서 우리는 인간의 욕망이 투사된 신화에서 하늘로 날아오르는 사람들의 '상승신화'를 종종 발견하게 된다. 그리스 신화에서 가장 유명한 비행가는 트로이의 왕자 가니메데스일 것이다. 독수리로 변한 제우스에게 납치되어 하늘로 올라간 이 미소년은 신들의 잔치에서 술시중 드는 영광스러운 역할을 맡게 된다. 그리고 유대인의 전승에도 하늘로 올라간 영웅이 있다. 예언자 엘리야는 불의 마차에 올라 회오리바람을 타고 승천한다. 육신의 죽음을 거치지 않은 채 초월의 경지로 상승한 것이다.

이카로스의 비행은 가니메데스나 엘리야의 상승과는 달랐다. 이들은 신적인 힘에 의해 인간의 한계를 벗어났지만 이카로스는 인간이 제작한 도구를 이용하여 비행에 성공했기 때문이다. 이카로스 신화에서는 초월에 대한 염원이 인간 자신에게 속하는 '기술'에 의해 성취된 것이다. 인간은 스스로의 힘으로 한계를 넘어서 신에게 속하는 하늘의 영역으로 날았다. 하지만 이카로스의 모험은 비참하게 끝나고 만다. 하늘은 인간이 결코 범접할 수 없는, 신의 거주지였기 때문이다.

다이달로스와 이카로스를 둘러싼 이야기는 곧 '기술자의 신화'라 할 수 있다. 그리고 기술은 과학적 지식을 바탕으로 하는 것이기 때문에 기술자 신화는 곧 과학자의 신화이기도 하다. 최초의 기술자 이야기, 이 신화는 무엇을 의미할까? 흔히 이카로스의 추락은 아버지의 경고를 무시하고 감히 신의 영역까지 넘보려 했던 자만의 결과로 읽혀진다. 하지만 이 이야기에서 간과할 수 없는 것은, 자신의 한계를 극복하는 인간 능력에 대한 신뢰가 표명되고 있다는 점이다. 물론 그 놀라운 능력은 인간에게 주어지는 엄준한 경고를 기억할 때에만 의미를 유지할 수 있다. 너무 높지도 너무 낮지도 않게 날거라. 도가 지나친 욕망은 파멸로 귀결되게 마련이니까.

르네상스 이래 승승장구 발전해 온 과학을 둘러싸고 근대에 형성된 '과학신화' 혹은 '과학자 신화'는 다이달로스 부자의 이야기 같은 신화적 원형에 뿌리를 두는 것이다. 중세에서 르네상스를 거치면서 패러다임의 변화를 일으킨 과학적 이성은 17~18세기 계몽주의 시대를 추동하는 견인차 역할을 했다. 그리고 계몽주의는 다시 자연과학에 자극과 에너지를 제공함으로써 근대 기술문명의 가속적 발전을 야기했다. 자연과학이 삶과 문화의 중심에서 특권을 누리게 되면서 과학은 '신화화'의 과정을 거치게 되는데, 그 과정은 무척 빨랐다.

근대의 과학신화는 역행하는 두 방향의 서사로 구성된다. 한 갈래는 과학 진보에 대한 계몽주의적 믿음을 바탕으로 한다. 이 서사에서는 과학이 언제나 인간의 삶을 개선시키고 윤택하게 하리라는 확신에서 과학의 승리를 찬양하고 있다. 그와 반대로, 또 다른 갈래의 서사는 과학의 최종승리에 대해 회의를 던진다. 과학기술의 맹목적 발전을 경계하고 일방적인 승리의 신화에 제동을 걸면서, 과학을 통해 실현되는 인간의 지나친 욕망이 결국 실패와 좌절로 끝날 것임을 각성시키는 것이다. 상승하는 이카로스와 추락하는 이카로스의 서사는 이렇게 근대 과학신화에서 반복되고 있다.

무엇보다도 전통 윤리와 종교에서는 새로운 과학 실험과 기술 발명에 대해 비판적 입장을 견지해 왔다. 또한 근대의 작가들 역시 자본주의와 결합하여 물질주의적으로 치닫는 근대문명에 대해서 비판적 시선을 거두지 않았다. 특히 19세기에 출현한 SF, 즉 과학과 과학자를 다루는 소설들이 적잖은 기여를 했다. 주류 문학이 아닌 통속적인 문학시장에 속하는 SF는 독자들에게 당시의 과학 혹은 과학자의 이미지를 심어주었다. 그리고 과학의 음험한 이미지를 통해 작가들은 과학자의 몰락과 과학기술의 위험성을 경고하는 '추락의 서사'를 제기했다.

2. 근대 계몽주의와 '과학신화'의 형성

첨단과학과 테크놀로지의 급속한 발전은 오늘날 인간에게 과학과 기술에 대한 무한 신뢰를 촉구한다. 날로 발전하는 미디어 기술은 현대인을 무장 해제시키고 일상을 장악했을 뿐 아니라, 사람들의 의사소통 방식과 삶의 표현구조 자체를 재편하고 있다. 테크놀로지는 삶을 윤택하게 하는 수단에서 그치지 않고, 오늘날에는 그것이 궁극적 진리라는

믿음마저 형성시키고 있다. 과학은 우리 시대의 가장 강력하고 지배적인 신화로 자리 잡았다.[1]

과학이 이처럼 삶의 전 영역에서 특권을 주장하게 된 역사는 그리 오래지 않다. 자연에 대한 사유와 연구는 고대로까지 거슬러 올라가지만 서구에서 자연과학은 17세기에 와서야 하나의 분과로 독립했다. 자연세계에 대한 지식의 기준이 확립되기 이전, 16세기까지만 해도 학문의 체계는 세분화되지 않았다. 자연과학과 철학은 세계의 본질을 탐구하는 학문으로서 그 접근 방식이 다를 뿐 하나의 체계에 속해 있었으며 오히려 철학이 모든 것의 근원적 학으로서 가장 우위에 있었다. 중세 말엽부터 세계 안에서 인간의 위상, 자연과 인간의 관계를 새롭게 정의하는 중요한 과학적 발견과 발명들이 나타났지만 과학은 여전히 철학에 속해 있었다. 17세기에 와서 이른바 '과학혁명'을 통해 자연과학은 독자적인 학문과 문화의 위상을 얻게 된다. C. P. 스노우(Charles Percy Snow)가 1959년 강연에서 언급한 것처럼 과학 문화와 인문 문화의 '두 문화'[2]가 분리되기 시작한 것이다. 분화된 인문학과 자연과학의 두 영역은 상호보완적 관계에서 출발했다. 하지만 곧 자연과학의 가속적 발전은 인문학과 철학의 사유를 능가하고 말았다. 과학의 성과들이 기존의 세계관을 가차 없이 뒤흔들었다. 신 중심의 세계관은 인간 중심의 세계관으로 대체되었고, 기독교 정신에 입각한 기존의 전통적 윤리관도 송두리째 흔들렸다. 이전 시대에는 철학적 사유가 기술의 사용과 윤리적 방향을 제시하고 지도하는 역할을 했었다. 그러나 이제는 과학과 기술이 앞서서 새로운 경지를 개척하면 인문적 사유가 그것을 뒤따르는 형국이 되고 만 것이다. 그리고 그 간극은 점점 벌어졌다.

닐 포스트먼(Neil Postman)의 문화 단계 구분3을 생각하면 이러한 관계를 이해하기 쉽다. 포스트먼은 기술에 의해 형성되어 온 인류의 삶을 '도구사용문화(tool-using culture)', '기술주의문화(technocracy)', 그리고 '테크노폴리(technopoly)'의 세 유형으로 구분했다. 도구사용문화는 인류 문명의 가장 오랜 시기로, 17세기 이전까지가 여기에 해당된다. 이 문화 단계에서 도구는 물리적 삶의 문제를 해결하거나, 예술·정치·신화·의식·종교 등 상징 세계에 봉사하는 목적으로 발명되었다. 도구는 말 그대로 수단일 뿐이었다. 어떤 도구를 만들지, 또 어떤 도구를 어떤 용도로 사용할지는 '문화적 신념(예를 들어, 종교적 체계로서 기독교)'이 결정했다.

17세기, 이른바 '과학혁명'의 세기에서 포스트먼은 도구사용문화로부터 기술주의문화로의 이행을 보았다. 그는 무엇보다도 시계, 인쇄술, 그리고 망원경의 발명을 세 가지 결정적 계기로 지적한다. 시계의 보급으로 인해 시간은 양적 측정이 가능한 것으로 인식되었고, 이러한 새로운 시간 개념에 따라 삶은 시곗바늘의 지시에 맞추어 돌아가게 되었다. 인쇄술 역시 문화의 패러다임 변화에 지대한 영향을 끼쳤다. 구술문화의 인식체계가 활자문화의 그것으로 완전히 바뀐 것이다. 그리고 과거에는 소수의 점유물이었던 지식 정보가 보편적으로 확산되는 결과를 야기했다. 망원경은 천문학의 발전을 촉진시켰으며, 천체 관측의 놀라운 결과는 세상을 엄청난 동요 속에 빠뜨렸다. 수백 년간 세계를 지배해 온 신학적 가설이 무너졌기 때문이다. 코페르니쿠스, 케플러, 갈릴레이, 데카르트, 그리고 뉴턴에 이르기까지, 이들은 근대의 기술주의문화를 예비한 과학자들이었다. 하지만 그들의 사고체계는 아직까지는 당대의 문화적 신념이었던 기독교 신학에서 크게 벗어나지는 않았다. 예컨대 뉴턴은 이 세계가 엄격한 이성과 원리에 토대를 두고 있으며 유기적인 기계 시스템처럼 작동한다고 설명했다. 그럼에도 뉴턴의 '세계기계'의 중심에는 여전히 신이 자리하고 있었다.

19세기 후반 와트가 발명한 증기기관으로 인해 산업은 급성장했고, 이는 기술주의문화의 확산을 야기했다. 그리고 기술주의문화로의 전환을 완성시킨 이는 다윈이다. 진화론은 전통적 가치세계를 결정적으로 무너뜨렸으며, 이로 인해 새로운 과학적 세계관의 대체는 급속도로 이루어졌다. 이렇게 계몽주의와 과학의 세기를 거치면서 자연은 탈신비화되었고 신학과 형이상학은 공허해졌다. 과학은 세계의 모든 비밀을 물질로 환원시켜 해명할 수 있었다. 물질의 가치가 정신적 가치를 능가하게 된 것이다. 기술주의문화에서 도구는 목적으로부터 탈피한다. "우리들은 '어떻게' 발명하는가를 알게 되면서 '왜' 발명하는가의 문제에 대해 소홀히 하기 시작하였다. 할 수 있는 일이라면 뭐든지 해야 한다는 생각이 19세기에 발생한 것이다. 이와 함께 발명을 성공으로 이끄는 모든 원칙들에 대한 깊은 신념이 생겨나기 시작하였다. 이를테면 객관성, 효율성, 전문기술, 표준화, 도량법, 그리고 진보 등에 대한 신념이 바로 그것이다."[4] 과학은 과학적 실험과 논리에 따라 문제적 대상들을 계속 해명해 나가면서 과학의 지배권역을 확장했다. 과학기술이 발명한 도구들이 인간의 삶과 문화를 풍부하고 윤택하게 만든 것은 테크놀로지의 실질적 기여였다. 이러한 가시적 성과들로 인해 과학절대주의, 기술만능주의의 신화는 더욱 두터워졌다.

기술주의문화의 정점에서 테크노폴리로의 이행이 이루어진다. 테크노폴리는 모든 형태의 문화와 생활이 총체적으로 기술의 지배에 종속되는 단계이다. 20세기의 첨단과학과 정보사회를 규정짓는 테크노폴리에서는 정보 과잉의 새로운 특징이 나타난다. 상호연관성 없이 즉각적으로 전달되는 정보의 홍수 속에서 인간이 추구하는 목표와 그 목표를 위해 기여해야 할 정보 사이의 관계는 완전히 단절된다. 기술은 신격화되기에 이르며, 과학과 기술만능주의의 신화는 반복 재생산된다. 포스트먼은 이렇게 말한다. "테크노폴리는 문화의 한 양태이다. 동시에 테크노폴리는 정신의 한 양태이기도 하다. 테크노폴리는 기술의 신격화를 통해 이루어진다. 다시 말해 문화는 기술의 승인을 구하고 기술을 통해 만족을 얻고자 하며 기술의 지시를 따른다. 이것은 새로운 종류의 사회질서를 요구하며, 당연히 전통적인 신념과 연관된 사회질서를 빠른 속도로 붕괴시켜 간다."[5]

하지만 앞서 계몽의 세기에 기술주의문화가 윤곽을 드러내기 시작했을 때, 이미 전통적 세계관을 위협하는 과학자들의 연구와 실험에 대해 비판과 저항의 담론도 함께 진행되고 있었다. 그러나 기술만능주의에 대한 온갖 우려에도 불구하고 과학과 기술의 발전 속도에 제동을 가할 수는 없었다. 그리하여 합리적 효율성만을 추구함으로써 야기된 문제는 다음 세기의 역사에서 참담한 현실로 드러나고 말았다. 과학기술이 전쟁의 도구로 사용될 때, 그것의 개발자는 인류에게 미칠 위험을 고려하는 것이 아니라 합리적 효율성에 입각하여 더 효과적인 도구를 만들기 위해 노력하는 법이다. 나치가 수백 만 명의 유대인을 '효율적'으로 빠른 시간 내에 학살하고 처리할 수 있었던 것도 치명적

독가스를 개발한 화학회사나 시체처리장치를 제공한 기술 산업체의 협력 덕분이었다.

　　테크놀로지는 근본적으로 인간을 위한 것이어야 한다. 하지만 테크놀로지가 독자적 주권을 행사하게 되면, 그것은 인간에게 도움이 되는지 여부에 따라 해방적인 것이 되거나 인간을 소외시키는 것이 될 수도 있다. 그 결과에 따라 인류의 미래는 모두가 행복해지는 유토피아이거나 암울한 디스토피아가 될 것이다. 이 양 갈래의 가능성은 지난 수 세기 동안 항상 공존해 왔다. 근대 계몽주의는 과학과 기술에 대한 유토피아적 관점과 디스토피아적 관점의 변증법적 담론을 통해 추동되었다고 할 수 있다.[6]

3. 모래사나이의 음산한 비밀

낭만주의는 계몽주의에 대해 전면적으로 저항했다. 이성과 합리주의가 절대적 척도로서 우상화되고 자연이 물질화되어가는 시대에 낭만주의자들은 인간관계마저 이해타산적으로 변질되는 것을 우려했다. 그들은 메말라가는 현상 뒤에 잠들어 있는 신비를 믿었고 그것을 드러내려 했다. 아니 그들은 세계의 현상에 비밀을 덧입혀서 시적인 것으로 변화시켰다. 19세기에 유럽의 문학시장을 사로잡았던 '환상문학' 역시 이러한 낭만주의적 요구와 맞물리는 것이다. 이성이 지배하는 산문적 현실에 지친 독자들은 신비롭고 기이한 이야기를 환영했다. 환상문학의 파동은 18세기 후반 영국에서 출현한 '고딕소설'에서부터 이미 시작되었다. 계몽주의와 산업화가 일찍 진행된 영국에서는 18세기 후반에 중세문화에 대한 취향과 애호가 유행처럼 번졌다. 전설적인 중세를 향유하려는 욕망으로부터 중세 건축을 모방한 '고딕리바이벌' 건축양식이 나타났다. 합리주의와 이성적 세계관이 세상을 주도하고 고전주의적 조화와 균형의 미학이 취향을 이끌어가던 시대에 중세에 대한 동경은 일종의 '거역'이었다. 낭만주의의 '반동'이 이로부터 시작된 것이다.

영국의 문학시장에는 중세를 배경으로 한 소설들이 쏟아져 나왔다. 대개는 초자연적 현상, 가문의 비밀과 범죄, 잔인한 복수로 얼룩진 기이한 이야기였다. 중세 고딕 성이나 수도원 같은 미로와 같이 복잡하게 얽힌 건축공간에서 벌어지기에 '고딕소설'이라 불리는 이 소설들은 당시 독자의 열렬한 호응을 얻었으며, 오늘날 호러문학으로 이어지는 전통의 출발점이 되었다. 납치, 감금, 살인, 신성모독, 그리고 근친상간 등 선정적인 소재를 다루었기 때문에 주류 문학비평에서는 인정받지 못했지만, 이 소설들은 계몽주의 이후 돈독해져가는 시민 윤리와 가치관에 대한 도전이었으며 세태를 거스르는 전복적 의미를 지니고 있었다. 고딕소설은 다음 세기에 낭만주의 환상문학이라는 더 큰 범주와 합류하게 된다.

환상문학의 물꼬를 튼 작가는 독일의 E. T. A. 호프만(1776~1822)이었다. 인간의 어두운 욕망과 초현실적 상황을 주로 다룬 호프만의 소설들은 독일에서보다 이웃 나라인 프랑스에서 커다란 반향을 얻었다. 프랑스 작가들도 호프만 스타일을 쫓아 환상적인 이야기를 속속 발표했다. '환상문학(Le fantastique)'이라는 소설 범주가 자리 잡을 정도로 그 인기는 대단했다. 호프만의 1819년 작 『모래사나이』는 망상과 광기에 사로잡혀 파멸하는 한 젊은이의 이야기다. 어린 나타나엘은 아버지와 이상한 화학실험을 하는 괴 신사 코펠리우스를 전설 속의 '모래사나이'(아이들에게 잠을 가져다주는 모래요정)라고 믿었다. 아버지와 코펠리우스가 다투는 현장을 몰래 훔쳐보다가 코펠리우스에게 발각된 아이는 눈이 뽑힐 뻔한 위기에 처하는데, 이 사건은 아이에게 크나큰 상처로 남았다. 성인이 된 나타나엘은 기압계 장사 코폴라의 방문을 받고 어린 시절의 끔찍했던 기억을 갑자기 떠올리게 된다. 나타나엘은 기압계 장사를 자신을 해치려 했던 코펠리우스와 동일시하여 혼란에 빠진다. 주변 사람들은 그것을 나타나엘의 망상으로 치부했지만 나타나엘은 기이한 우연에 계속 압도되어 갔다. 코폴라에게 산 망원경으로 밖을 관찰하던 나타나엘은 이웃에 사는 스팔란차니 교수 집 창에서 아름다운 올림피아를 발견하고 혼자 깊은 사랑을 하게 된다. 하지만 올림피아가 사람이 아니라 교수가 제작한 자동인형이라는 충격적 사실이 드러나자 나타나엘은 폭력적인 광기에 휩싸여 실신한다. 그 후 정상을 회복하는 듯했지만 다시 출현한 코펠리우스로 인해 나타나엘은 착란에 빠지고 높은 탑 위에서 몸을 던져 사망한다.

이 소설에서 '환상성'은 주인공이 보고 체험한 것이 과연 실제인지 현실인지 구분하기 어려운 애매한 사정에서 비롯된다. 이성적이고 합리적 사고를 하는 주변 사람들에게 나타나엘은 망상에 집착하는 몽상가로 간주된다. 하지만 나타나엘이 두려워 한 코펠리우스의 존재가 그만이 알고 있는 실제 현실일 수도 있다. 이 소설은 과학을 주제로 다룬 것은 아니며 이야기에 과학자가 등장하지도 않는다. 그런데 나타나엘이 접하는 체험 속에 과학이 배치되어 있다. 어린 시절 악몽 같은 기억 속에서 아버지는 이상한 방문객과 은밀한 '화학실험' 같은 것을 하고 있었다. 그것이 비밀리에 이뤄졌기 때문에 어린 나타나엘에게는 신비로움을 자아내고 두려움으로 다가왔던 것이다. 방에서 벌어지는 화학실험이 마치 중세 연금술이나 수상한 제의처럼 보이는 것에는 그 당시 과학이 일반인들에게 비쳐진 이미지가 반영되어 있다. 그리고 어린 시절의 트라우마를 일깨운 코폴라는 기압계 장사였다. 당시에 가정용으로 만들어진 기압계는 많은 사람들의 관심을 끌었고 집집마다 하나씩 소장하는 것이 유행이었다. 가장 흥미로운 것은 망원경이다. 망원경은 멀리 있는 것을 정확하게 관찰하기 위해 만들어진 도구다. 그러나 아이러니하게도 이 망원경이 소설에서는 생명 없는 인형을 사람으로 착각하여 사랑에 빠지게 만드는, 즉 환각으로 이끄는 도구가 된다. 이처럼 나타나엘을 망상과 착각으로 이끌었던 모든 것이 과학기술과 연관이 있다. 당시 대부분의 사람들은 과학기술의 발전으로 인해 속속들이 등장하는 기계와 기술 장치들에 대해 환호했다. 스팔란차니 교수의 자동인형 장치는 오늘날의 로봇공학의 선구적 시도라고 할 수 있으며 실제로 자동인형 연구와 개발이 도처에서 이루어졌다. 하지만 호프만은 과학이 승리를 구가하는 시대에 대해 회의하고 있다. 과연 과학기술이 제공하는 장치들이 인간의 정확한 현실인식에 기여하는가? 소설에서는 과학기술이 오히려 계몽시대 이전의 마술처럼 인간을 환상적 세계체험으로 유인하는 역할을 하고 있다.

프랑스 음악가 레오 들리브(1836~1891)의 발레극 〈코펠리아〉(1870)는 한마디로, 늙은 인형제작자가 마을에서 개망신당하는 이야기다. 스토리는 호프만의 소설에서 올림피아 모티브를 가져와서 자유롭게 변형·확대시켰다. 발레극에서 『모래사나이』의 괴이한 신사의 이름을 계승한 인형사 코펠리우스는 마을의 청춘 남녀들에 의해 참혹하게 조롱당한다. 물론 코펠리우스는 실험실에서 생명창조에 몰두하는 프랑켄슈타인과 같은 과학자의 모습은 아니다. 하지만 그의 제작실은 실험실에 버금가는 은밀한 공간이다. 그는 과학적 원리가 아니라 오래된 마법의 책에 기록된 대로 사람의 정기를 인형에 불어넣음으로써 애지중지하는 '딸' 코펠리아를 생명의 존재로 불러내려 한다. 그러나 코펠리우스의 비밀 작업실에 무단으로 침입한 극성맞은 마을 처녀들에 의해 계획이 누설됨으로써 그의 망상은 철저하게 응징된다. 마을 사람들은 생명을 소환하려는 이 늙은 인형사의 간절한 소망을 조롱하면서 그의 꿈이 얼마나 어처구니없는 것인지 폭로한다.

코펠리우스는 망상에 빠진 인형사로 묘사되었지만, 그의 캐릭터 속에는 『모래사나이』의 물리학 교수 스팔란차니가 있고, 생명창조를 실험한 프랑켄슈타인 박사가 투영되어 있다. 더 멀리 거슬러 올라가서, 자신이 공들여 만든 조각상이 인간으로 화하여 아내가 된 조각가 피그말리온은 이들 과학자 캐릭터를 수렴하는 신화적 원형이다. 그렇게 생명창조는 인류의 오래된 꿈이며, 불온한 꿈이었다. 어떻게 인간을 만들 수 있을까? 생명창조는 신의 권한이 아닌가? 그렇기 때문에 세상은 그들의 '망상'을 조롱했다. 그리고 신의 영역에 발을 내딛는 과학의 오만함에 대해 경고했다. 하지만 현실에서 과학자들의 연구와 실험은 중단되지 않고 계속되었다. 그리하여 오늘날 인공지능 로봇이 탄생하게 되었고, 인간은 기계장치와 결합되어 사이보그가 되는 시대로 접어들었다. 그뿐인가. 생명공학은 생명창조의 비밀을 해독해 낸 지 이미 오래다. 과학은 그렇게 성큼성큼 진보해 왔다.

4. 실패한 과학자들: 프랑켄슈타인, 지킬, 모로

빅토리아 시대(1837~1901)에 영국은 최고의 전성기를 구가했다. 산업혁명 이후 근대과학이 급속하게 성장했으며, 19세기 중엽 이후 이루어진 과학의 발견과 기술 혁신은 전례 없는 것이었다. 이 시기에 중산층이 부상함으로써 독서시장이 활성화되었고, 이전 세기에 인기를 끌었던 고딕소설의 전통을 이어 초현실적이고 진기한(그래서 재미있는) 내용의 환상문학이 붐을 일으켰다. 환상문학은 늘 통속적인 것으로 취급되었지만, 그럼에도 황당무계한 이야기에 그친 것이 아니라 언제나 당대의 문제의식을 반영하고 있었다. 과학이 유례없이 발전한 시대에 과학과 과학자를 주제로 한 환상적 이야기들이 등장한 것은 당연했다. 오늘날의 SF, 즉 과학소설의 선구적 작품들이 이 시기에 출현했다.

인간창조 실험이라는 음험한 이야기를 다룬 메리 셸리(1797~1851)의 소설 『프랑켄슈타인』(1817)은 SF 장르의 효시로 꼽힌다. 셸리 이후 과학이나 과학자를 다룬 소설들이 인기를 끌었는데, 이들에서 공통적으로 눈에 띄는 것은 소설 속의 과학자들이 대부분 부정적으로 묘사된다는 점이다. 『모래사나이』에 잠시 비쳐졌던 과학의 이미지와 마찬가지로, 작품 속 과학자들은 골방 같은 실험실에 틀어박힌 채 현실과 동떨어진 욕망을 추구하며 "사회적 전통과 신의 섭리를 거스르는 비정상인"[7]으로 그려졌다.

빅터 프랑켄슈타인은 유능하고 성실한 과학도였다. 독일 도시 잉골슈타트에 유학 온 프랑켄슈타인은 당대의 진보적 학문인 자연과학에 매료되고, "과학의 길에서는 발전과 경이의 양식이 무궁무진하다"[8]는 걸 깨닫는다. 학문에 대한 그의 의욕과 열의는 엄청났다. 화학에서 시작하여 그다음으로 생명체를 연구하였고 더 나아가 생명의 원리에까지 관심을 가져 해부학에 몰입하게 되었다. 그리고 밤낮으로 엄청난 노력을 기울인 끝에 프랑켄슈타인은 생명의 발생과 원인의 비밀을 밝히게 된다. 그가 탐구한 방식은 하나의 물음에서 시작하여 그것에 이어지는 다음의 물음들을 하나하나 해결해 가는, 과학적 탐구의 과정이었다. 과학자로서 프랑켄슈타인은 대상을 인식하는 태도가 달랐다. 그는 일찍이 베이컨이 경계했던 우상들을 타파하는 냉정한 시각으로 대상을 바라보았다. 해부학을 연구할 때 그가 다루는 인간의 신체는 단지 물질적 질료일 뿐이다.[9] 또한 그에게는 과학자로서 프라이드도 중요했다. "똑같은 과학 분야의 많은 천재들 가운데 오직 나 혼자만이 그처럼 기막힌 비밀을 발견하게 되었다는 사실"[10]에 그는 환희에 휩싸였고, 수집한 사체들을 조합하여 마침내 하나의 생명체를 탄생시키는 데 성공한다. 프랑켄슈타인은 자신의 행위에 있어서 '어떻게 할 것인가?'를 묻는 과학자의 전형이었다. 하지만 그에게 '왜?'라는 질문은 빠져 있었다.

프랑켄슈타인의 피조물은 창조자의 세계를 폐허로 만들어버린다. 젊은 과학자의 야심에서 비롯된 이 비극으로 그의 가족, 친구, 약혼녀까지, 무고한 주변 사람들이 희생되고 마침내 프랑켄슈타인 자신도 '세상의 끝', 북극의 얼음바다에서 생명을 다한다. 그런데 이 침담한 비극은 피조물이 사악했기 때문에 일어난 것이 아니다. 탄생 당시에 피조물은 순진무구한 백지 상태의 존재였다. 하지만 보통 사람들과 다른 흉물스러운 외양 때문에 세상으로부터 배척당하면서 점점 무시무시한 괴물로 변해 가고, 마침내 자신을 만든 박사에게 복수를 감행하게 된 것이다. 순수한 생명체가 '사회화' 과정에서 악한 존재로 길들여진 것이다. 이렇게 셸리의 소설은 악으로 규정되는 '타자'가 어떤 사회적 과정을 통해 만들어지는가를 설명하는 텍스트로 읽힐 수도 있다.

1931년 할리우드에서 제작된 제임스 웨일(1889~1957)의 영화로 인해 상투적 괴물 이미지가 고착되었지만, 셸리의 원작에서 피조물은 뛰어난 지능을 가진 존재다. 언어학습능력이 있었고, 언어를 학습함으로써 피조물은 세상에 대한 견해를 갖게 된다. 프랑켄슈타인 박사가 미적인 측면을 도외시했던 것도 아니다. 오히려 그는 "팔다리를 비례가 맞도록 구성했고 아름다운 외모를 지니도록 짜 맞추었다. 아름답게!"[11] 그러나 그 물체가 생명을 얻어 움직였을 때, 그 모습은 아름다움과 거리가 먼 섬뜩함이었다. 프랑켄슈타인의 당혹감은 단지 피조물이 '역겨운 괴물'이었기 때문만이 아니라 생명을 만들어낸 자신의 행위, 경이롭지만 끔찍한 행위를 깨달음에서 비롯된 것이다. 그의 인간창조는 인간의 한계를 넘어선, 인간이 넘봐서는 안 되는 영역에 발을 디딘 행위였다. 이 경악스러운 현실을 깨달았을 때는 모든 일이 이미 벌어진 상태였다. 그는 일단 현실로부터 도피하여 피조물을 방치한 채 실험실을 떠나고 만다. 어쩌면 악몽일지도 모른다. 아니, 제발 꿈이기를! 박사가 현실을 부정하며 자신의 행위에 대한 책임을 회피했다가 다시 실험실로 돌아왔을 때 그 괴물은 사라지고 없었다. 마치 범죄자가 죄의 흔적이

감쪽같이 사라진 것을 확인했을 때처럼 프랑켄슈타인은 안도했다. 하지만 그 안도의 순간에 인간의 한계를 넘어 하늘로 비상하던 프랑켄슈타인의 날개는 이미 녹아내리고 있었다. 이제 그를 기다리는 것은 추락의 운명뿐이다.

로버트 루이스 스티븐슨(1850~1894)은 『지킬 박사와 하이드 씨의 이상한 사례』(1886)에서 이중적 정체성의 문제를 제기했다. 지킬의 과학실험은 프랑켄슈타인의 경우와 달리 보다 개인적인 욕망에서 비롯된다. 유복한 가문에서 태어난 지킬은 근면하고 선량한 성격에 좋은 교육을 받았고 훌륭한 미래가 보장된 젊은이였다. 그러나 그의 내면에는 동시에 쾌락에 대한 욕구가 도사리고 있었다. 그는 그것을 제어하지 못했다. 사회적으로 교양 있고 명망 있는 삶을 살았지만 밤에는 쾌락과 방탕에 자신을 맡겼다. 지킬은 그러한 이중생활 때문에 늘 죄책감에 시달렸다. 지킬은 감각적인 원초적 욕망과 격식을 차리는 윤리적 이성을 분리할 수 있을 것이라고 믿게 되었다. "만약 각자를 다른 개체로 분리할 수 있다면 참기 어려운 괴로움에서 인생이 자유로워질 것이 아니겠는가?"[12]

지킬은 연구에 매진하여 마침내 두 개의 존재로 변신할 수 있는 약물을 만드는 데 성공한다. 지킬 박사는 명망 높은 의사와 악한 하이드의 분리된 삶을 번갈아 살게 되었다. 그러나 지킬의 실험은 완전한 성공이 아니었다. 악한 존재로서 하이드는 완벽하게 분리되었다. 하이드로서 그는 충동과 욕망에 이끌려 온갖 악행을 저질러도 아무 거리낌이 없었다. 하지만 다시 지킬로 돌아왔을 때가 문제였다. 선한 존재로서 지킬을 완벽하게 분리하지 못했기 때문에, 본연의 모습으로 돌아온 지킬은 하이드가 저질렀던 악행을 그대로 기억했다. 하이드의 만행이 점점 과해질수록 지킬은 더욱더 양심의 가책에 시달려야 했다. 문제는 그것만이 아니었다. 약물의 부작용으로 인해 하이드의 존재가 점점 늘어나게 되었고 두 존재를 오가는 변신마저 약물로 통제할 수 없는 지경에 이르게 되었다. 결국 지킬은 스스로 목숨을 끊음으로써 추락하는 과학자의 신화를 마무리한다.

약물중독에 대한 은유이기도 한 이 소설에서 스티븐슨은 인간의 이중성에 대해 면밀히 탐구하며, 과학의 예측 불가능한 위험에 대해서도 경고한다. 본능과 이성을 분리할 수 있다는 지킬의 생각은 인간의 총체성을 깨닫지 못한 지극히 기능적인 사고에서 나온 것이다. 과학자 지킬은 허황돼 보이는 이 아이디어를 실천에 옮겨 실험한다. 그리고 이제까지 허황되다고 여겨졌던 많은 것을 놀랍게도 과학이 실현했던 것처럼 지킬은 이 실험에서 성공을 거둔다. 하지만 그 결과를 100퍼센트 예측할 수는 없었다. 아주 사소한 것이라도 예기치 못한 문제 상황이 발생할 수 있으며, 그 결과는 치명적일 수 있다.

허버트 조지 웰스(1866~1946)가 1896년에 발표한 『모로 박사의 섬』은 동물 생체실험을 다루고 있다. 모로는 매우 뛰어난 과학자였지만 동물에 행한 잔인한 실험으로 인해 학계에서 추방되고 종적을 감추었다. 그는 남태평양의 작은 섬에서 동물-인간의 새로운 종을 만드는 실험에 몰두하며 섬의 제왕으로 군림하고 있었다. 이 소설에서는 금세기 SF의 경악스러운 소재[13]인 유전자 합성의 아이디어는 아직 등장하지 않는다. 진화론에 따라 모든 생물 종이 한 뿌리에서 분화된 것으로 믿는 모로 박사는 생체의 일부를 다른 동물에게 이식하는 과정을 거듭함으로써 인간을 닮은 동물과 인간 합성 상태의 존재들을 만들어내는 데 성공한다. 그러나 그의 실험도 실패작으로 입증된다. 동물-인간은 다시 동물로 퇴화하며 야수적 본성을 드러내게 된 것이다. 모로는 결국 자신의 실험이 이뤄낸 성과의 희생물이 된다.

과학에 대한 모로 박사의 의지는 프랑켄슈타인과 닮았다. 그의 출발점은 생체이식 실험을 통해 동물 진화를 인위적으로 조정하여 새로운 동물-인간 종을 만들고자 함이었다. 그러나 실험의 성공으로 만들어진 종은 갖가지 동물과 인간이 섞인 혐오스러운 형상들이었다. 게다가 이러한 형상이 탄생되기까지 수많은 동물이 잔인하게 희생되어야 했다. 실험 대상을 물질로만 바라보는 모로 박사에게 존재에 대한 배려는 찾아볼 수 없다. 그의 냉정함은 생체실험의 극단까지 실험을 성공시키려는 과학자의 현시적 욕망과 맞물려있다.

프랑켄슈타인, 지킬, 모로, 이들 '미친' 과학들자의 이야기는 근대의 과학신화를 구성하는 또 한 갈래의 과학신화이다. 이 신화는 과학자의 자부심과 오만이 패착을 야기하며 인간의 차원을 넘어선 과도한 실험욕구는 파국으로 귀결된다는 것을 알려준다. 생명체를 창조하고, 약물로 인성을 분리시키고, 생체실험을 통해 새로운 종의 창조를 꾀하는 시도들은 허황되어 보이지만, 다른 한편으로 과학의 실제 발전 양상을 지켜볼 때 그것이 단순히 헛된 망상만은 아님을 깨우치기도 한다. 과학이 일사천리로 발전하던 시기에 이들 소설은 과학만능주의를 우회적으로 경고하는 역할을 했다.

기술주의문화의 권위를 장악한 과학과 그 담당자로서 과학자에 대한 상승의 서사, 그리고 인간의 차원을 넘어선 과욕이 실패로 귀결됨을 일깨우는 추락의 서사, 이 두 갈래의 이야기가 만남으로써 근대 과학자 신화의 변증법은 완성되었다. 두 개의 서사는 서로 마주 보면서 상호보완의 관계를 계속 유지해 왔다.

5. 과학신화 파괴하기: "리미트리스!"

19세기의 고전적 SF 이후 더욱 풍성해진 20세기의 SF도 대부분 과학에 대해 비판적 입장을 견지했다. 양차 세계대전의 경험과 동서 냉전 상황 등 정치적·사회적 여건에서 미래사회를 그린 SF가 많이 등장하였는데, 그 속에서 묘사된 미래는 대부분 테크놀로지가 지배하는 디스토피아다. 양차 세계대전을 겪은 후, 인류의 종말을 가져올 핵전쟁에 대한 불안은 동서 냉전 체제에서 잠재적 공포로 자리했고, 이를 반영하듯 SF는 종말론적 미래와 종말 이후의 세계를 다루기도 했다. SF는 과학만능의 상승신화가 지배하는 현대에 와서도 과학과 기술의 부정적 영향을 각성시키고 그 위험성을 경고하는 추락의 신화를 제기함으로써 과학과 기술의 일방적인 지배에 제동을 걸었다.

아일랜드 작가 앨런 글린의 소설 『The Dark Fields』[14](2001)의 주인공은 과학자가 아니지만 이 소설 역시 과학신화의 또 다른 변주에 속한다. 뉴욕의 작은 출판사에서 근무하는 카피라이터 에디는 우연히 이혼한 전처의 동생을 만나 두뇌 능력을 증진시키는 알약을 얻는다. 놀라운 인지능력을 갖게 되자 에디는 주식시장에 뛰어들어 단기간에 엄청난 부를 거머쥔다. 그러나 점점 약물의 의존도가 심해져서 결국 심각한 기억장애와 정신적 불안상태에 빠지게 된다. 게다가 폭력조직 일당에게 협박을 당한 끝에 살인까지 저지른 에디는 용의자로 쫓기다가 결국 스스로 목숨을 끊는다.

소설의 주인공 에디는 과학이 성취해 낸 약물의 도움으로 성공을 거둔다. 그러나 이 성공 뒤에 곧 나타난 부작용에 의해 그의 삶은 파탄 지경에 이른다. 인간능력의 한계를 넘어서고 싶은 욕망은 인간에게 내재한 근원적인 것이다. 신기한 약물에 의해 병을 고치거나 초인적 능력을 얻게 되는 것은 인류의 오래된 신화와 전설에서 접해 온 이야기였다. 실제로 의학은 계속해서 인간의 물리적 한계를 수정하기 위해 발전해 왔다. 『The Dark Fields』는 그러한 욕망의 과장된 실현을 보여준다. 그러나 약물 부작용이라는 변수로 인해 그 실현은 파국으로 끝난다. 이 점에서 글린의 소설은 상승과 추락의 서사로 구성되는 근대 과학자 신화를 계승하고 있다.

그러나 2011년 닐 버거가 연출한 영화는 원작의 내용을 완전히 다른 방식으로 풀었다. 영화 버전에는 근대 과학신화의 변증법을 파괴하는 '전복적' 성격이 농후하다. 영화의 첫 화면은 고층건물의 값비싼 펜트하우스 난간에 위태롭게 서 있는 주인공의 모습을 포착한다. 그의 발밑에는 21세기 고도의 기술문명을 자랑하는 메트로폴리스 뉴욕의 멋진 야경이 펼쳐져 있다. 약을 빼앗으러 온 폭력배들은 문을 부수고 있다. 그들에게 잡히면 처참하게 고문을 당하다 죽을 것이 틀림없다. 그럴 바에야 지금 저 아래로 몸을 던지는 것이 낫지 않은가. 에디가 아득한 저 아래 뉴욕의 대로로 뛰어내린다면 이 이야기는 기존의 SF에서, 그리고 원작소설에서 그랬듯이 이카로스의 최후로, 추락하는 과학신화로 끝날 것이다.

이 위기상황으로부터 영화는 과거로 거슬러 올라가서, 작가랍시고 글도 쓰지 못하면서 지질하게 살아가던 백수건달 에디가 약물의 도움으로 엄청난 능력을 얻은 후, 작가로서의 성공을 뒤로하고 주식시장의 스타로 부상하는 과정을 차례로 보여준다. 그렇게 에디의 성공적인 삶은 계속 높이 날아오르는가 싶었다. 하지만 이즈음 약물 부작용이 나타나기 시작했고, 지금은 생사가 걸린 '벼랑 끝'까지 몰린 것이다.

하지만 영화의 에디는 원작의 주인공과 달리 추락의 신화를 완성하지 않는다. 그는 필사적으로 맞서 폭력배들과 싸우고 위기를 벗어난다. 에디는 약물로 비상해진 두뇌를 활용하여 흔적 없이 현장을 빠져나가는 데 성공한다. 그리고 훌쩍 12개월의 시간이 지난다. 화면에는 에디가 아주 말쑥한 모습으로 등장한다. 상원의원이 된 에디는 현재 대통령 선거를 준비하고 있다. 추락의 위기에서 가까스로 살아난 주인공이 급반전하여 더 높은 곳으로 날아오른 것이다. 영화는 에디가 심상치 않은 예지의 능력까지 지녔음을 암시하면서 끝난다. 도대체 그 사이에 무슨 일이 있었던 것일까?

관객은 다만 유추할 뿐이다. 에디는 비상한 두뇌 능력으로 꾸준한 연구 끝에 그 스스로 부작용이 해결된 업그레이드된 약물을 발명했고, 거기에 더하여 예지력까지 갖게 된 것이다. 주식 시장의 천재로 금융시장을 거머쥔 에디는 이제 정치권력까지 장악하려 한다. 그가 앞으로 또 어떻게 발전할지 예측할 수 없다. 그의 비상이 어느 하늘까지 닿아서 끝날지 예측할 수 없다. 그가 날아오르는 하늘에 날개를 녹일 태양 따위는 존재하지도 않을 것 같다. 아니, 어쩌면 그 자신이 태양이 될지도 모른다. 에디는 새로운 신화의 주인공이 되고 있다. 하지만 에디의 이야기는 근대 과학(자) 신화의 변증법적 구도를 파괴한다. 추락의 서사가 제거된 채 상승의 서사만 남았기 때문이다. 그리고 에디의 상승신화에는 한계가 없다. 이 영화의 제목이 '리미트리스(Limitless)'인 것은 그렇게 의미심장하다.

6. 한계는 어디에?

과학만능주의의 신화가 작성되던 근대에 출현한 SF는 과학이 대두되는 당시 현실에 대한 문학의 대답이었다. SF는 추락하는 과학의 서사를 제기함으로써 근대 과학신화의 변증법을 완성시켰다. 과학의 일방적 지배에 제동을 가하여, 도구적 합리성에 매몰되고 수단과 목적이 전도되는 근대의 발전에 경종을 울린 것이다. 이러한 신화 전략에는 근대의 휴머니즘이 바탕에 깔려 있다. 인간의 무한 진보에 대한 믿음과 동시에 그 진보가 인간의 차원에서 머물러야 한다는 당위성이다. 이런 점에서 근대 과학신화의 서사는 이카로스 신화의 재현에 다름 아니다.

그러나 지난 세기 말 이후 21세기에 들어서면서 과학과 테크놀로지의 눈부신 발전은 인류의 미래를 전혀 예측할 수 없게 만든다. 과학만능주의 서사가 일방적으로 강화되어, 과학기술의 불완전성과 부작용마저도 업그레이드된 과학의 힘으로 '보정'할 수 있다는 낙관적 기대를 부추기고 있다. 테크놀로지가 인간을 추월하여 스스로 진화하게 되는 '특이점'이 논의되는 현재에 과학과 테크놀로지의 발전은 한계가 없어 보인다. 포스트휴먼의 과학기술은 생명체로서 인간의 한계마저 무너뜨리고 있다. 이런 시대에 인문과 철학은 생명과 죽음의 의미뿐 아니라 인간의 정의마저 재정립해야 한다는 과학적 현실의 요구 앞에서 당혹스러워 한다.

영화 〈리미트리스〉는 SF에서 하나의 특수한 예이며, 이것이 근대 발전의 근간이 되어온 과학신화의 변증법을 단번에 훼파할 리도 만무하지만 이 영화는 포스트휴먼 시대를 목전에 둔 오늘날의 문화적 함의를 충분히 담아내고 있다. 그간 SF가 줄곧 제기해 온 추락의 신화는 인간의 한계를 일깨우고 휴머니즘을 견지하면서 과학만능의 상승신화를 보완하는 기능을 했다. 그러나 〈리미트리스〉가 제기한 것처럼, 곧 다가올 미래에는 과학신화의 변증법이 퇴색하고 상승하는 과학의 서사만 남겨지는 것도 상상 가능한 일이다. 그렇다면 그것은 신화의 변형이 아니라 근대 과학신화 전체를 뒤집는 새로운 신화가 된다. 근대 과학신화의 변증법은 본질적으로 인간의 제한적 실존에 대한 인식, 즉 휴머니티를 기반으로 한 것이기 때문이다. 그렇다면 과학의 상승신화만 남은 포스트휴머니즘에서 휴머니티의 인문적 저항은 어떻게 가능할 것인가? 과연 가능하기는 한 것인가? 영화 〈리미트리스〉는 현재 TV 시리즈로 기획되고 있다고 한다. 에디의 뒷이야기가 어떻게 전개될지, 그의 이야기는 상승의 서사만 남은 이 새로운 과학신화를 계속해서 작성해 갈지, 그리고 그 이야기는 '이미 시작된' 미래에 어떤 의미를 던져줄 것인지 자못 궁금해진다.

| 참고문헌 |

C. P. 스노우, 오영환 옮김, 『두 문화』, 민음사, 1996.

H. G. 웰즈, 『모로 박사의 섬』, 문예출판사, 2009.

R. L. 러츠키, 김상민 외 옮김, 『하이테크네』, 시공사, 2004.

닐 포스트먼, 김균 옮김, 『테크노폴리』, 민음사, 2001.

로버트 루이스 스티븐슨, 김세미 옮김, 『지킬 박사와 하이드』, 문예출판사, 2005.

메리 셸리, 오숙은 옮김, 『프랑켄슈타인』, 미래사, 2002.

앨런 글린, 이은선 옮김, 『리미트리스』, 스크린셀러, 2010.

추재욱, 「실험실의 과학 혁명-빅토리아시대 소설에 나타난 "미친" 과학자들의 실험
    실」, 『영어영문학』, Vol.58 No.2, 2012, 305~325쪽.

황희숙, 「과학주의와 인문학의 재정위」, 『大同哲學』, Vol.26, 2004, 1~19쪽.

야만세계와 문명세계
: 과학기술과 인간 변형

:: 김응준

1. 들어가는 말: 인간과 과학기술의 하이브리드

"야만인 씨, 그래 자네는 문명을 좋아하지 않는 모양이지?"

(『멋진 신세계』, 276쪽)

인간은 도구를 사용하는 동물이다. 원시시대부터 현재에 이르기까지 인간은 다양한 도구를 사용하여 풍요로운 삶을 영위하며 문명을 창조하고 발전시켜왔다. 인간이 도구적 동물이라는 것은 분명한 사실이지만 다른 한편으로 인간이 도구를 요구한다는 것은 인간 자신이 완벽하지 않은 불완전한 존재임을 역설적으로 드러내고 있다.

인간의 유용한 도구수단으로서 과학기술은 그 본연의 역할을 충실히 수행해 왔다. 그러나 최근 생명공학, 나노공학을 비롯한 첨단과학기술은 인간의 도구수단으로서의 역할을 수행함을 넘어 인간 자체의 불완전함을 없애는 동시에 이를 극복하려고 한다. 일례로 인간 향상(Human Enhancement)이라는 용어는 자연 속에 존재하는 인간이 아니라 인간이 꿈꾸는 새로운 인간에 대한 염원의 표현이다.[1] 이 새로운 인간 유형은 생물학적, 자연적 인간으로서 갖는 한계를 극복하고 인간의 능력을 극대화하여 결핍 존재인 인간을 완벽하게 만들려는 희망이자 도전이다. 따라서 인간 향상이라는 용어는 인간을 강화할 수 있는 도구수단을 발전시킨다는 의미와 더불어 이러한 발전의 궁극적 목적을 지속적으로 개선한다는 의미도 담고 있다. 자연적인 생물학적 진화가 인간을 발전시키는 자연적 현상이라고 가정한다면 인간 향상의 도구수단인 과학기술은 인간이 스스로 자신의 진화와 발전을 규정한다는 의미를 내포한다. 즉, 인간은 인간이 생산한 과학기술의 도움으로 자신을 원하는 방향으로 진화하고 발전시킬 수 있는 가능성을 소유한 생명체로 변하는 것이다.

　이러한 인간의 욕망을 대변하는 것이 바로 포스트휴먼이다. 포스트휴먼은 과학기술을 활용하여 더 매력적이며, 육체적으로 보다 강화되고, 지적으로도 더욱 똑똑한 인간을 만들고자 한다. 유한한 존재인 인간이 자신의 능력을 활용하여 스스로 강해지고자 하는 노력은 이제 실현단계로 진입하고 있는 것이다. 그러나 여기서 주목해야 할 것은 인간의 노력 그 자체가 아니다. 우리가 주목해야 할 것은 이 노력의 결과와 그 의미 및 영향이 무엇인가라는 점이다. 왜냐하면 이러한 노력이 실현되는 대상이자 목표점이 바로 우리, 즉 인간이기 때문이다.

　이러한 비판적 접근의 일례로 인간은 문학자품이라는 가상공간에서 자신의 한계를 인식함과 동시에 한계를 극복하는 꿈을 시뮬레이션 한다. 그 대표적 사례가 바로 과학소설이다. 포스트휴먼이 추구하는 이상향이 과학기술에 의존하고 있다면, 과학기술을 대상으로 하는 과학소설은 인간의 욕망을 그려보는 논의의 장이 된다.

비록 과학소설이 인간과 과학기술의 상호공존의 의미를 살펴보고자 하지만 테크놀로지를 활용하는 인간은 근본적인 생존조건의 변형을 체험하게 된다. 이러한 상황에서 중요한 것은 비물질적 정보가 인간을 규정함을 증명하는 것이 아니라, 반대로 비물질적 정보가 지배하는 사회에서 인간 고유의 삶의 의미를 찾아보고자 하는 것이다.

분명한 것은 과학기술과 포스트휴머니즘은 테크놀로지를 활용하여 인류의 공리적 이익을 추구한다는 것이다. 왜냐하면 과학기술이 인간의 삶 속에서 인간에게 선사할 수 있는 것은 개인의 행복과 삶의 만족뿐 아니라 인류 전체의 행복과 만족이기 때문이다. 그러나 이러한 모습에는 인간 본성이 변형되고 이전과는 다른 새로운 인간 유형이 등장함을 전제하고 있다.

1932년에 출간된 올더스 헉슬리의 『멋진 신세계』는 과학기술 시대로의 진입을 알리는 작품이자 동시에 과학기술이 인간의 모습을 변형시킬 수 있음을 지적하는 작품이다. 이 작품은 야만세계로 그려지는 인간세계와 문명세계로 그려지는 과학기술 지배하의 인위적 인간세계의 대칭적 모습을 그린다. 이 글에서는 『멋진 신세계』를 사례로 생명의 변형, 인간의 사랑과 자유의 변형 그리고 궁극적으로는 과학기술이 추구하는 행복과 인간의 행복 사이의 균형 가능성을 비판적으로 살펴보고자 한다.

2. 과학기술과 인간 변형

변형 1: 인간과 생명

"인간이 결합시킨 것은 아무리 자연이라 할지라도 분리시킬 수 없다."

(『멋진 신세계』, 30쪽)

인간은 생명체이다. 생명은 모든 존재의 본질적인 출발점이다. 그러나 생명의 탄생은 인간의 능력이나 인간의 특권이 아니다. 인간은 생명 시작의 주체가 아니기 때문이다. 생물학적 관점에서 보자면 인간이라는 개체는 자연, 더 정확히 말하면 자연적 질서에 노출되어 있고 자연 질서에 종속되어 있는 존재이다. 이 경우 자연적 진화의 주체는 인간 자체라고 주장할 수 없다. 마찬가지로 생명체에게 반드시 동반되는 죽음 역시 인간의 통제권 내에 있지 않다. 죽음은 생명의 시작과 함께 우리에게 다가온다. 인간은 죽음을 피할 수 없는 것으로 인지하는 유일한 피조물이다. 죽음을 인지하는 것은 곧 인간의 유한성을 인지하는 것이며 동시에 언제 다가올지 모르는 죽음 앞에서 인간 능력의 한계를 인지하는 것이다. 이러한 관점에서 보자면 인간은 생명의 시작과 마무리의 주체가 될 수 없으며 소위 자연의 질서에 자신을 내맡긴 존재가 된다.

생물학적 관점에서 보자면 자연적 생명창조과정은 유전자 결합에 따른 새로운 생명체 형성과정이다. 그러나 이 과정은 일종의 우연의 법칙에 의존한다. 다시 말해 유전자 소합은 미리 계획되는 것이 아니며, 그 조합의 경우도 다양해서 어떠한 결과물이 산출될지를 미리 예측하는 것은 상당히 어렵다. 그러므로 생명의 신비는 일종의 우연의 법칙에 따르는 것이며, 따라서 동일한 유전정보 혹은 동일한 생명체를 기대하는 것은 불가능하다. 그러므로 인간은 이 우연의 법칙의 산물이며 그러한 한도 내에서 인간은 유일한 그리고 고유한 존재가 되는 것이다.

그러나 우연의 법칙에 따라 산출된 인간은 완벽함을 담지하는 존재라고 볼 수 없다. 오히려 인간은 생물학적 연약함, 예를 들어 질병이나 노화 혹은 유전적 결함 등을 가지고 태어나는 것이다. 이는 인간이 결함은 가지고 있음을 인정하는 것이며 동시에 이러한 결함을 치료하거나 극복하는 것은 자연이 아니라 인간의 몫이 된다는 것을 의미한다. 인간의 도구수단인 과학기술은 이러한 자연적 질서와 법칙에 도전장을 던진다. 과학기술은 인간이 자연의 고유물로 인식되는 생명창조를 인간의 손아귀에 움켜쥘 수 있도록 도와준다. 결국 자연의 산물인 인간의 불완전성은 인간의 노력과 인위적인 방법을 통해 극복해야 할 대상으로 인식된다.

올더스 헉슬리의 『멋진 신세계』에서는 소위 '보카노프스키법'에 따라 인간의 진보와 발전이 인위적으로 이루어진다. 자연적인 생명 생성의 자리에, 즉 "전에는 한 인간이 자라던 곳에 96명이 자라도록 한다. 이거야말로 진보가 아니고 무엇인가!"(『멋진 신세계』, 11쪽)라는 메시지를 통해 생명창조의 권한은 인간에게 있음을 명확히 한다. 보카노프스키법은 사회 안전의 중요한 수단의 하나이기 때문이며 이는 인위적인 인간의 능력과 통제하에서 가능한 일이다. 그러므로 "인류 역사상 최초로 공유, 균등, 안정이 실현된 것"(『멋진 신세계』, 13쪽)이다. 이는 인간의 능력이 자연의 법칙을 초월하는 순간을 암시한다.

이 작품에서 자연적인 임신과 출산은 야만세계를 규정하는 특성으로 소개된다. 자연적 생식, 그러니까 아이를 낳는 것은 야만적이며 미개한, 다시 말해 발전되지 못하고 진보되지도 못한 종족의 생존방식인 것이다. 자연인이 모여 사는 거주공간인 보호구역에서 아이를 출산하는 것은 문명화된 과학기술세계, 즉 『멋진 신세계』가 제시하는 문명세계에게는 그저 낯설고 야만적인 것이다.

> 보호구역에서는 징그러운 이야기지만 아직 사람이 아기를 낳습니다. 이건 정말입니다. […] 다시 반복하겠습니다만 여기에서 태어난 것들은 여기서 죽을 운명을 벗어나지 못합니다. (『멋진 신세계』, 128쪽)

태아를 출산하는 것은 자연스러운 현상이지만 과학기술이 지배하는 문명인에게는 과거의 낡은 방식으로 보일 뿐이다. 야만스러운 생명 탄생은 생명과 더불어 죽음의 지배를 벗어나지 못할 뿐 아니라 노화와 질병 그리고 죽음을 운명으로 받아들이는 불행한 삶의 연속이다.

과학기술적 문명사회에서는 이 자연적 출생과정을 과학기술로 조절한다. 즉 우연의 법칙에 의한 출생이 아니라 계획되고 준비된 출생 그리고 계획되고 준비된 생명을 제작한다. 그러므로 문명사회에서 생명체란 사회의 조직과 구성을 위한 사회화된 인간이자 동시에 그렇게 제작된 인간을 의미한다. 자연의 노예가 아니라 자연을 지배하고 통제하는 주인으로서의 인간을 의미한다.

자연을 노예적으로 모방하던 영역에서 인간적 발명성이라는 보다 흥미로운 세계로 발을 들여놓았다는 이야기가 되겠습니다. [⋯] 우리는 또한 계급을 미리 정하고 조건반사적 습성을 훈련시킵니다. 우리는 사회화된 아기를 내놓습니다. (『멋진 신세계』, 20쪽)

알파, 엡실론 등 다양한 계층으로 분화하여 그 계급의 사회적 목적에 맞게 제작되어 생산된 생명체는 자연 상태와는 달리 처음부터 사회적 구성인자로 태어난다. 따라서 이 문명사회에서 태어난 생명체는 사회가 요구하는 목적과 의미에 맞는 사회화 교육을 주입받게 된다.

인간들은 과거에 태아생식을 하였습니다. [⋯] 그 상스러운 태아생식의 시대에는 아이는 언제나 양친에 의해 양육되었고 국가가 시행하는 조건반사 양육소 같은 것은 필요치 않았다는 것을 기억해야 합니다. (『멋진 신세계』, 33쪽)

부모에 의한 양육은 자연에 종속된 과거 인간의 삶의 방식일 뿐이다. 부모와 자식 간의 사랑이라는 감정은 단지 무의미하고 추상적인 것이며 이 감정은 또한 이성적 인간의 합리성을 보장하지도 않는다. 문명화된 인간이라면 그 누구도 합리적 이성에 의한 판단과 사회의 요구사항을 이해하고 합리적으로 실천에 옮겨야 한다. 이것이 사회의 안정과 질서를 지키는 힘이라고 문명사회의 보카노프스키법은 주장한다. 만약 조건반사 양육소에서 계층별로 사회적 임무에 대한 의무감을 인위적으로 주입하지 않는다면, 혹은 이러한 과정이 없다면 사회는 개인의 주장만 있을 뿐 공공의 이익과 공공의 질서 그리고 공공의 행복은 없다는 것이다. 따라서 야만세계에서 인위적 조건반사 훈련이 없다는 것은 반사회적인 인간을 만드는 것이다.

불쾌한 울부짖음으로 인해 죽음에 대한 건전한 조건반사 훈련을 망쳐놓다니! 이것은 죽음의 문제에 관한 대단히 비참한 개념을 아이들에게 심어줄지 모른다. 아이들을 당황시켜 전적으로 그릇되고 전적으로 반사회적 반응을 일으키게 할지도 모른다. (『멋진 신세계』, 261쪽)

문명세계는 인간의 생명이 시작되는 그 순간부터 과학기술을 활용하여 자연적 생명 탄생의 한계를 극복하려 하는데, 이 대상에는 생명체의 자연스러운 노화, 질병 등이 포함된다. 생명체가 질병에 노출되거나 노화되는 것은 자연스러운 현상이다. 하지만 이런 자연스러움 역시 문명사회에서는 배척되고 극복되어야 할 대상일 뿐이다. 자연적 질서가 지배하는 야만세계에서 노화를 겪는 것은 문명인의 관점에서 보자면 너무나 부당한 것이다. 문명세계에서는 생명과학기술과 의료기술을 활용해 노화를 최대한 지연시키고 나아가 극복하려 한다. 다시 말해 질병이나 노화 같은 인간의 연약함과 한계는 과학기술적 인간 향상의 대상이다.

우리는 노인들을 병으로부터 보호합니다. 그들의 내분비물이 인위적으로 청춘기의 균형을 유지하도록 대비하기 때문입니다. (『멋진 신세계』, 138쪽)

노화나 죽음의 근본 원인은 세포와 신체기관의 자연스러운 기능 감퇴이지만 문명세계에서는 단지 과학기술을 모르는 무지함 혹은 과학기술을 의도적으로 배제한 야만의 산물일 뿐이다. 따라서 문명인은 질병이나 노화를 과학기술적으로 지연시키거나 극복하는 것이 사회와 개인의 행복의 열쇠라고 생각한다. 그러므로 죽음이라는 것은 행복한 삶을 살아가는 연속적 과정의 일부임을 인위적으로 세뇌하여 과학기술적 문명사회를 정당화하는 도구수단이 된다.

> "지금 사라진 것이 누구였든 그 사람은 살아 있는 동안 행복했던 거야. 지금 모든 인간은 행복하니까." "그래요. 모든 인간은 지금 행복해요." 레니나가 맞장구쳤다. 그들은 그 말을 12년 동안 매일 밤 1백 50번씩 반복해서 들었던 것이다. (『멋진 신세계』, 94쪽)

문명세계 사람들은 살아 있는 동안 누구나 행복한 삶을 살게 된다. 그래서 문명세계에서의 삶은 곧 행복 그 자체이며 그렇기 때문에 죽음 역시 지속적인 반복 교육을 통해 행복의 연속으로 세뇌되고 인지된다. 그러나 이것이 인간의 진정한 삶의 의미이자 행복인지는 진지하게 되물어보아야 한다. 『멋진 신세계』가 보여주는 인간의 생명, 나아가 인간 자체는 결코 자연물이 아니다.

전통적으로 인간은 육체와 정신의 이원론적 관점에서 논의되어왔다. 일례로 데카르트는 인간을 정신과 영혼의 구성물로 보았다. 데카르트에 따르면 인간의 생명은 육체를 요구하는 정신과 매우 밀접하게 연관되어 있다. 그에게 인간은 생각하는(res cogitas), 다시 말해 정신(mens), 영혼(animus), 오성(intellectus)과 이성(ratio)을 소유한 존재이다. 따라서 그는 "나는 생각한다. 그러므로 나는 존재한다!(Cogito, ergo sum!)"라는 유명한 말을 남긴다. 데카르트는 인간을 정신과 육체로 이원화하면서 이 두 가지를 근본적으로 구분하는데, 육체는 그 자연적 특성상 나누어지거나 분할될 수 있지만 영혼 내지는 정신은 절대로 나누어지거나 분할되지 않는다고 판단한다. 이와 유사하게 『멋진 신세계』에서는 육체를 인위적으로 선별하고 선택하지만 이것이 인간과 생명의 본질을 규정하는 중심사항은 아니다. 본질적인 것은 오히려 정신, 즉 『멋진 신세계』에서는 자신이 속한 계층의 의무를 수행하는 정신이다. 그러나 사회적 의무를 수행하는 것이 곧 개인의 정신성을 의미하는지는 의심스럽다.

이러한 의구심에도 불구하고 인간은 인간의 도전을 현실화하기 위해 자연이 아니라 인위적이며 인공적인 대안을 찾게 되는데, 그 도구 수단이 바로 과학기술을 적극적으로 활용하여 자신을 강화하고 능력을 향상(enhancement)하는 것이다. 자연 속 생명체의 탄생, 나아가 생명체의 진화는 일정한 혹은 특정한 목적을 지향하지 않는다. 그러나 이 작품에서 과학기술을 활용한 인간 향상은 과학기술을 통해 안정되고 행복한 사회 유지라는 특정한 목적성을 지닌다. 즉 인간 자체는 과학기술이 지배하는 사회의 주체가 아니라 그 반대로 과학기술의 도구 수단이 된다. 또한 포스트휴먼 관점에 보자면 이것은 정신이 육체 없이 존재할 수 있음을 의미한다. 그러므로 생각하는 인간의 정신(mind)은 컴퓨터로 이송되어 존재할 수 있다. 따라서 지적능력을 소유한 컴퓨터프로그램 혹은 기계적 존재는 더 이상 이방인과 같은 존재가 아니다. 결국 과학기술이 추구하는 인간의 불멸성은 육체의 불멸성이 아니라 정신의 불멸성을 의미하는 것이다.

그러나 인간의 욕망은 자신의 한계, 즉 생명의 시작과 마무리를 자신의 힘으로 통제하는 것으로 이어진다. 과학기술시대 생명의 탄생과 소멸은 자연과 신의 영역을 벗어나 인간의 통제 영역으로 들어온다. 다시 말해 자연적인 생명의 탄생과 소멸은 사라진다. 이는 자연적인 것이 아니라 인공적이며 인위적인 것이다. 따라서 자연적인 생명을 자신의 통제하에 놓겠다는 인간의 욕망은 자연질서와 정면 충돌하는 것이다.

나아가 과학기술은 인간의 정신뿐 아니라 육체마저도 통제하고자 한다. 특히 인간복제는 죽음을 향한 존재인 인간의 유한성을 극복하는 도구적 수단인 동시에 인간의 삶과 사고방식의 변화를 불러온다.『멋진 신세계』가 제시하는 탈자연적이며 인공적인 생명 만들기는 부모와 자녀의 관계는 천부적인 것에서 과학기술적, 인위적인 것으로 변형한다. 결국 생명의 탄생과 소멸은 그것이 정신이든 육체든 과학기술적 도구수단의 사용자인 인간의 통제하에 놓이게 된다. 진화론적 관점에서 보자면 인간은 단지 자연적 진화의 산물이지만 진화의 산물인 인간이 이제는 진화의 주체가 된 것이다. 따라서 인간은 자연 진화의 우연성 원칙이 아니라 과학기술적으로 계획되고 만들어지는 완전히 새로운 인간으로 변형되는 것이다.

우리는 이러한 노력 그 자체에 주목하기보다는 이 노력이 인간에게 어떠한 의미와 영향을 주는지에 주목해야 한다. 인간 능력을 향상시켜서 자연적 상태를 극복하려는 것은 곧 자연인으로서의 인간 본성

왜곡과 변형을 초래하기 때문이다. 또한 이 변형과정은 자연적인 것과 인위적인 것의 차이를 뚜렷이 드러내는 것이 아니라 인간의 주도하에 이 두 경계를 지워버리는 것이다.

변형 2: 인간의 사랑과 자유

"충동의 출구는 단 하나밖에 없다. 나의 사랑, 나의 아기뿐이다. 이 전 근대적인 인간들이 미치고 사악하고 비참했던 것은 당연한 귀결이다."

(『멋진 신세계』, 54쪽)

인간의 성과 사랑 혹은 성적 정체성에 대한 이해와 담론은 인간의 사회문화적 인식의 결과물이라고 할 수 있다. 성과 사랑의 이해는 자연적 성과 사랑뿐 아니라 인간과 인간 사이의 관계 속에서 발생하는 현상에 대한 이해와 실천을 내포하고 있기 때문이다.

『멋진 신세계』의 문명인들에게 성과 사랑은 아이를 출산하는 개인적인 삶의 행복과 연관되지 않는다. 그러므로 이들은 성과 사랑이 임신과 출산으로 연결되는 자연적 성적 가치관에서 자유롭다. 과학기술 중심주의적인 문명인들에게 성과 사랑이란 자신의 육체적 쾌락적 감각성을 확인하는 도구수단이며 임신과 출산은 단지 잉여적인 것이 된다. 왜냐하면 『멋진 신세계』의 각 계층은 공리주의적 원칙을 추구하기 때문이다. 즉 문명사회의 각 계층에게 삶의 의미란 개인의 행복보다는 사회 전체의 행복과 이익을 의미한다. 따라서 개인보다는 사회 전체

내지는 전체 시스템의 체계적 작동이 우선적이다. 그러므로 각 개개인의 임신과 출산이라는 자연적 과정은 과학기술적 합리성과 계획성에 충돌되는 것으로 단지 자연이 인간에게 강요한 것일 뿐이다.

> 기독교라는 것이 있었지. 여자는 언제까지나 태아생식을 강요받았던 거야. (『멋진 신세계』, 60쪽)

자연적인 임신과 출산으로 이어지는 인간의 성과 사랑은 『멋진 신세계』가 제시하는 문명사회에서는 역설적이게도 철저히 인간의 자유를 유린하는 것으로 묘사된다. 과거에, 즉 과학기술을 통해 문명화되기 이전에 인간은 자연생식을 하였지만 이는 인간의 우매함에서 비롯된 것이며 이 상태에서 인간은 결코 자유로움을 느낄 수 없다는 것이다. 특히 기독교로 대변되는 종교는 인간의 성의식을 도덕적 의식과 결합시켜 개인의 자유를 억압한 것이라 문명사회는 생각한다. 이 상황에서 인간은 자신의 성과 사랑의 주체가 될 수 없다. 이러한 굴레에서 벗어나야 인간은 진정한 자유인이 된다. 다시 말해 과학기술을 적극 활용하여 이 상황의 주체가 되어야 진정한 의미의 자유를 획득하는 것이다. 그리고 이러한 자유의 모습을 담고 있는 것이 바로 문명사회와 문명인이다. 이 가능성을 현실화하는 것이 바로 문명사회의 과학기술적 인간 생산과 제작이며 인간의 성적 욕망은 그 자체 감각적 대상이 될 뿐 결코 임신과 출산의 의미와 연결될 수 없다. 따라서 문명사회에서 인간의 성과 사랑은 유쾌한 쾌락적 감각적 대상이 되며 이것이 바로 인류의 발전이자 진보이다.

문명인들은 계획되어 만들어진 존재이며 또 이러한 사람들로 구성되는 사회에서는 고통이나 불행보다는 당연히 행복과 만족한 삶이 지배적이게 된다. 그러나 문명인과 문명세계에도 찾아오는 불안과 공포 등 고통스러움은 과학기술의 산물인 소마라는 약을 복용하여 인위적으로 극복한다.

자, 이것이 바로 진보라는 것이야. 노인도 일하며 노인도 교합하며 노인에게도 시간이 없게 되었지. […] 또한 불행히도 그들을 혼란에 빠뜨리는 무의미한 시간의 터널이 입을 벌린다면 항상 소마가 대기하고 있는 거야. 유쾌한 소마가 있지. (『멋진 신세계』, 72쪽)

소마는 일종의 약품으로 인간의 감각성을 향상시켜준다. 우울함이나 괴로움을 느낀다면 문명사회에서는 소마를 복용하라고 지시한다. 따라서 문명인들에게 우울함이나 괴로움이라는 것은 없다. 사실 문명세계의 문명인들에게 괴로움과 고통은 당연히 존재하지만 소마라는 약으로 그 고통의 느낌을 소멸시켜버리는 것이다. 따라서 소마를 복용하지 않는 경우는 곧 불안과 고통 같은 불쾌함이 지배하는 경우가 되며 소마를 복용하지 않는다는 것 또는 소마 자체가 없다는 것은 비문명적인 야만의 극치일 뿐이다. 소마는 문명인의 감각성 향상을 위해 인위적 인간 향상물인 것이다.

육체적 결합은 일종의 의식의 과잉을 낳을 수 있었다. 그런데 그뿐만 아니라 역(逆)도 가능하다고 볼 수 있다. 의식의 과잉은 그 자체의 목적을 위해 자발적으로 고독을 택하고 스스로 눈과 귀를 멀게 하여 인위적인 금욕주의적 불능자로 만든다. (『멋진 신세계』, 87쪽)

그렇다면 소마와 같은 약물을 사용하여 감각적 쾌락을 증가시키는 것을 왜 『멋진 신세계』는 문명적인 것이라 주장하는가? 문명인이 소마를 복용하여 감각성을 향상시키는 것은 모든 자연적 과정에서부터 해방됨을 상징하기 때문이다. 『멋진 신세계』의 문명인들에게 진정한 자유란 모든 자연적인 것을 과학기술적으로 극복하거나 대체하는 것을 의미한다. 자연 상태의 인간은 고통과 괴로움 그리고 죽음처럼 인간의 능력으로는 도저히 극복할 수 없는 것들에 노출되어 있지만, 소마와 같은 약물로 대변되는 과학기술은 인간을 인간의 삶의 주인이 되도록 만든다. 따라서 소마로 상징되는 과학기술적 인간 향상을 모르던 전근대적 야만인들은 결국 스스로를 파괴하는 존재이며 이들이 자연과의 합일을 통해 추구하는 자유는 진정한 자유가 아니라 자연에 대한 굴복과 종속이라는 것이다.

그러나 야만인으로 등장하는 존은 인간의 진정한 자유란 모든 인위적인 적을 배제한 것이라 주장한다. 존은 소마로 상징되는 인간향상물질을 포기할 것을 주장한다. 그는 인간이 느끼는 사랑, 행복 등의 감정은 오로지 자연적 인간 상태에서 가능한 것이며 결코 인위적으로 조작되거나 조절될 대상이 아니라고 생각한다. 존은 인간의 사랑과 감각 그리고 행복 그 자체는 소마와 같은 인간 향상 물질과는 무관하며 소마와 같은 유혹을 벗어던질 때 가능한 것으로 본다. 그는 소마를 독약이라 간주하며 이를 폐기처분하려 한다.

"당신들은 자유롭고 인간답게 살고 싶지 않습니까? 인간다움과 자유가 무엇인지도 모릅니까?" "자유! 자유!" 야만인은 외치며 한 손으로는 계속 소마를 밖으로 내던지고 다른 손으로는 공격해 오는 군중의 얼굴을 후려갈기고 있었다. [⋯] 이제 독약은 하나도 남지 않았다. "여러분은 자유로워진 것입니다." (『멋진 신세계』, 271쪽)

소마가 없는 곳에서 인간의 진정한 자유가 찾아온다는 것은 단지 야만적 관점에만 적용되는 것이다. 이 작품에서 야만인들은 신과 종교 그리고 인간의 존재의미에 대해 질문하지만 문명세계의 관점에서 보자면 이는 단지 무지함에서 비롯된 것일 뿐이다. 즉 신과 종교는 인간의 무지 내지는 야만적 상태를 유지하여 인간의 자유를 철저히 구속하는 경우에만 가능한 것인 반면, 문명은 인간에 의한, 인간을 위한, 인간의 모든 활동과 목표를 지칭하는 것이다. 따라서 문명세계에서 문명과 진보, 발전 등 모든 결과물은 인간을 위한 것인 동시에 인간을 향하고 있는 것이다. 그러므로 인간의 열정이나 충동 등은 억제되고 조절되지 못한 야만적 상태를 드러내는 순간이다.

또한 인간의 성행위는 충동에 의한, 즉 욕구와 충동의 비합리적이며 광적인 모습이 드러나는 순간일 뿐이다. 따라서 이성적으로 계획되고 준비되지 않는 것은 그것이 무엇이든지 상관없이 존재적 불안정을 의미하는 것이며 이러한 상황이 지속되는 경우 그 끝에는 종말이 찾아오게 된다.

순결은 정열을 의미하며 신경쇠약을 의미하는 거야. 그런데 정열과 신경쇠약은 불안정을 의미해. 그런데 불안정은 문명의 종말을 의미하지. 타락한 쾌락이 풍부하지 않고는 영속적인 문명은 기대할 수 없네. (『멋진 신세계』, 301쪽)

『멋진 신세계』가 그리는 과학기술의 시대는 종말이 아니라 영원함을 지향한다. 즉 인간의 본성이 드러나는 경우 문명세계는 인간의 본성을 스스로 조율하고 통제하도록 개인을 양육한다. 따라서 문명세계의 개인은 자신의 존재적 의미를 삶과 죽음의 연속적 과정 속에서 찾는 것이 아니라 소마를 통한 인간 향상 가능성에서 찾는다.

만일 불행한 우연으로 인해 어떤 불쾌한 사태가 일어나면 까짓것 그러한 상황으로부터 도피시켜줄 소마가 항상 준비되어 있네. […] 참회의 눈물을 흘리지 않고도 기독교 정신을 터득하는 것―그것이 소마의 본질일세. (『멋진 신세계』, 302쪽)

소마의 본질은 쾌락, 고통의 인위적 조정과 의미변화다. 과학기술적 인간 향상의 결정체인 소마 덕분에 문명세계에서는 인간의 자연적 감각의 자리가 인간에 의한 인위적 감각으로 대체된다. 과학기술적 문명사회는 결국 개인이라는 의미를 모든 사람에게 적용될 수 있는 공용적 가치, 다시 말해 전체 속의 개인으로 변형시킨다. 따라서 사랑 역시 개인과 개인의 특수성이 아니라 공용적 보편성의 지배를 받게 되어 그 고유한 의미를 상실한다. 사람과 생명이라는 것은 사랑과 연결될 이유가 하나도 없다.

작가 헉슬리는 자동차 제작사인 포드의 컨베이어 벨트가 인류의 경제적인 풍요를 선물할 것으로 보았다. 또한 자동화 과정에 기반을 둔 기술발전과 생산량 증가가 인간을 고통과 배고픔에서 벗어나 행복한 삶으로 이끌 수 있다는 가능성도 보았다. 하지만 물질적 풍요, 즉 대량생산을 위해서는 모든 것이 규격화되어야 한다는 불쾌한 모습 역시 보았다. 대량생산, 대량소비의 문명사회에서는 각자에 맞는 자기만의 규범보다는 모든 사람에게 적용될 수 있는 보편적 규범과 잣대가 더 중요하다. 고객의 취향이나 목적에 맞게 자동차를 제작하는 것이 중요한 것처럼 인간의 사랑과 생명잉태를 규격화하여 사회적 목적에 맞게 생산하는 것이 중요하며, 필요시 대량생산할 수 있는 것이다. 따라서 인간의 사랑과 생명 그리고 자유는 대량생산을 위한 규격화 속에서 증명될 수 있는 대상으로 변형된다. 규격화되고 대량생산되는 생명의 시대에는 자연적 생명 생성의 자리에 인위적 생명 제작이 들어선다. 자연적 질서에 상응할 수 있는 자유로부터의 도피를 통해 문명인은 전체주의적 획일화를 자유의 새로운 유형으로 제시한다. 따라서 인간의 사랑, 특히 성적인 욕구는 세대를 이어간다는 본질적 의미를 상실하게 되고 인간의 성적 욕망은 잉여적인 것이 되어 감각적 쾌락의 대상으로 변형된다.

변형 3: 인간과 행복

"오디세우스는 어디 있는가? 욥은? 쥬피터는? 석가모니는? 예수는?"

(『멋진 신세계』, 46쪽)

『멋진 신세계』에서 문명세계는 행복이 지배하는 곳인 반면 야만세계는 결코 행복하지 않는 곳으로 그려진다. 인간의 행복이란 인간이 존재한 이래로 지속적으로 추구되는 것이자 동시에 행복에 이르는 다양한 가능성과 방법에 대한 고민도 지속적으로 논의되었다. 인간이 자연적 존재라는 사실 그리고 신의 축복을 받은 유일한 존재라는 사실은 인간이 그 자체로 행복을 누릴 권한이 있다는 근거를 제시한다. 일반적으로 행복은 인간의 가치와 존엄을 동반하며 그런 한도 내에서 인간은 행복을 느낀다. 사랑과 감정 그리고 물질적 만족이라는 큰 틀에서 보더라도 인간의 행복은 인간 자신을 자연 속으로 귀속시키며 또한 자연의 일부라는 사실을 인정하는 경우 그 모습을 드러낸다.

그러나 『멋진 신세계』가 제시하는 행복이란 전통적 의미의 행복 내지는 행복에 대한 생각과 다르다. 여기서 행복이란 자연으로 되돌아가거나 인간이 자연적 상태에서 행복의 수혜자가 되는 것을 거부한다. 자연 상태에서 벗어나지 못한 것은 행복이 아니라 고통이며 이러한 상태가 지속되는 것은 야만상태와 다를 바 없다. 행복의 주체가 인간이 되지 못하는 상태에서는 진정한 행복이란 없다는 것이다.

일례로 가정과 가족이라는 개념이 『멋진 신세계』의 문명세계에서는 사라진 것처럼 생물학적으로 자연에 의존하는 인간은 행복의 주체가 될 수 없다. 따라서 인간적인 가족의 친밀함 혹은 가족이기에 느끼는 사랑은 단지 거추장스럽고 불필요한 것이며 지속적인 행복 추구의 걸림돌일 뿐이다.

가정은 물질적으로 누추할 뿐만 아니라 정신적으로도 누추했다. [⋯] 가족집단의 성원들 사이에는 질식시킬 것 같은 친밀감이 있었고 위험하기 짝이 없고 광적이고 추잡한 관계가 있었다. 어머니는 자식들을 광적으로 애지중지했다. […] 우리 포드님은 가족생활의 무서운 위험을 명확히 폭로한 최초의 인간이었다. (『멋진 신세계』, 49, 51쪽)

가족의 사랑이란 행복이 아니라 오히려 추잡한 관계라는 것을 밝힌 것이 포드로 대변되는 과학기술시대의 지식이다. 행복을 추구하는 인간은 그 자신이 충동과 감정에 휘말린 존재임을 스스로 증명하는 것일 뿐이라는 것이다. 무목적적인 가족의 사랑 그리고 이를 통한 행복감이란 사실 존재하지 않는 것이며 나아가 비과학적이며 비이성적인 것이다. 그러므로 문명세계의 입장에서 보자면 이는 결코 행복이 아니다.

「생물학 신이론」이라는 것이 무스타파 몬드가 방금 다 읽은 논문의 표제였다. […] 그것은 지고의 선으로서의 행복에 대한 그들의 신념을 상실하게 하고 그 대신 인간의 최종목적이 어느 피안에 있다고 믿게 할 위험이 있는 사상이다. 최종목적이란 현재의 인간 영역 밖에 있으며 인생의 목적이란 행복의 유지가 아니라 의식의 강화와 세련이며 지식의 확대라는 믿음을 심어줄 위험이 있는 사상이다. (『멋진 신세계』, 223쪽)

최종목적이 인간의 영역 밖에 있다는 것은 인간이 행복을 추구함에 있어서 결코 주체가 될 수 없다는 것을 의미한다. 따라서 인간이 인간의 영역 밖에 있는 행복을 추구한다는 것은 결코 도달할 수 없는 것을 추구하는 무모함에 불과하다. 인간이 문명인임을 자처하고 싶다면, 그리고 스스로 이성적 존재임을 자처하고 싶다면 행복 역시 인간의 영역, 즉 인간의 사고와 경험 영역에서 증명되어야 한다.

일례로 종교는 인간의 존재적 의미 그리고 신과의 합일을 통한 영속의 행복을 제시하지만 이 작품에서는 종교를 쓸모없는 것으로 규정한다. 생명 자체를 제작하는 사회에서 신과 종교의 의미가 사라지는 것은 당연한 결과이다. 신과 종교는 과학기술이 선물하는 인간의 행복 경험과는 공존할 수 없다.

하늘과 땅 위에 존재하는 수많은 것 중에서 이들 철학자들이 꿈도 꾸지 못한 한 가지가 있는데, 그건 이것이야. [⋯] 바로 우리들, 즉 현대 세계야. [⋯] 분명 우리는 신으로부터 독립할 수 있게 된 걸세. [⋯] 종교적 감정은 쓸데없는 것이 되고 말았어. [⋯] 신은 기계나 발달된 의약품이나 보편적 행복과는 양립할 수 없는 걸세. [⋯] 우리의 문명은 기계와 의약품과 행복을 택한 것일세. (『멋진 신세계』, 297쪽)

종교가 인간의 삶에서 올바름과 그름을 구분하는 기준점을 제시하고 나아가 인간을 행복으로 이끈다는 점은 철저히 부정되고 만다. 창조주 내지는 신이 생명의 기원이라는 사실은 당연히 부정되며 출산과 양육을 통한 행복감 역시 부정된다. 아이를 낳는 것이 야만적이라고 지적한 것처럼 아버지와 어머니로 대변되는 인간의 사랑과 행복은 인간의 영역 너머 저편 어딘가에 있는 절대자에게 의존하는 무모한 일이며 동시에 무지에서 비롯된 것이다.

아버지라는 말은 어린애를 낳는다는 행위의 징그러움이나 불륜스러운 어떤 것을 연상시킬 뿐 음탕하지 않으며 단순히 천하고 춘화적이라기보다 오히려 똥냄새가 나는 더러운 것이었다. (『멋진 신세계』, 192쪽)

그러나 야만인인 존은 이러한 문명세계의 관점에 저항한다. 이 작품에서 유일하게 문학작품을 읽는 인물로 묘사되는 존은 셰익스피어의 작품을 통해 인간의 삶과 존재의 의미를 세속적 경험이 아니라 그 너머 어딘가에 있는 것으로 판단한다. 존은 과학기술적 입장에서 바라보는 인간의 삶의 의미와 행복이라는 것이 결국 인간 본성과 충돌하는 것으로 생각한다. 그가 생각하는 인간의 행복은 과학기술적 분석과 증명 가능성을 배제한 상태에서 가능한 것이다.

행복과 양립할 수 없는 것은 예술뿐만이 아니야. 과학도 마찬가지야. 과학은 위험한 것이야. 우리는 그것을 용의주도하게 묶어놓고 재갈을 물려놓아야 해. (『멋진 신세계』, 285쪽)

결국 존은 과학기술을 인간에게 위험한 것으로 결정짓고 자연적 인간의 모습으로 되돌아갈 것을 주장한다. 그러나 『멋진 신세계』에서는 역설적이게도 바로 이 점이 문명사회와 야만사회를 구분하는 결정적 기준점으로 작동한다. 과학적 증명 가능성을 배제하고 오로지 추상적 이상과 행복을 추구하는 것은 증명할 수 없음을 스스로 증명하는 것일 뿐이라는 것이다. 그러므로 이 작품에서 종교 역시 인간의 행복을 보장하거나 도와주는 역할을 하지 못하는 것으로 묘사된다. 종교는 단지 나약한 인간이 자신의 약점과 결함을 보완하기 위해 만들어 낸 고안물에 불과한 것이다.

『멋진 신세계』에서 인간의 행복은, 그것이 사랑 혹은 가족을 통해서든 철저히 인간의 영역에 있는 경우에만 가능하다. 즉 행복은 인간이 감각적으로 느끼는 동시에 증명하는 것이며 또한 인간이 스스로 통제하고 제어할 수 있는 경우 증명 가능한 것이다.

에피쿠로스학파나 스토아학파가 인간의 행복에 대한 다양한 가능성을 제시하며 때로는 금욕과 절제를 통해서 때로는 정신적 쾌락의 아타락시아를 추구하며 행복을 찾고자 노력했다면 『멋진 신세계』의 문명사회에서는 금욕과 절제 혹은 정신적 쾌락이 아니라 물질적이고 감각적인 만족이 행복의 지표가 되는 것이다.

과학기술이 발전하여 대량생산 사회가 되는 시점에서 『멋진 신세계』는 인간의 행복 역시 대량생산 사회의 물질화 과정에 노출되어 스스로 대상화하고 있음을 지적한다. 이 경우 행복은 탈자연화되어 세속적이자 물질적이며 경험적이자 산술적인 대상으로 변형을 겪게 된다.

3. 나오는 말: 인간과 과학기술의 아이러니

"하지만 저는 안락을 원하지 않습니다. 저는 신을 원합니다." […]
"그러니까 자네는 불행해질 권리를 요구하고 있군그래."

(『멋진 신세계』, 305쪽)

과학기술은 인간의 유토피아적 이상을 현실화하며 공리적 이익과 행복을 추구할 수 있다는 긍정적 의미를 가지고 있다. 과학소설은 이러한 희망을 그려보는 가상공간이다. 과학소설은 인간의 물질적 혹은 도덕적 개선을 논하는 것이 아니라 완벽함에 대한 인간의 욕망을 논하는 것이다.[3] 유토피아적 이상향에 대한 인간의 욕망은 인간의 삶과 행동의 발전적 요소로 작동할 수 있지만 과학기술중심주의적 낙관론은 바로 자연적 인간의 조건과 상황을 극복하는 것을 목표로 한다.

인류의 유토피아적 이상은 더 나은 사회를 꿈꾸지만『멋진 신세계』의 미래는 그 반대로 그려진다. 계급이 낮은 감마와 엡실론 계층을 만드는 제작실에서는 산소공급을 조절하여 지능이 낮은 생명체를 만든다. 이 계층은 맞춤형으로 제작되었기 때문에 소외나 차별을 의식하지 못한다. 이 계층은 자신의 삶의 의미를 주어진 것으로 받아들이며 그 속에서 자신의 행복을 느낀다. 이는 개인의 행복이 아니라 오히려 공공의 행복과 이익, 즉 공리적 측면에서의 행복이 개인의 행복권에 우선한다는 것이다. 따라서 과학기술이 지배하는 사회에서는 삶의 의미를 국가에서 규정하고 표준화하여 공공의 이익에 맞게 최적화된다.

> 만인은 만인을 위해 일합니다. 그 누구라도 없어진다면 잘 살아갈 수 없습니다. 엡실론 계급조차도 유용한 것입니다. 엡실론 계급이 없이는 살아갈 수 없습니다. 만인은 다른 인간들을 위해 일합니다. 그 누구라도 없어지면 살아갈 수 없습니다. (『멋진 신세계』, 92쪽)

개인의 행복이 전체에 우선한다는 생각은 야만적 상태의 인간, 즉 발전하지 못한 인간 상태에서의 삶의 조건이라는 것이다. 셰익스피어의 작품을 추종하는 야만인 존은 인간향상물질인 소마를 버릴 것을 주장하지만 그의 의견은 관철되지 못한다. 야만인 존은 지속적으로 신과 종교에 의존하며 인간 본연의 의미를 되찾고자 하지만 과학기술 중심적인 사회 시스템 앞에는 단지 죽음만이 그를 기다릴 뿐이다.

물론 근대 산업화 과정에서 과학기술이 인간의 문명발전이라는 생존 조건적 환경개선에 큰 도움을 주었다는 것은 부정할 수 없다. 그러나 이 경우 과학기술의 적용 대상은 인간의 조건과 삶의 환경이지 인간 자체가 아니었다. 과학기술은 인간이 삶의 환경과 조건에 적응할 수 있도록 도와주는 유용한 도구수단이었다. 그리고 인간은 과학기술의 도움으로 자신의 생존조건에 적합한 적응력을 높였고 진정한 생태계의 왕위를 확고히 하게 되었다. 그러나 인간 자체 그리고 인간의 신체에 적용되는 과학기술은 자연 질서에 충실할 필요가 없다. 왜냐하면 인간의 신체 자체에 적용되는 과학기술은 인간의 외부, 즉 자연적 환경이나 생존 조건이 아니라 인간의 내부 그리고 내면에 영향을 주기 때문이다.

포스트휴먼 미래를 옹호하는 사람들은 인간의 종말이나 인간 종의 소멸을 주장하지 않는다. 일례로 맥스 모어(M. More)는 테크놀로지의 도움을 받아 죽음을 극복하는 것이 진정한 의미에서 인간의 자유라고 판단한다. 자연적 진화과정에서 획득한 인간의 우월성을 초월할 뿐 아니라 노화나 죽음 같은 생물학적 한계를 극복하는 것이 인류의 진화라는 것이다.[4] 프랭크 티플러(F. Tipler) 역시 인간이 자신의 신체를 벗어던지는 것이 "Superhuman"이나 "Superbeing"에 이르는 진정한 진화의 길이라고 생각한다. 나아가 그는 오류와 결함을 가지고 있는 자연적 육체의 한계를 기계적 육체(Maschinenkörper)로 바꿔야 한다고 생각한다.[5]

그러나 죽음을 인지하는 것이 인간의 특권이자 본성이라고 한다면 포스트휴먼 시대에는 죽음의 소멸과 더불어 인간의 본성 역시 변형될 뿐 아니라 그 의미 역시 소멸될 것이다. 자연적 인간 본성의 소멸을 통해 인간은 "만인(萬人)의 공유물"(『멋진 신세계』, 53쪽)로 변형되며 나아가 이러한 인간세계, 즉 문명세계는 인간 본성을 변형하여 "문명은 살균이다"(『멋진 신세계』, 151쪽)라는 결론에 도달할 것이다.

인위적으로 만들어진 삶의 모습이나 완전한 사이보그화가 휴머니즘 이후의 인간의 존재조건이라고 가정해 보면, 포스트휴머니스트들이 생각하듯 인간이 과학기술의 지배자가 되는지 되물어보아야 할 것이다. 즉 인간을 위한 과학기술의 도구적 유용성에 대해 다시 한 번 고려해 보아야 한다. 왜냐하면 이는 과학기술이 인간에게 제공하는 긍정적인 모습이라 생각하기 힘들 뿐 아니라 과학기술이라는 권력의 문제 나아가 인간의 인격 상실과 소멸의 문제로 연결되기 때문이다.

| 참고문헌 |

닐 포스트먼, 김균 옮김, 『테크노 폴리』, 궁리, 2005.

마티아스 호르크스, 배명자 옮김, 『테크놀로지의 종말』, 21세기북스, 2009.

올더스 헉슬리, 이덕형 옮김, 『멋진 신세계』, 문예출판사, 2004.

제이콥 브로노프스키, 김용준 옮김, 『인간을 묻는다-과학과 예술을 통해 본 인간의 정체성』, 개마고원, 2007.

토머스 휴즈, 김정미 옮김, 『테크놀로지, 창조와 욕망의 역사』, 플래닛미디어, 2008.

프레더릭 페레, 박준호 옮김, 『기술철학』, 서광사, 2009.

개인으로서의
삶의 가능성

－빅데이터, 개인 그리고 디지털 죽음

:: 김종규

1. 들어가며

누군가에게 마음을 전할 때면, 망설이기 십상이다. 특히 그것이 누군가를 좋아하는 마음이라면 더욱 그러하다. 이럴 때, 그 사람의 마음을 읽어낼 수 있으면 좋겠다는 헛된 희망을 가져보기도 한다. 마음을 읽고 싶다는 마음은 왜 생기는 것일까? 그것은 아마도 실패에 대한 두려움 때문이 아닐까 싶다. 예를 들어 그 혹은 그녀의 마음에 누군가가 이미 들어와 있고, 그래서 나를 위한 여지가 없음을 읽어낸다면, 나는 내 마음을 전함으로써 생길 수 있는 어색함과 창피함을 피할 수도 있다. 혹은 그 반대의 경우도 가능할지도 모른다. 그래서 성공의 가능성을 가지고 내 마음을 전하려 할 수도 있다. 물론 이러한 급박한 상황에서야 마음을 읽었으면 하는 생각을 하는 것이 당연하겠지만, 실제로 마음을 읽을 수 있다면 어떠할까? 아쉽게도 내 주변에는 이와 같은 능력자는 있지 않다. 내 마음도 모르겠는데, 남의 마음을 알려는 것은 어쩌면 사치일지도 모른다.

타인의 마음을 읽는 것이 영화의 모티브가 되기도 하였는데, 할리우드 영화 〈왓 위민 원트(What Women Want)〉도 그중 하나이다. 이 영화는 우연한 감전 사고로 여성의 마음속 이야기가 들리는 능력을 갖게 된 한 남자가 겪게 되는 좌충우돌을 그린 로맨틱 코미디물이다. 이 영화에서 주인공 닉은 사고로 갖게 된 능력을 이용하여 소원했던 딸과의 관계를 개선하기도 하며, 회사에서는 빼앗긴 자신의 자리를 되찾기도 한다. 그러나 이 과정에서 자신의 자리를 빼앗은 여주인공 달시를 사랑하게 되고, 닉은 이 사랑을 위해 자신이 달시의 아이디어를 훔친 것을 고백하면서 달시의 회사 복귀를 돕게 된다. 로맨틱 코미디물이 대개 그러하듯 이 영화 역시 해피엔딩 구조를 갖고 있다. 그렇지만 이 영화가 해피엔딩으로 향할 수 있는 결정적 계기는 주인공 닉의 능력, 즉 타인의 마음을 읽는 능력이 아니라, 오히려 그 반대인 그 능력의 상실이었다. 영화를 미화하려는 의도는 전혀 없지만, 사람의 마음을 읽어낼 수 있다는 것이 오롯이 축복이 아닐 수 있음을 이 영화는 '웃기게' 보여준다.

물론 인간은 사회적 동물로서 사회 내 구성원들과 지속적으로 커뮤니케이션을 해야만 하는 존재이다. 그래서 타인의 마음을 헤아리는 것은 매우 중요하다. 그런데 이러한 타인의 마음에 대한 헤아림은 커뮤니케이션을 위한 것임을 유의해야 할 필요가 있다. 자칫 본말이 전도될 처지에 놓이기 십상이기 때문이다. 타인의 마음을 헤아리는 것이 커뮤니케이션을 위한 것이라면, 타인의 마음을 헤아리는 행위 그 자체는 누군가만의 독자적인 작용이 아니라 상호적 작용인 것이다. 그래서 만일 누군가가 타인의 마음을 헤아리는 것을 이 상호성 밖에서 이해하게 될 때에, 주(主)는 타인의 마음이 갖는 내용이지 타인 그 자체가 아니게 될 수 있다. '남(들)'이 없는 '남(들)의 마음'을 읽는 것은 과연 어떤 의미로 이해될 수 있는 행위일까?

디지털 사회에서 이 물음은 빅데이터와 빅데이터 사회의 개인과 관련된 문제들과 밀접하게 연관된다. 그 까닭은 빅데이터를 구성하는 요소들이 개인들의 커뮤니케이션 과정에서 산출되기 때문이다. 또한 이러한 개인의 소통적 흔적들에 대한 수집은 디지털 죽음이라는 문제와 맞닥뜨릴 수밖에 없는데, 그 연유는 이 둘이 동일한 이념적 토대 위에서 발생하는 동전의 양면과 같은 문제들이기 때문이다.

2. 빅데이터란 무엇인가?

'빅데이터'는 언뜻 '빅'과 '데이터'라는 익숙한 두 단어가 합성된 말처럼 보인다. 이 단어들의 사용 맥락에서 보면, '빅'은 주로 양(量)의 많음을 표시하는 데 사용되는 단어이고, '데이터'는 주어진 자료들이나 정보들을 뜻하는 단어이니, '빅데이터'는 '많은 자료'를 의미하는 말이 된다.

우리는 감각을 통해서도 데이터를 얻는다. 그렇지만 우리가 흔히 데이터라고 하는 것은 이러한 생물학적 소여(所與)로서의 데이터는 아니다. 현재의 익숙한 사용 속 데이터는 '디지털 자료들'을 말한다. 그러니 '빅데이터'는 '많은 디지털 자료'를 의미하는 말이 된다. 그런데 '많은 디지털 자료'는 곧 '빅데이터'인가?

하지만 아쉽게도 이러한 말 그대로의 이해는 그 말의 실제적 사용 방식과 의미를 충분히 반영하지는 못한다. 물론 많은 양의 디지털 데이터라는 의미가 부정되는 것은 아니다. 하지만 그러한 의미를 기초로 한 정의는 빅데이터를 담아내기에는 좁은 정의이다. 빅데이터에 있어 그것의 형성 맥락만큼이나 그것이 처리되는 기술적 맥락 그리고 그 활용의 맥락 역시 중요하기 때문이다. 이러한 까닭에 빅데이터가 무엇인지를 정의하는 것은 그리 간단치 않으며, 실제 빅데이터와 연관된 직간접적인 연구기관들뿐 아니라 연구자 개개인의 차원에서 빅데이터는 서로 달리 정의되고 있다.[1]

이러한 탓에 빅데이터를 모두가 동의하는 하나의 진술로 정의 내리기는 매우 힘들다. 게다가 빅데이터가 고정된 데이터 집합을 지칭하는 것이 아니라는 점에서 빅데이터를 고정된 진술로 정의하는 것은 최소한 당분간은 거의 불가능한 것으로도 볼 수 있다. 그렇지만 그럼에도 불구하고 빅데이터에 대한 정의에서 빠짐없이 발견되는 항목은 바로 '양적 특성'이다.[2]

그러나 '양적 특성'에 대한 주목이 '많은 디지털 자료'로의 회귀를 의도하거나 의미하는 것은 아니다. 빅데이터를 정의하는 데 있어 데이터 양의 폭발적 크기에 대한 항목이 공통적으로 포함되지만, 이것만으로는 그것에 대한 정의가 충분히 이루어질 수 없음은 결코 부정할 수 없기 때문이다. 하지만 그렇다고 할지라도 데이터의 양적 특성을 그저

'크다 혹은 많다'에만 국한시켜 이해할 수도 없다. '왜' 그리고 '어떻게' 데이터의 양이 그렇게 많고 클 수 있는지에 대한 물음이 여전히 남기 때문이다. 다시 말해 "왜 그리고 어떻게 '빅'일 수 있는가?" 이에 답하기 위해서 우리는 빅데이터의 형성 과정에 주목해 볼 필요가 있다.

데이터가 '빅'하다란 의미는 단순히 정보가 크거나 많다는 것(volume)뿐만 아니라, 데이터 생성에서 활용까지의 쾌속화된 속도(velocity)나 데이터 크기와 내용의 형태성(variety)과도 관여한다. […] 보통 빅데이터는 '구조화된' 데이터와 '비구조화된' 무정형의 정보 데이터로 구성된다. 전자가 기업과 정부 등에 의해 특수 목적을 위해 쓰이는 분석 데이터를 지칭한다면, 후자는 이용자들에 의해 기하급수적으로 생겨나는 비정형의 데이터 정보의 과잉 생산을 지칭한다. 실제 빅데이터에 대한 주류적 관심은 전자의 증가보다는 후자로부터 얻는 이익에 있다. 개인 데이터의 경우에는, 가치가 추출될 수 있도록 인터넷 이용자들이 뒤에 남기는 무수한 클릭과 네트상의 동선과 흔적들, '데이터 배출(data exhaust)'이 빅데이터의 핵심이 된다. 이는 이용자들이 남긴 데이터 부스러기, 즉 '데이터 조각'이기도 하다. […] 매일같이 주고받는 '자발적' 카톡 메시지와 페이스북 댓글과 '좋아요' 클릭, 그리고 끊임없이 드러낼 수밖에 없는 소셜 웹 등을 통해 만들어지는 매일의 정보들은 이미 인간이 공식적으로 기록해 남기는 역사적 사료와 아날로그 기록의 양과 규모를 넘어서고 있다. 문제는 이 모든 빅데이터는 시공간적 즉시성과 상호연결성을 기반으로 전 세계 어디든 흘러 다니고 대량으로 축적되기도 하고 분류되어 특정의 목적을 위해 쓰인다는 점이다. 즉 빅데이터가 자본주의 가치 체제 내에서 특정

목적하에 쓰인다면, 이는 메타 데이터/지식의 활용방식과 달리 단독으로 '데이터 상품' 혹은 누군가에 의해 '해석된 데이터' 형태로 가치를 창출한다는 점이다. 이는 수집 및 채집, 분류, 저장, 분석과 통합, 생산 등의 순환 고리를 통해 데이터 자체가 정부, 기업, 특정 개인에 의해 새로운 가치창출의 기제를 만들어내는 상황을 의미한다. 즉 특정의 데이터를 찾고, 수집하고, 상호 대조할 수 있는 실시간 분석 '알고리즘'의 기술 능력이 요구되는 영역이 사실상 빅데이터의 본질이다.[3]

빅데이터 환경 내에서의 데이터는 우리가 지금껏 알아왔던 데이터와는 성격도 의미도 다르다. 우리가 알던 기존의 데이터는 능동적으로든 혹은 수동적으로든 우리에게 주어지는 것, 그래서 우리와 늘 결부되는 것으로서 이해되어왔다. 그러나 빅데이터에 있어서의 데이터는 그 방향이 우리에게 향해 있지 않다. 물론 그 데이터들이 '우리'에게서 나온 것임에는 틀림없겠지만, 그래서 우리와 결코 무관할 수는 없는 것이겠지만, 이것은 그저 명목상 그러한 것처럼 보인다. 왜냐하면 이러한 출생의 비밀이 은닉되고 나면, 그것들은 우리와 무관한 채로 그저 해석이 요구되는 중립적 자료로서 남겨지기 때문이다. 여기서 우리는 '우리'를 구성하는 '개인'의 의미 변화를 목도하게 된다. 이 새로운 관계 속에서 우리를 구성하는 '개인'은 데이터의 공급자로 간주되기 때문이다.

3. 빅데이터와 개인

간혹 세로줄로 쓰인 옛 문헌을 읽을 때 느껴지는 눈의 피로함이 있다. 아마도 세로줄에 익숙했던 선인(先人)들도 가로줄의 인쇄물을 접했을 때에 응당 그러한 피로감을 느꼈을 것임에 틀림없다. 새로움은 익숙해지기 전까지 그 신기함과 흥분됨의 배면에 피로감을 동반하게 마련이다. 이러한 피로감은 '정보사회'라는 새로운 환경의 도래에서도 마찬가지였다. 정보의 수용자에 국한된 역할을 수행했던 우리가 정보의 생산자라는 새로운 임무도 수행해야 했고, 이 과정에서 정보의 홍수라는 첫 경험과 마주해야만 했기 때문이다.

이제 이러한 피로감은 어느 정도 가신 듯하다. 예를 들어 '정보사회'라는 용어도 가로줄 인쇄만큼이나 익숙한 것이 되었다. 정보의 생산자라는 새 임무도, 폭발적 정보량의 증가 역시도 더 이상 부담으로 느껴지지 않는다. 이러한 익숙함 속에서 우리는 새로운 환경을 조성하고 있다. 정보의 한정과 독점이라는 장벽이 무너지게 되면서 개인들은 확장되는 정보에 지속적으로 노출되었으며, 이 정보들을 활용한 개인의 판단이 갖는 정확성이 높아지게 되었기 때문이다. 이 결과 시민들은 개인의 자격으로도 자신의 직접적인 의사를 표명할 수 있게 되었고, 더 나아가 연대를 통한 사회적 참여의 폭을 확장시켜 나가고 있다. 우리는 네트워크 내에서 전체로서의 개인을 경험한다. 이때의 개인은 낱낱의 자폐적으로 고립된 개인이 아닌 전체를 대표하는 개인으로서 더 이상 권력의 변방이 아닌 자신의 영향력을 권력으로 행사하는 주체이기 때문이다.

하지만 이러한 개인의 경험을 위해서 우리는 별도의 절차를 요구하는 네트워크 진입로를 통과해야 한다. 물론 개인들은 그 진입을 위한 통로를 그 스스로 구축할 수 있다. 그러나 그것은 일반적인 방식은 아니다. 스스로 구축할 때 요구받는 노력과 부담의 경감이 가능하기 때문이다. 그래서 대개의 경우 내가 구축한 것이 아닌 기존의 통로를 이용하게 된다. 더욱이 권력의 주체로서의 경험을 위해서는 그 통로는 많은 사람이 지나다닐수록 더 좋다. 이러한 대표적인 통로가 바로 SNS나 포털 사이트 등이다.

이 통로를 지나다닐 때면, 개인들은 늘 사용의 흔적을 남기게 된다. 바로 이 흔적들이 이른바 빅데이터의 핵심인 "비구조화된 무정형의 데이터" 혹은 "비정형데이터"이다.[4] 개인들이 남기는 이 흔적들이 '데이터'가 될 수 있는 것은 그 흔적들에 그 통로 사용 사실과 더불어 통로를 사용하는 개인들의 행태가 정보로 담겨 있기 때문이다. 그 하나하나의 정보는 가치를 매길 수 없을 정도로 미약한 것이지만, 만일 이러한 정보들을 대량으로 모으고 체계화하여 이것을 정보로서 분석한다면, 우리는 정형데이터 이상의 활용 가치를 발견할 수 있다. 바로 이것이 기업뿐만 아니라 정부 역시 빅데이터에 주목하는 이유이다. 정책 결정뿐 아니라 마케팅 등의 기업 활동에 매우 유용하게 사용될 수 있기 때문이다.

예를 들어 서울시는 KT의 심야 통화량 데이터와 택시 승하차 데이터를 종합하여 빅데이터 분석을 한 후, 이 결과를 심야버스인 올빼미버스 노선 최적화를 위하여 활용한 바 있으며, 중앙 정부의 각 부처역시도 빅데이터를 활용하고 있다. 또한 기업에서도 적극적으로 빅데이터를 활용하고 있는데, 장단기 전략뿐 아니라 고객 개별의 맞춤형 서비스 제공을 위해서도 빅데이터가 활용되고 있다.

방대한 데이터에서 의미 있는 정보를 추출해 내는 데이터마이닝 기법을 이용 […] 웹로그를 분석하면, 고객이 어떤 취향을 가지고 어떤 제품에 관심이 있는지 파악하여 고객 개개인에 맞는 광고 전략을 세울 수 있다. 이와 마찬가지로 교육 분야에서도 데이터마이닝 기법은 다양하게 사용될 수 있다. 즉, 개개의 학생에게 맞는 의미 있는 정보를 찾아냄으로써 맞춤형 교육 서비스를 제공할 수 있다.[5]

이러한 개인 맞춤형 서비스는 기업뿐 아니라 소비자 모두에게 유용할 것으로 보인다. 기업의 측면에서는 유효적절한 광고를 통해 매출을 증진시킬 수 있으며, 고객의 입장에서는 불필요한 광고의 홍수에서 벗어나 자신에게 적합한 상품을 추천받을 수도 있기 때문이다. 일례로 빅데이터 분석을 통해 어떤 아기용품회사는 10대 소녀에게 아기용품 광고 전단지를 보낸 일도 있다. 실제 이 소녀는 임신 중이었으며, 가족들은 이러한 사실을 모르고 있었지만, 이 소녀의 구매 패턴에 대한 빅데이터 분석은 이 소녀가 임신 중이라는 결론을 내렸던 것이다. 물론 이일은 재미있는 에피소드처럼 들릴 수도 있지만, 다른 한편으로는 누군가의 사밀한 비밀이 타인에 의해 폭로되는 듯한 느낌도 받게 된다.

빅데이터 환경하에서는 […] 정보의 집적, 분석, 평가하는 기술이 발전하면서, 고도 집적된 다양한 정보를 바탕으로 초고속으로 정보를 분석할 수 있게 됨으로써 정보로 인한 정보주체의 권리 침해에 대한 위험성이 현실화되고 높아졌다는 점이 문제이다. 더욱이 기존에는 개인을 식별할 수 있는 정보들로부터 정보주체의 권리침해가 발생하였다면 빅데이터 시대에는 개인을 전혀 식별할 수 없는 정보의 결합 및 분석(소위 프로파일링)으로도 특정 개인을 식별하고 그 개인에 대한 불이익한 효과가 미칠 수 있는 형태로 발전해 간다는 점은 기존의 개인정보보호법제가 미처 예상하지 못하였던 부분이다.[6]

프라이버시 침해는 빅데이터의 활용 과정에서 단순히 발생하는 우발적 사건으로 볼 수는 없다. 그러한 까닭은 빅데이터를 구성하는 데이터들이 근본적으로 개인의 정보와 불가분의 연관을 맺고 있기 때문이다.[7] 특히 비정형데이터는 SNS나 포털사이트 등에 남겨진 개인들의 정보 편린들로 구성되기 때문이다. 물론 이러한 데이터의 수집과 구성이 프라이버시를 침해하기 위한 목적과 수단이라거나 의도를 가지고 있다고 말할 수는 결코 없지만, 개인정보의 집적이 그 근본적 토대라는 점에서 프라이버시 침해의 가능성은 전제될 수밖에 없다. 더욱이 프라이버시의 침해가 단순한 이용이나 사용의 차원을 넘어 의도적으로 행해질 경우, 프라이버시의 침해는 개인에 대한 감시의 차원으로 이행된다. 따라서 개인 정보의 수집은 개인에 대한 감시나 통제의 가능성과 결코 무관할 수 없다.

이러한 가능성은 잘 알려진 조지 오웰의 소설 『1984』를 떠올리게 한다. 이 소설에서 개인은 그저 고립된 존재로서의 개인일 뿐, 더 이상 쪼개질 수 없는, 그래서 고유하고 독립적인 존재로서의 개인으로 존립되지 않는다. 그것은 개인이 철저히 '빅브라더'에 의한 감시와 통제하에 놓여 있기 때문이다. 〈네트(The Net)〉[8]나 〈에너미 오브 스테이트 (Enemy of the State)〉[9]와 같은 할리우드 영화들 역시 이러한 감시와 통제에 대한 불안감에 기초해 있다. 물론 이러한 불안감이 그저 막연한 것이거나 혹은 불합리한 것일 가능성 역시도 전혀 배제할 수는 없다. 실제 1984년 1월 1일, 지금은 고인이 된 세계적인 비디오 아티스트 백남준이 'Good Morning Mr. Orwell'이라는 TV쇼를 통해 조지 오웰을 조롱하듯 비판하기도 하였다. 그렇지만 지금 우리에게는 백남준의 퍼포먼스보다는 조지 오웰의 경고가 마음에 더 와 닿는다.

옥스퍼드대학교 인터넷연구소의 쇤베르거 교수는, 검색과 소셜 미디어를 통해 일상적으로 올렸던 글과 검색 내용들이 온라인상에서 완벽하게 기억되어 네트에 떠돌거나 누군가에 의해 관리되는 현실을 감안하면, 이제는 무조건 기억되어 저장되는 현실이 '잊혀지고 삭제될 권리'보다 앞서 존재하는 시대가 됐다고 본다. 즉, 인간의 사이버공간 내 우연과 목적된 행동들 모두가 기억되고 저장되는 현실에서, '데이터마이닝'이나 '신상털기'를 통한 특정 관계의 추론과 공개가 보다 원활해지는 때가 온 것이다. 예를 들어, 거리 시위를 통한 개인의 정치적 의사표현을 경찰의 영상 채증으로 담아 개별 국민식별정보와 함께 축적하는 '경찰범죄정보관리시스템'이 이에 해당한다. 결국 이는 무엇보다 특정인의 개인 신상과 관계한 구조적 데이터에 무작위로 비정형의 사적 데이터들을 함께 결합한 것으로, 그 파급력과 위험은 심대해질 것이다.[10]

개인들의 정보가 누군가에 의해 감시되고 관리될 수 있다는 가능성은 오래전 조지 오웰이 경고했던 빅브라더를 우리의 뇌리에 강력하게 되살려놓는다. 실제 개인들의 정보가 누군가에 의해 수집되고 활용될 수 있다면, 그 낱낱의 개인들 역시 바로 그 누군가에 의해 추적되고 감시될 수 있기 때문이다. 물론 데이터의 처리 및 저장 과정에서 익명화가 이루어지기 때문에 개인에 대한 추적이나 통제가 불가능하다고 업체들은 주장하지만, 실제 이러한 주장을 정당화될 수 없음을 보여주는 일도 발생한 바 있다.

> 아메리칸온라인은 2006년 65만 이용자의 3개월간 검색기록(2000만 서치 쿼리)을 공개하여 오픈 리서치를 촉구하는 AOL 리서치를 시작하였다. 검색기록은 온라인 업계가 매우 비밀스럽게 취급하는 정보이기 때문에 학계와 연구계에서는 대환영이었고 칭찬이 자자했다. 하지만 단 3일 만에 뉴욕타임스의 두 리포트가 델마 아놀드라는 할머니가 '손가락 저림', '60세 싱글 남자', '아무 데서나 오줌 누는 개' 등의 검색어를 입력한 사실을 밝혀내 프라이버시 침해가 가능하다는 사실이 드러났다. 넷플릭스도 유사하다. 2006년 넷플릭스는 자사가 보유한 추천 시스템의 알고리즘을 개선하기 위해 1억 건의 영화평점자료를 공개하였다. 자료 공개 2주 후 텍사스대학교의 연구팀이 회원에 대한 약간의 정보만 있으면 영화평점자료의 주인을 알아낼 수 있다고 선언하였다.[11]

수집된 정보들에 대한 기술적 분석을 통해 감시의 가능성이 높아질 수 있는 가능성과 그 경향을 반영하여 많은 학자들은 현재 감시 사회 혹은 새로운 형태의 팬옵티콘의 출현을 강도 높게 의심하고 있다.

빅데이터 사회가 위험 사회로 빠져들 가능성이 높기 때문인 것이다. 하지만 데이터의 수집 자체가 개인들의 인지와는 별개로 이루어지는 탓에 개인정보에 대한 수집과 활용에 대한 기술적 수준의 차단은 사실상 거의 불가능할 것으로 보인다. 이에 데이터 활용의 통제와 감시 강화를 골자로 한 데이터 오용 방지를 위한 법리적 차원의 접근과 해결의 필요성이 이러한 논의들에서 공통적으로 강조되고 있다. 물론 빅데이터와 관련된 법적 토대를 마련하는 것은 매우 중요한 일이며, 또한 시급히 추진되어야 할 것임은 분명하다. 하지만 우리는 이 상황과 대처방식에 대해 유의해야 할 점이 있다. 그것은 이러한 대처방식이 기술에 대한 인간중심적 관점에 기초해 있기 때문이다.

기술에 대한 인간중심적 관점하에서 기술의 가치는 인간에 의해 부여된다. 다시 말해 기술은 인간에 의해 통제되며, 기술은 가치중립적인 것이어서 인간이 그 기술을 사용하는 목적과 방식에 따라 선용될 수도 있고 악용될 수도 있다는 것이다. 예를 들어 핵은 무기로 악용될 수도 있고, 발전소로 선용될 수도 있다는 것이다. 기술로서의 빅데이터 역시 마찬가지이다. 빅데이터라는 기술적 체계와 과정 역시 법을 통해 통제되고 관리된다면 올바르게 사용될 수 있다는 것이다. 그러나 기술의 선용이 늘 긍정적인 결과를 도출하는 것은 아니라는 점을 우리는 흔히 보곤 한다. 자동차 내비게이션의 선용이 길에 대한 인식능력 저하를 결과하는 것은 비근하지만 가장 일반화된 예이기도 하다. 최근 논란이 되고 있는 핵발전소 역시도 마찬가지이다. 핵발전소를 건립하여 그것을 선용할지라도, 그 결과는 인류에게 재앙으로 돌아올 가능성이 매우 높기도 하다. 이는 빅데이터의 경우에도 그대로 적용될 수 있다. 그것이 선용되더라도 그것에 대해 제기되었던 문제는 고스란히 남을 수밖에 없으며, 이 과정에서 그 문제들을 근본적으로 발생시키는 빅데이터 체계 내의 개인에게 향해진 시선이 결코 바뀌지 않기 때문이다.

현재의 정보 수집과 분석에 있어 개인은 사밀(私密)한 존재가 아닌 정보제공자일 뿐이다. 개인은 더 이상 쪼갤 수 없는 존재로서 그 자신의 독특성과 독립성을 갖는 근원적 의미체로서의 존재가 아닌 행위 정보의 집합체로서 끊임없이 그 사회로부터 정보의 제공을 강요받고 공급하는 존재일 따름이기 때문이다. 하지만 이러한 상황하에서 법을 통한 통제와 관리가 문제 삼는 것은 수집된 정보와 그 활용이지 결코 정보의 수집을 강요받고 공급하고 있는 개인에게 향해진 시선이 아니다. 이는 마치 개인이 감시의 대상으로 간주되는 한, 개인에 대한 감시는 완화되거나 일시적으로 정지될 수 있을지는 몰라도 근본적으로 방지될 수는 없는 것과 마찬가지이다. 빅데이터의 경우도 개인에 대한 시선은 그대로 둔 채, 그저 수집된 정보의 오용 방지에만 주목한다면, 개인에 대한 감시와 통제의 가능성을 원천적으로 차단할 수는 없는 것이어서 개인 및 개인 정보에 대한 올바르지 못한 사용가능성을 계속해서 남겨두게 될 수밖에 없다. 따라서 바로 이러한 개인에 대한 시선, 즉 개인을 정보 체계와 정보 산업에 포괄되는 하나의 부품처럼 간주하는 시선이 존속되는 한, 개인은 결코 '잊힘'을 그 자신의 고유한 권리로 가질 수 있는 존재일 수가 없게 된다. 또한 이러한 권리, 즉 '잊힐 권리(the right to be forgotten)'[12]의 인정이 전제되지 않고서는 개인의 프라이버시 역시 보장되지 않는다는 점에서, 빅데이터 환경 내에서의 프라이버시 문제의 근본적 해결은 개인에 대한 시선의 변경 속에서 출발되고 논의되어야만 한다. 다른 한편, 우리는 '잊힐 권리'의 문제가 고립적으로 발생하지 않는다는 점 역시 고려해 보아야 한다. 디지털 환경 내에서 개인은 또 다른 개인과의 관계망에 노출되기 때문이다. 이러한 까닭에 잊힐 권리의 문제는 '디지털 죽음(digital death)'이라는 문제와도 긴밀하게 연결된다.

4. 디지털 죽음 그리고 창의성

누구도 잘못할 수 있다. 그러한 잘못을 한 누구라도 자신이 범한 잘못이 잊히길 바라지 않을 사람은 당연히 없을 것이다. 그러나 때로 절대로 하지 말아야 할 일도 있다. 그리고 그에 대해 져야 할 책임이 막중한 경우, 그 과오에 대한 기억은 쉽게 잊히지 않는다. 이것은 개인적 차원뿐 아니라 공적 차원에서도 마찬가지이다. 이러한 까닭에 누군가는 과오를 덮으려 하며, 누군가는 그것을 파헤치려 한다. 예를 들어 과거사 및 군의문사를 비롯한 진상규명 과정뿐 아니라 주요 공직자의 임명동의 과정에서도 이러한 일들은 종종 일어났다. 물론 이러한 숨김이 과오의 경우에만 한정되지는 않는다. 어느 누군가는 혼자의 삶을 살고 싶고, 누군가의 평가가 싫어 그저 잊히고 싶을 수도 있기 때문이다. 그러나 그러한 잊힘도 당사자의 생각만큼 쉽지만은 않다. 자신의 삶이 자기가 어찌할 수 없는 타인에게 기억으로 남을 수 있기 때문이다. 이렇듯 잊힘과 기억됨은 서로가 서로에게 길항적인 관계를 맺고 있는 것으로 보인다. 잊힘은 기억됨을, 기억됨은 잊힘을 상쇄해 버리는 것 같기 때문이다.

디지털 환경 내에서 이러한 길항의 양상은 매우 확대되는 듯 보인다. 디지털 환경에서 개인의 흔적이 자신도 모르는 사이에 계속 쌓이기 때문이다. 특히 자신이 직접적으로 확인될 수 있는 정보들도 남을 수 있다. 자신의 사진과 글 등을 공적으로든 사적으로든 인터넷 매체를 통해 손쉽게 공개할 수 있기 때문이다. 만일 누군가 새로운 연애를 하고자 한다면, 자신과 관련된 이전의 정보들을 지워야 하는 경우도 생긴다. 문제는 그것이 잘 지워지지 않는다는 데 있다. 이 경우 잊힐 권리는 매우 강력하게 주장될 수 있다. 이와는 달리 앞서 언급된 예처럼, 공적 차원에서는 이와는 반대 상황이 연출되기도 한다. 만일 누군가 정부의 요직에 임명되었는데, 그 사람이 어떠한 사람인지를 알고자 한다면, 그 사람이 남긴 디지털 흔적들은 그 사람을 판단하는 중요한 정보가 되기 때문이다. 이러한 까닭에 누군가는 잊힐 권리를 제한적 권리로 간주해야 한다고 주장할 수도 있다. 잊히지 않는 것이 공공의 이득으로 귀결될 수 있기 때문이다. 그렇지만 이러한 주장은 잊힘 자체의 목적이나 의미를 반영하여 제기되는 것이 아니라 단지 유용성의 차원에서 제기되는 것일 뿐이다. 그러나 잊힐 권리에 대한 논의가 단순히 유용성의 차원에서 벗어나야 하는 것은 '잊힘'이 근본적으로 창의성과 죽음과 연관된 문화적 행위이기 때문이다. 그런데 이러한 문화적 연관성은 디지털 환경에서도 여전히 유효한 것인가?

디지털 환경이라는 새로운 존재 조건을 받아들인 것은 단지 '잊힘'만은 아니다. 이미 창의성뿐 아니라 죽음 역시도 이러한 새로운 존재 조건하에 놓여 있기 때문이다. 그리하여 창의성은 디지털 매체와의 관계 내에서 그 가능성이 여러모로 조망되고 있으며, 죽음은 현실의 증강과 확대 속에서 개인정보와 관련하여 조망되고 있다. 현재 이 후자는 '디지털 죽음'이라는 주제로 논의되고 있으며, 이 주제하에서도 잊힘과 창의성 그리고 죽음은 연관되고 있다. 그러나 이것들 간의 연관 양상이 그것들 본래의 연관 양상과는 달리 전개되고 있음에 우리는 주목해야 한다. 현재의 전개 양상 속에서 그 세 항의 문화적 의미가 왜곡되거나 훼손될 수 있기 때문이다.

오늘날 디지털 환경에서 벗어나 있는 것은 무척이나 낯선 일이 될 것이다. 이처럼 현재의 디지털 환경에 대한 익숙함에서 보자면, 증강인류(augmented humanity)나 마이라이프비츠(mylifebits)가 우리 사회에 전해졌을 때의 놀라움은 옛 일이 된 듯하다. 증강인류와 마이라이프비츠의 공통적 예견은 일종의 디지털 환경에 대한 적응을 통한 인간의 인식적 한계 극복이 우리의 삶의 방식도 근본적으로 변화시킬 것이라는 점이다. 예를 들어 우리의 기억과 같은 내용은 때로 왜곡되거나 잊히게 됨으로써 우리는 그 기억을 되살리기 위해 불필요한 노력과 시간을 소비해야 한다. 하지만 디지털 매체를 통해 이러한 공간적 제약뿐 아니라 생물학적 약점이 극복됨으로써 더 많은 인식적 정보의 안정적 획득과 정보 왜곡의 방지를 통해 우리 인간은 비약적인 인식 능력의 상승을 경험할 것이며, 이 결과 더 높은 창의성을 발현할 수 있다는 것이다. 이러한 예측은 매우 합리적인 추론이라고 여겨졌다.

그렇지만 우리가 짚고 넘어가야 할 것은 이에 대한 반론으로 여겨질 수 있는 연구와 주장이 많다는 점이다. 특히 창의성의 함양과 발현에 있어 디지털 환경의 적절성에 대한 의문은 매우 크다. 먼저 여러 교육학자나 아동학자들은 실험을 통해 디지털 기기의 사용이 일상에서도 활발히 이루어지는 디지털 환경에 대한 부정적 견해를 제시하고 있다. 발도르프와 같은 전통적 명문 학교가 디지털 기기에 대해 취하고 있는 지침은 이러한 견해를 매우 강력하게 지지하고 있는 듯 보인다. 이 지침의 핵심은 컴퓨터와 아이패드 등의 디지털 기기 사용이 교우 관계나 상상력 등 창의적 사고의 함양을 위한 환경을 저해하기에 그 사용을 금한다는 것이다. 물론 모든 생활에서 디지털 기기의 사용을 완벽히 차단하고자 하지는 않더라도, 교육과 관련하여 디지털 환경과 비디지털 환경을 명확히 구분하고자 하는 것이 발도르프의 방침이다. 또한 우리의 기억이 단지 정보의 취득과 저장 및 회수의 과정으로 간주하는 것은 매우 도식적인 근대적 사고방식일 따름이다. 이러한 근대적 도식 내에서는 결코 새로운 내용은 창출될 수 없다. 입력의 값과 출력의 값이 동일해야 하기 때문이다. 입력과 출력의 값이 만일 동일하지 않으면, 이 도식을 바탕으로 수행된 추론이나 계산은 잘못된 것이다. 바로 이러한 의미에서 근대에 있어 상상력과 같은 창의성은 오류의 원천으로 간주되기도 하였다.

과연 디지털 세상에서 인간은 창의적일 수 있는가?

디지털 기기와 동떨어진 삶을 상상하기 어려운 것만 보더라도, 디지털 환경이 단순한 선택지로 간주되기는 더 이상 어려울 것으로 보인다. 오히려 디지털 환경도 자연환경과 마찬가지로 또 하나의 환경으로서 우리에게 주어진 것으로 간주하는 편이 보다 현실적인 듯하다. 따라서 우리는 증강인류나 마이라이프비츠 정도는 아니라 할지라도 디지털 환경 내에서 창의적일 수 있을 가능성을 모색해 보아야 한다. 그런데 이러한 가능성을 모색할 때, 우리는 늘 우리의 현실에 주목해야 할 필요가 있다. 현재 우리의 현실은 디지털 경험과 비디지털 경험 모두를 포함하며, 이러한 의미에서 비디지털 환경의 창의성 조건은 디지털 환경에서 참조될 수 있기 때문이다. 물론 창의성 조건은 다양할 수 있지만, 그것이 갖고 있는 문화적 연관을 고려할 때, 우리는 죽음에 주목해 볼 필요가 있다.

창의성은 새로움의 발현으로 실현되며, 그 새로움의 발현은 그 자체로 변화를 의미하였다. 인간과 그의 삶에 있어 죽음은 가장 큰 변화이며, 그 변화의 궁극적 토대였다. 인간은 죽음에 직면해 처음으로 그 자신을 인식하게 되었고, 이러한 자기 인식의 촉발을 통해 인간은 비로소 문화 창조의 모태인 신화적 사고의 길에 들어설 수 있게 되었기 때문이다. 수많은 신화가 탄생과 죽음의 순환을 그려내는 것은 바로 이 때문이다. 이러한 삶과 죽음의 여정이 곧 인간의 공동체적 삶이다. 사회적 동물이라는 인간 정의처럼, 인간의 삶은 그 탄생에서부터 또 다른 삶과 지속적인 관계를 맺어가는 공동체적 삶을 영위하며, 이러한 공동체적 관계 맺음은 죽음을 통해 종결된다. 이와 유사한 삶의 형식은 디지털 환경 내에서도 발견되는데, 이 환경 내에서 인간의 삶은 관계망(network) 내에서 펼쳐지며, 이러한 관계망의 종결을 우리는 '디지털 죽음(digital death)'이라 부른다.

이 두 죽음은 어떻게 다른가? '디지털 죽음'이 물리적 사건이 아니라는 점에서 본다면 두 죽음은 분명 다르다. 하지만 그 외에 두 죽음을 달리 볼 문화적·사회적 의미의 차이는 발견되지 않는다. 죽음과 창의성의 문화적 연관성에서 볼 때, 두 죽음의 유사성은 우리가 디지털 환경에서도 창의적일 수 있음을, 즉 우리가 창의적으로 사고하고 활동할 수 있음을 시사한다.[13] 다시 말해 '디지털 죽음'은 디지털 환경에서의 창의성 발현의 조건일 수 있다.

그렇지만 '디지털 죽음'은 물리적 사건으로서의 죽음과 달리 용인과 인정이 필요하다. 이러한 차이 때문에 '디지털 죽음'은 물리적 죽음만큼 주목되지 않고 있으며, 여전히 제도적으로도 인정되지 못하고 있다. 그러나 여기서 우리가 주목해야 할 것은 '디지털 죽음'과 '잊힐 권리'의 연관성이다. 디지털 죽음은 결코 잊힐 권리의 보장을 통해 파생적으로 귀결될 수 있는 현상이 아니다. 잊힘은 그저 인식의 한계에 의해서 수행되거나 인식론적으로 규정되고 이해될 수 있는 것이 아니라 죽음이라는 존재 사건에 의해 종결될 수 있기 때문이다.

죽음은 잊힘의 파생이나 다른 명칭이 아닌 잊힘의 궁극적인 토대이다. 이러한 점에서 우리는 디지털 죽음을 잊힐 권리를 통해 파생적으로 혹은 부가적으로 해결될 수 있는 문제 정도로 간주하거나 간과해서는 안 된다. 오히려 디지털 죽음은 보다 근본적인 문제로서 최소한 잊힐 권리만큼의 주목과 논의를 필요로 한다. 또한 우리는 죽음이 타인이 대신해 줄 수 없는 개인 본연의 경험이자 사건이라는 점에도 주목해야 한다. 왜냐하면 이러한 한, 디지털 죽음과 잊힐 권리의 인정 속에 디지털 환경에서 개인으로서의 삶의 가능성 역시도 보장될 수 있을 것이기 때문이다.

| 참고문헌 |

권영옥, 「빅데이터를 활용한 맞춤형 교육 서비스 활성화 방안연구」, 『지능정보연구』
　　제19권 제2호, 2013.

권헌영·김경열·김나연, 「위험사회에서의 빅데이터 활용과 잊힐 권리의 보장에 관한
　　고찰」, 『公法硏究』 제41집 제4호, 2013.

김승한, 「개인정보보호법의한계」, 『연세 의료 과학기술과 법』 제4권 제1호, 2013 .

이광석, 「지배양식의 국면 변화와 빅데이터 감시의 형성」, 『사이버커뮤니케이션학보』,
　　통권 제30권 2호, 2013.

이광석, 「빅데이터 위험 정보사회의 '정보재난'의 문제점」, 『빅데이터와 위험정보사
　　회』, 2013.

이성훈·이동우, 「빅데이터의 국내외 활용 고찰 및 시사점」, 『디지털정책연구』 제11권
　　제2호, 2013.

이정미, 「빅데이터의 이해와 도서관 정보서비스에의 활용」, 『한국비블리아학회지』 제
　　24권 제4호, 2013.

차상육, 「빅데이터(Big Data) 환경과 프라이버시의 보호」, 『IT와 法연구』 제8집, 2014.

최경진, 「빅데이터와 개인정보」, 『成均館法學』, 제25권 제2호, 2013.

황주성, 「빅데이터 환경에서 프라이버시 문제의 재조명」, 『빅데이터와 위험정보사회』,
　　2013.

인간 자연성에 대한 기술공학적 개입과 윤리적 논쟁의 의미

:: 김종엽

1. 무엇이 문제인가?

인간이란 무엇일까? 모든 문명과 사상의 근저에 놓여 있으면서도 이 질문만큼 논란의 중심부에 속한 관심사도 드물다. 여타의 인식론적 질문과는 달리 인간의 본질을 묻는 질문은 특정한 권리로 현상하기 때문이다. 권리와 관련된 이해관계가 다층적이기에 논쟁도 다분히 첨예하게 진행될 수밖에 없다. 여기에 덧붙여 현대는 이 질문의 존재론적 부적절함을 지적하기도 한다. 현대인의 자기이해가 '이것' 혹은 '저것'으로 지목될 수 있는 인간의 물화(物化)를 근원적으로 거부하고 있다는 점에서 그러하다. 인간은 자신의 '무엇'을 묻기 이전에 '누구'로 실존하는 존재라는 것이다.

이러한 현상은 '휴머니즘'이라는 인간학적 사태에 비춰보면 지극히 자연스러워 보인다. 인간은 생물학적 본성으로 닫힌 존재가 아니다. 개인의 '자아실현'은 자연적으로 주어진 본성을 드러내는 차원에 국한되지 않는다. 오히려 인간은 자신의 주어진 자연과 관계 맺음을 통해 다시 태어나는 비개념적 자연이다. 현대는 이러한 자기관계를 통해 인간적 자유의 본질을 파악하고 있다. 인간의 자유란 '이것' 혹은 '저것'을 할 수 있는 선택의 자유보다 더 근원적이다. 선택이 가능하기 위해 자연적 주어짐으로부터 열려 있어야 하기 때문이다. '열려 있음'이 부정될 때 생물학적 본성이 인간적 특성까지 결정한다는 생물학적 결정론만이 인간 이해에 유일한 도구로 남게 될 것이다. 이는 공리(公利)적으로도 유익해 보이지 않는다. 굳이 자신을 이해할 수 있는 존재론적 영역을 축소할 필요가 없다는 의미이다.

인간의 '무엇'을 묻는 형이상학보다는 그의 '누구'를 있는 그대로 기술하는 현상학적 고찰이 유익해 보인다. 하지만 우리는 여전히 인간이 무엇인지에 대한 질문을 던진다. 이를 무지의 소치라고 여길 필요는 없다. 위기와 전환의 시대에 어김없이 등장하는 주제가 바로 인간의 자연적 본질과 관련된 물음이 아닌가. 본질은 가장 자연적인 욕망이나 '있음'의 형태에서 추론된 것이기에 별 무리 없이 자연성의 이름으로 대체되곤 한다. 이러한 환원은 매우 효율적이다. 인간의 자연에 대한 최종적 정의(定議)와 함께 이해관계를 둘러싼 모든 논쟁에 종말을 고할 수 있기 때문이다.

따라서 오늘날 인간의 자연을 둘러싼 논쟁이 학문적 담론의 뜨거운 감자로 떠올랐다는 사실은 놀라운 일이 아니다. 생명공학과 정보기술의 비약적 발전이 인간의 자연적 욕망에 편승하여 전통적인 금기의 영역을 차례로 침범하고 있기 때문이다. 인간 보존본능의 근원적 현상인 기술공학이 단순히 보호를 넘어 새로운 욕구를 부단히 창출하며 기존의 자연적 경계를 넘어서고 있는 형국이다. 인간의 자연을 둘러싼 논쟁의 현대적 부활은 철학의 오래된 주제를 음미함으로써 생의 깊이를 얻으려는 형이상학적 노력이 아닌 것이다.

지금까지 인간의 자연으로부터 인간적 담론의 척도를 연역해 내거나 기준으로 제시하는 일이 그리 어렵지 않았다. 출발지점과 노선, 도착지점이 상이했을 뿐 인간의 자연적 본질을 해명하려는 시도는 인간학적 담론의 공통된 전략이었다. 이성, 신성, 개별성, 자유의지 등 사유의 여정을 관통하는 대표적인 주제들은 많다. 그런데 오늘날의 문제는 경우의 수를 더한다고 해결되지 않는다. 사태는 훨씬 근원적이다. 현대의 사회구조만큼이나 인간의 자연이 복잡해졌기 때문이 아니다. 의심의 눈초리는 인간의 자연 그 자체로 향하고 있다. 현대의 과학기술이 인간의 자연을 인위적으로 강화하고 개조할 수 있도록 그것의 정당한 이론적 근거를 묻고 있기 때문이다. 대부분의 학문적 물음은 이미 원하는 답변을 내포하고 있다. 인간의 자연에 대한 인위적 개입을 요청하고 있는 것이다. 이 요청은 한편으로 인간학적 성격을 띠고 있지만, 다른 편에서는 도발적이다. 인간의 자연은 고정된 것이 아니라는 점에서 전통적이지만, 이론적 조작과 개입이 가능한, 더 이상 금지된 정원이 아니라는 과학적 주장과 함께 도전적인 것이다. 논쟁은 후자로부터 시작된다.

2. 문제는 보수와 진보의 대립이 아니다

기술공학의 이해관계와 발전방향은 인간적 자연의 전면적 개조와 강화, 변형 가능성을 예고하고 있다. 생의 유지와 보존이라는 긍정적 이미지에도 이러한 시도는 확실히 도전이자 도발이다. 전통적으로 인간의 유한한 시간이 윤리적 행위의 의미적 경계선으로 간주되어온 탓이다. 단순한 생물학적 강화를 넘어 '너희도 신처럼' 될 것이라고 유혹하는 기술공학의 무지갯빛 약속은 인간학적 익숙함에 균열을 일으키고 있다. 과거의 기억을 개념으로 포장하여 '인간존재'라는 고정된 범주를 만들어낸 전통적 인간학자나, 여전히 현대문명에 깊은 흔적을 남기고 있는 종교적 인간관에 경도된 자에게 과학기술의 미래지향적 전망은 당혹스러운 일이 아닐 수 없다. 기술공학의 윤리적 성격을 둘러싼 논쟁은 이러한 균열로부터 시작된다.

기술공학의 윤리는 전통적 휴머니즘과 새로운 유형의 포스트휴머니즘 사이의 이념논쟁으로 현상하고 있다. 인간본질에 대한 과거의 익숙한 기억을 현재의 숨결 속에 박제하여 지속시키려는 형이상학이 휴머니즘으로 한 축이다. 반면 한계와 죽음과 온갖 전통적 휴머니즘에 묶여 있던 것들을 종교적 맹신에 가까운 기형으로 간주하고 과학의 진보에 걸맞은 미래지향적 인간상을 주장하는 포스트휴머니즘이 또 다른 한 축이라고 할 수 있다. 과거와 미래의 간극만큼이나 두 이념의 차이는 극복될 수 없는 것처럼 보인다. 논쟁의 주도권을 장악하려는 양 진영의 이론적 활동은 여전히 현재 진행형이며, 각자의 주장을 근거 짓는 학문적 축적물도 상당하다.[1] 불변하는 자연을 정점으로 하는 보수주의적 담론은 법적 효력을 바탕으로 여전히 강력하다. 그러나 실험과 관찰이라는 방법론을 통해 변화의 주도권을 쥔 쪽은 오히려 포스트휴머니스트이다. 전통적 담론이 인간의 기억되고 해석된 자연을 고수하며 윤리적 성찰의 대상으로 삼고 있는 반면, 과학적 인간관은 인간의 창조적 성격과 도래할 인간의 새로운 자연성을 예고하며 유토피아적 희망을 전도하고 있다.

어느 진영의 논거가 설득력이 있고 미래지향적인지를 판별하는 일은 논쟁의 주된 역할을 담당하고 있지 않는 이상 의미가 없다. 한쪽 진영을 선택하여 근거를 강화하고 다른 담론에 재갈을 물리는 작업은 논쟁을 활용하는 효율적인 자세가 아니다. 오히려 선명한 논쟁점을 부각시켜 인간 자기이해의 존재론적 영역을 넓히는 일이 더욱 학문적으로 보인다. 인간의 자연을 둘러싼 물음은 새로운 자기이해로 살아가는 존재에게 지극히 자연적인 현상일 뿐이다. 인간의 자기이해는 개념적 이해를 통해 표상으로 드러나는 것이기에 익숙함은 중요하다. 하지만 기술공학과 그것의 진보는 인류의 미래가 아니라 인간존재의 현재이다. 인간이 자기관계를 맺고 살아가는 생태계의 특이한 존재라는 사실은 그의 기술공학적 능력까지 포함하고 있다. 인간의 운명은 과거를 딛고 미래로 나아가는 현존재인 것이다.

이를 확인하고 인간의 자연을 둘러싼 논쟁이 소모성 지적 유희로 그치지 않기 위해 우리는 사태를 조목조목 분석할 필요를 느낀다. 논의를 이끌기 위해 방법론적 물음을 제기하는 것은 매우 유용하다. 왜 하필이면 현대에 이르러 인간자연에 대한 근본적 논쟁이 시작된 것일까? 기술공학의 개입이 자연의 경계선을 넘어서는 안 된다는 보수적 윤리학의 충고가 왜 실증학문의 영역에서는 강력한 설득력을 얻지 못하는 것일까? 욕망의 정치경제학과 이성의 합리적 판단 사이에서 절묘한 줄타기를 하는 것이 문제해결의 능사는 아니다. 오히려 우리는 인간의 자연이 무엇이 함축하고 있는지를 원점에서부터 되물어야 한다. 이 질문에 답변을 시도함으로써 인간의 자연성에 대한 보다 유연한 현대적 이해와 기술공학적 개입의 의미적 경계선에 대한 윤리적 성찰에 한발 다가설 수 있을 것이다.

자연을 둘러싼 인간의 사유는 인류의 역사만큼이나 길고도 깊다. 학문성(Homo academicus), 창조성(Homo creator), 외재성(Homo excentricus), 형이상학(Homo metaphysicus), 경제적 주체(Homo economicus), 미적 판단(Homo aestheticus) 등 비교적 짧은 단어만으로도 인간의 자연을 설명할 수 있는 심오한 용어는 많다. 대부분의 인간학적 이해는 관찰과 실험을 통한 생물학적 탐구에서 연유한 것이 아니다. 우리에게 익숙한 인간의 모습은 일차적으로 이성의 개념적 활동의 부산물이다. 반성의 결과물인 것이다.

관찰과 실험이 인식의 이해관계로부터 자유롭지 않듯, 이성적 반성도 순수하게 진행되어온 것은 아니다. 사실상 순수이성의 근거는 없다. 칸트의 철학사적 공헌에서 보듯 인간의 이성은 인식의 성립근거를 지닌 이론이성이거나 인격적 행위의 가능성을 밝힌 실천이성이거나 미적 판단력을 갖춘 합목적적 이성인 것이다. 자연에 대한 중립적 이해란 엄밀한 의미에서 불가능하다. 우리에게 이해된 인간의 자연은 개념화된 자연이다. 비판적 관점에서 보면, 인간의 모든 자기이해에는 이성적 개념의 암묵적 후원이 자리하고 있다는 뜻이다. 생태계 내에 인간의 특권적 지위를 정당화하는 인간중심주의적 담론이 형성된 것도 여기에서 연유한다. 역사적으로 가장 강력한 '권력'을 휘둘렀던 이념적 패러다임은 '이성적 존재'와 '신의 형상'이다. 권력이라는 표현에는 푸코적 담론의 의미가 들어 있다. 법의 실효성을 등에 업고 넘어서는 안 되는 토론의 금지선을 구성해 왔던 것이다.

물론 이성은 신화의 세계에서 벗어나 개인의 삶의 자리를 존재론적 권리로 전환시킨 계몽의 정신이기도 했다. 자기동일성, 자유의지, 자기실현은 인간의 자연을 언급할 때마다 우리가 돌아가야 할 안식처가 되었다. 신의 형상이라는 종교적 세계관도 인간학적 현상 속에서 의미를 갖는다. 인간 존엄성의 사상적 기초가 되었기 때문이다. 종교의 세속화(secularization)가 진행된 이후, 신의 이미지는 자연적 성역으로 탈바꿈한다. 현대에 이성과 인간 존엄성은 서로를 위한 해석학적 근거로 기능한다. 이성을 지닌 존재가 곧 존엄한 존재인 탓이다. 인간중심적 사고에서 벗어나도 사태가 크게 달라지지는 않는다. 동물이나 우리가 알지 못하는 다른 생명체가 인간과 동일한 이성적 능력을 보인다면, 동일한 삶의 권리를 부여해야 할 만큼 이성적 활동이 지닌 스펙트럼은 대단히 깊다. 따라서 인간의 자연을 해명하기 위해 이성의 존재론적 의미를 불러오는 일은 필수불가결해 보인다.

이에 반하여 생물학적 존재로서 인간의 모습은 전통적으로 인간의 자연으로 간주되지는 않았다. 오히려 욕망에 이끌린 파국의 원천으로 묘사되곤 한다. 그리스 신화에 등장하는 이카루스(Icarus)의 날개는 좋은 해석학적 알레고리를 제공해 준다. 아버지의 경고를 노파심쯤으로 여기고 기술적 이기(利器)가 가져온 황홀함에 취해 자연에 대한 경외심을 잃어버린 아들 이카루스의 죽음은 생물학적 인간의 운명을 말해주고 있다. 신화 속에 얽힌 인간욕망의 구조와 그것이 불러온 치명적 운명은 오랫동안 인간의 기억된 자연으로 남는다. 자연을 해석하는 이차적 자연에 대한 경외는 욕망의 오만함이 불행한 결과에 이를 수 있다는 경고이기도 하다. 현대는 이로부터 인간의 자연에 대한 기술공학적 개입이 어디에서 한계선을 형성해야 하는지를 가리키고 있다. 생명공학의 접근은 한계가 있으며, 개인의 동일성과 자유, 존엄성과 관련된 모든 인간적 속성이 훼손될 수 있다는 우려 앞에서 스스로 제어장치를 발동해야만 하는 것이다. 이런 식으로 인간의 자연은 기술공학적 진보가 미칠 수 있는, 아울러 넘어서는 안 되는 한계선이 된 것이다.

3. 인간의 자연성은 변할 수 없는 것일까?

인간의 자연성에 대한 이성적이고 본질주의적인 입장은 오랜 역사를 지니고 있다. 진리가 불변한다고 알려진 만큼, 인간이 지닌 이성적 본질도 불변하는 자연으로 간주된다. 인간의 자연은 해석된 자연이자, 기억된 자연이다. 이러한 익숙함이 인간의 자연을 쉽게 권리로 인정하게 만든다. 모든 권리는 형이상학적 근거를 토대로 세워져 있다. 달리 말해서 순환적 구조를 지니고 있다. 인간의 자연이 권리인 이유는 그 자체가 권리이기 때문이다. 다른 근거를 필요로 하지 않는 것이다.

이 같은 사태는 인간의 자연에 대한 무제한적 개입을 근거로 진보, 진화하고 있는 기술공학의 입장에서 매우 불만족스러운 현상임에는 틀림없다. 인간의 자연이 무엇이기에 형이상학적 근거를 지니며, 변화무쌍한 자연환경을 견디며 자신의 자연을 신앙하도록 만드는 것일까? 인간의 자연은 인위적 개입을 허용해서는 안 되는 불변하는 그 무엇일까? 익숙함에 대한 기술공학의 저항은 나름 정당한 것이다. 반성적 개념의 산물인 인간의 자연이 법적 구속력과 함께 기술공학적 행위의 규범이 되었기 때문이다. 더욱이 직접적 자연과는 달리 소통의 근원으로 여겨지는 인간의 해석된 자연이 최종적 심급에서 기술공학과의 대화를 거부하는 불소통의 근원지로 여겨지고 있는 것이다. 이 문제는 다소간 오해의 여지가 있다. 익숙함과 새로움의 첨예한 대립에서 보이는 것처럼, 인간의 해석된 자연이 고정불변하는 본질로 여겨질 필요는 없다. 그렇다고 기술공학의 능력을 인간의 고삐 풀린 욕망의 과잉 속에서 몰락하도록 내버려둬서도 안 된다. 이는 인간의 해석된 자연에 대한 불필요한 오해를 제거하기 위한 성찰의 필요성으로 우리를 이끌어간다.

우선 인간의 이성적 속성은 자기와의 관계 맺음으로부터 비롯된 것이다. 자연이 동물에게 본능적 반사작용을 부여하였다면 인간은 '반성'이라는 이름의 자연을 스스로 부여한 것이다. 인간의 이성적 능력이란 반성을 통한 자기와의 관계 맺음의 가능성이라고 할 수 있다. 이로부터 인간은 자신의 '무엇으로 있음'을 스스로 정의할 수 있는 자격을 얻게 된다. 동물의 '무엇'이 수동적으로 주어진 것인 반면, 인간의 '무엇'은 스스로 매개된 본질인 셈이다. 인간은 자신을 스스로 이해하는 과정을 통해서야 비로소 인간으로 태어난 것이다. 이때 교육과 사회화는 '역할 부여'와 '길들임'의 대표적 수단이며, 경우에 따라 내재적 목적으로 변신하기도 한다. 이 차이는 양적 차이가 아니다. 역사적으로 보면, 이 차이로부터 동물과 인간 사이에 위격(位格)이 생겼기 때문이다. 오직 인간만이 생물학적 종으로서가 아니라, 개별적 존재로서 각자 자신의 세계를 구성할 수 있게 된 것이다. 정체성의 개별적 구성은 정당화와 개인 상호간의 인정을 요구할 수 있다. 이것이 바로 개별적 차원의 인간적 '있음'의 방식이 내재적 권리로서 현상하게 된 이유이다. 오직 인간만이 개별적 존재로서 삶의 권리를 자신의 내면으로부터 요구할 수 있게 된 것이다. 이것은 생물학적 존재로서 생성과 소멸의 자연성에 귀속되어 있다는 사실이 인간적 권리의 걸림돌로 작용할 수 없는 이유이기도 하다.

이성의 의미를 단적으로 표현하면, 내면으로부터 정당화되는 단 한 번뿐인 존재의 사건을 지시하고 있다. 개인적 삶의 권리는 외적 조건에 의해 충족되지 않는다. 인간적 자연은 확실히 매개된 자연이다. 자연의 내용인 이성적 존재는 성찰과 반성의 산물이다. 그러나 이성적 능력이 동물에 대한 인간의 우월적 성격을 의미하지는 않는다. 단지 그것이었다면, 이성은 현대인의 합리적인 자기이해를 이미 오래전부터 견뎌내지 못했을 것이다. 오늘날 개인은 자신을 '대체 불가능성'의 존재론적 사건에서 이해하고 있다. 개별적 존재는 익명의 '무엇'이 아니라 고유한 이름과 얼굴을 지닌 '누구'의 모습으로 살아가고 있다.

대체 불가능성은 노력으로 얻거나 누군가에 의해 부여되는 성질의 것이 아니다. 그것은 무엇이 아니다. 오직 현상적 기술(記述)을 통해 드러날 뿐이다. 그 중심부에 개별적 존재의 '열려 있음'이 놓여 있다. 인간의 고유한 '격'은 개체로서 자연적 본능으로 닫혀 있지 않다는 의미이다. 이러한 사실 앞에서 우리는 앞선 질문을 떠올려야만 한다. 인간의 자연은 불변하는 것일까? 인간이 매개된 자연은 개념화된 이성적 자연이다. 하지만 그것으로 인해 인간은 닫힌 개념을 벗어나 비개념적 자연으로 되돌아가는 역설을 경험한다. 이것의 확인은 우리로 하여금 보다 폭넓은 시야를 확보할 수 있도록 해준다. 이성적 존재는 자기 변신을 꾀하는 기술공학의 개입에 반대할 이유가 없다. 최소한 변신의 방향이 자연의 포근하고 드넓은 마음의 바다 위에서 삶의 향연을 즐길 준비가 되어 있다면 말이다.

인간은 자연적으로 정해진 존재가 아니라 자신으로 인해 자신을 끊임없이 변화 혹은 완성해야만 할 존재이다. 이것이 이성적 존재가 지니고 있는 현대적 의미이자, 매개된 인간적 자연의 현상학적 모습이다. '자연으로 돌아가라'고 권했던 루소의 구호도 인간의 매개된 자연을 부정한 것이 아니다. 인류는 어떠한 경우에도 도시를 허물고 원시인으로 돌아갈 수는 없다. 기술공학적 능력을 망각의 늪으로 흘려보내고 우리가 다시 나무 위로 기어올라갈 수는 없는 노릇이다. 자연, 인간적 자연을 위한 루소의 테제 속에는 계몽의 시대와 함께 순항하려는 사회정치적 맥락이 함축되어 있다. 그는 인간의 자연이 사회정치적 권리를 회복해야 한다는 계몽주의적 요구를 충실히 대변했던 것이다. 그에게 있어서 인간의 자연은 사회정치적 자유를 향한 법철학적 비밀코드였다. 무언가 초현실적인 것을 꿈꾸는 낭만주의적 범주가 아니었던 것이다. 이러한 사실은 그의 자연주의적 교육론 속에도 여실히 드러나고 있다.[2] 루소가 보았던 교육의 목적은 자연적 인간의 회복이다. 이는 개인이 자기실현의 노정에서 부당한 사회적 억압에 의해 방해를 받아서는 안 된다는 계몽의 요청이기도 하다. 완전함을 향한 인간의 발걸음은 자신의 자연적 본성에 도달할 때까지 결코 멈추지 않을 것이다. 이것이 인간에게 허용된 자연적 능력의 비밀이었다.

4. 자연에 대한 개입은 인간 존엄성에 반하는 것일까?

이러한 관점에서 보면, 인간의 한계를 극복하려는 현대 기술공학의 노력을 신성모독이나 비인간적 자기변형으로 비난할 것까지는 없어 보인다. 주어진 한계를 극복하고 끊임없이 자신의 완성을 향해 나아가려는 자연적 욕망은 근현대 사상가들에게는 인간적 자유의 근원으로 비쳐지기까지 한 것이다.

> 주체가 자신의 내부에서 이해할 수 있는 최고의 내용을 우리는 자유라고 부를 수 있다. 자유는 정신의 최고의 규정이다. 순수한 형식적 측면에 의거해 보면, 자유의 본질은 주체가 자신과 마주하고 있는 것 속에서 낯섦을 느끼거나 한계 혹은 자기실현의 장애물로 여기지 않고, 오히려 그 안에서 자신을 발견하는 데 있다. 모든 운명과 불행이 사라지고, 주체와 세계는 화해를 하며, 모든 대립과 모순은 해소된다.[3]

근대의 계몽주의를 인간이성의 전개과정 속에서 완성했던 헤겔은 인간자유의 본성을 고정된 것으로 보지 않았다. 헤겔은 인간의 이성적 자연을 주체성으로, 주체성을 다시 자신에게 주어진 한계를 낯선 것으로 여기지 않고 자기극복의 내재적 동기로 삼을 수 있는 자유로운 정신으로 묘사하였다. 비록 짧은 지문이지만, 헤겔의 이성은 얼마나 현대 기술과학의 정신적 코드와 닮아 있는가. 우리는 인간의 이성적 능력이 한계를 극복하고 자기초월로 나아가려는 인간적 자유와 동일한 존재론적 코드를 지니고 있음을 말하려는 것이다. 놀라운 사실은 이러한 인간자유의 본성이 기술공학의 현대적 발자취와 크게 달라 보이지 않는다는 점이 있다.

존엄성을 인간적 자연의 원형으로 삼아 기술공학의 개입과 진보에 제한을 두려는 경향도 면밀한 성찰을 필요로 한다. 그동안 인간 존엄성은 인간적 권리의 형이상학적 토대로 간주되어왔다. 근거를 필요로 하지 않기에 가장 강력한 논증이 되었지만, 바로 그 암묵적 강점이 현대의 실증적 정신에게는 결정적 약점으로 비쳐질 수밖에 없다. 천부인권은 '근거 없음'의 대명사가 된 것이다. 우리에겐 인간 존엄성의 '허와 실'을 따져볼 필요가 있다.

인간 존엄성은 한때 종교적 근거에 의해 지탱되었다. 근대 이후 이성적 능력이 그 자리를 대체하면서 인간중심주의를 정당화하는 사상적 기초로 활용되기도 한다. 하지만 이성의 뒷면에 새겨진 인간적 삶의 자유로움은 결코 가벼운 것이 아니다. 이를 근거로 인간의 자연을 '열려 있음' 그 자체로 이해할 수 있기 때문이다. 개체로서 인간은 가격이 아니라 존엄성을 지니고 있다고 선언했던 칸트의 테제는 이성과 자유의 '열려 있음'에 근거를 두고 있다. 이러한 사실은 인간으로 하여금 역설적 자기이해를 가능하도록 만든다. 인간의 본질을 이해하기 위해 '무엇'이라는 속성이 필요하지만, 그로부터 인간의 자연은 대상적 속성에 갇혀버린 것이다. 그 결과로 인간의 물화, 가격화는 피할 수 없는 사태가 된다. 하지만 인간의 존재가 애초부터 개념을 통해 대상화될 수 없는 '누군가'의 열려 있음이라면 어떨까? 우리는 인간을 교환가능한 부품으로 상품화시켜버린 현대의 자본주의적 구조에 휴머니즘의 이름으로 반기를 들 수 있는 근거를 얻게 될 것이다.

인간의 자연에 개입하여 변신과 강화를 기획하는 기술공학이 인간 존엄성을 훼손할 것이라는 내재적 근거는 없다. 인간 존엄성의 근대적 경전이라고 평가받는 피코 델라 미란돌라의 성찰은 놀랍게도 존엄성과 인간변신의 존재론적 관계를 해명하기 위해 신화의 다층적 성격을 십분 활용하고 있다. 그는 인간의 존재를 호메로스의 『오디세이』에 등장하는 프로테우스(Proteus)에 비유하고 있다. 프로테우스는 미래를 내다보는 신적 지혜와 자신의 모습을 마음대로 변신할 수 있는 카멜레온의 피를 동시에 지니고 있었다. 프로테우스의 이중성을 통해 피코는 본능으로 고정될 수 없는 자기변신의 가능성을 인간 존엄성의 모태로 삼을 수 있었다.[4] 인간의 본성을 생물학적 탈중심성에서 본 플래스너나,[5] 인간의 자연성을 문화적 존재에서 찾았던 겔렌의 철학적 인간학[6]도 인간의 '자연적 그러함'을 넘어서려는 자기초월의 가능성을 에둘러 설명하고 있는 것이다.

인간욕망의 구조를 심층적으로 해부할 때에도 기술공학의 행보가 인간의 자연적 질서에 반한다고 볼 수는 없다. 프로이트의 심리적 분석을 예로 들어보자. 한계를 모르는 인간의 원초적 욕망에서 비롯된 기술공학의 정신이 현실적 개념으로 실현되는 전형이 유토피아이다. 프로이트는 완전함을 향한 인간의 부단한 움직임을 인간의 원초적 욕구에서 비롯된 것으로 이해하고 있다. 도구를 사용하고, 불을 통제하며, 건축술을 보유한 존재의 근원적 욕망으로 해석한 것이다. 초기의 형태는 단연코 신화에 등장하는 자연과 신의 의인화(擬人化)이다. 문명의 역사에서 빈번히 등장하는 신은 이론화된 절대자가 아니다. 오류가능성과 정열을 지닌 인간의 모습을 띠고 있기 때문이다. 그 후 인간은 자신이 스스로 신의 형상으로 변해 간다. 약점을 보완하고, 능력을 강화하고, 생명을 연장함으로써 전지전능한 신의 형상으로 변해 가는 것이다. 이는 기술공학이 예고하고 있는 유토피아의 보철신과 크게 다르지 않다.[7]

인간의 존엄성은 자연적으로 주어진 '무엇'이 아니다. 인간 존엄성과 이성을 논했던 대부분의 철학자들은 수동적으로 주어진 것을 변형시키거나 전적으로 새로운 것으로 창조할 수 있는 능력을 가장 인간적인 자연성으로 간주했던 것이다. 인간의 본성이란 자연과 더불어 살아가지만 변형과 변혁의 운명을 지닌 비개념적 현존재라고 볼 수 있다. 자기변신을 꿈꾸는 기술공학이 이러한 인간적 자연에 반하는 왜곡된 개념으로 비난받을 필요는 없다. 오히려 인간의 현존재 안에서 기술공학은 자신의 현재성을 지니고 있다고 볼 수 있다.

그런데 우리는 여전히 과학을 통한 인간강화, 프로테우스의 자기변신이 인간의 자연과 존엄성을 심각하게 훼손할 수 있다는 심리적 우려를 안고 살아가고 있다. 이것을 전적으로 기우(杞憂)로 치부해 버릴 수 없는 것도 사실이다. 현대인의 삶과 욕망, 상품화, 이기적 단절이 빚어낸 고통과 억압이 기술공학의 행보에도 고스란히 녹아 있기 때문이다. 기술공학의 무절제한 개입 및 상업적 활용에 있어서 경계선이 필요함을 느끼게 된 것이다. 도대체 무엇이 문제인 것일까?

5. 기계적 사고가 아닌 도구적 이성의 자율성을 비판하다

우리가 오늘날 인간의 본성 혹은 자연이라고 이해하고 있는 것은 매개된 본성이자 자연이다. 즉 사회화된 자연인 셈이다. 우리가 자신의 신체와 마음을 이해하는 방식과 종류는 이미 사회적, 역사적 이해관계에 의해 구성된 것이며 기술을 통해 변형된 자연인 것이다. 따라서 인간의 몸과 정신에 대한 과학기술의 개입은 실은 자연에 대한 직접적 개입이라기보다는 기억된 자연에 대한 개입이라고 볼 수 있다. 비개념적 자연과 기억된 자연의 차이에서 정서적 반발의 가능성이 발생한다. 기억된 자연은 규범과 관습을 통해 세대로 전달되며, 이렇게 규범화된 자연은 프로테우스의 변신에 재갈을 물리는 익숙하고 즉자적인 정체성으로 기능하게 된다.

우리는 인간의 익숙해진 자연에서 한발 물러나 기술공학의 변신능력을 존재론적 차원에서 고찰할 필요가 있다. 기술공학의 근원적 현상은 보호에 있다. 비개념적 자연은 인간의 즉자적 실존을 위협하는 거대한 객체이다. 기술공학은 인간의 생물학적 자연과 관계를 맺으며 삶을 지속시키고 보호하려는 자연스러운 반응이다. 문제는 자연스러운 보존본능이 지배의 욕구와 결부하면서 발생한다.

동물에게 자신을 보호하려는 본능이 주어져 있듯, 인간은 기술공학적 능력을 통해 비개념적 자연을 인식론적 범주로 고정시킨다. 인과 법칙과 같은 인식론적 원리를 통해 자연의 힘을 추론하고, 그 힘을 근거로 비개념적 자연으로부터 오는 두려움에서 벗어날 수 있었던 것이다. 기술공학의 로고스가 자연을 지배의 대상으로 간주한 것은 진화의 측면에서 보면 지극히 자연스러운 수순이다. 역으로 지배의 로고스는 기술공학의 진보를 이끈다.

이러한 맥락에서 보면, 기술공학적 역량은 인간에게 특별한 존재론적 위상을 지니고 있다고 볼 수 있다. 기술공학의 혁명적 발걸음을 둘러싼 과민반응은 다분히 익숙한 정체성으로부터 오는 심리적 저항의 성격이 강하다. 그마저도 실용의 보편성이 강조되면서 희석될 수도 있다. 미적 성형, 인공수정, 장기이식, 신체적 결함에 대한 보완과 대체 등 완벽한 인간을 향한 의학적 노력은 현 문명의 구조에서 적지 않은 이윤을 남기고 있다. 유전자 개입을 통해 질병을 치료하고 생명을 연장하는 기술은 차세대 혁명의 유력한 주자로 통하고 있다.

한때 기술공학의 정신은 자연과 생명을 기계적 원리로 환원시켰다는 비난에 직면한 적이 있었다. 기계적 사고가 지배하는 곳에서 인간은 스스로 생명의 창조자나 지배자로 군림하게 될 것이며, 이는 결국 생명이 지닌 내적 가치의 소멸로 이어지게 될 것이라는 경고가 높아진 탓이다. 인식론적 범주로 환원될 수 없는 생명에 대한 경외가 사라졌을 때, 이카루스의 날개처럼 인간성의 추락에도 날개가 없을 것이라고 진단한 것이다.[8]

그러나 기계론적 사고에 대한 이러한 비난은 시대적 맥락과 함께 고려되어야 함이 마땅하다. 근대의 조야한 기계적 형태만을 표상한다면, 당연 자연과 생명을 기계적 원리로 환원하는 일은 부당한 처사로 보인다. 그러나 현대적 의미에서 기계는 단순히 수동적 조작으로만 움직이는 고철덩어리가 아니다. 자연의 살아 있음을 원리 없는 기계적 작동으로 묘사하는 일이 문학적 수사나 비유만은 아닐 것이다. 생명의 과정을 고도의 기계적 작동으로 이해한다고 해서 그것이 직접적으로 생명의 경시로 이어질 필연적 근거는 없다. 자연과 생명이 지닌 비개념적 '있음'을 열려진 기계적 활동성으로 이해한다고 해서 삶의 본질적 의미와 경이로움이 잊혀지고, 삶의 열정이 사라질 하등의 이유가 없는 것이다.[9]

문제는 기계가 아니라, 오히려 그 기계를 다루고 이해하는 시대정신에 있다. 우리는 기술공학을 이끄는 시대적 로고스에 논의의 초점을 맞춰야 한다. 문명의 역사에서 과학적 로고스가 불러온 도구적 성격에 주목하는 것이다. 인간의 자연이 매개된 자연이듯, 기술공학의 로고스는 자체적으로 중립적인 개념이 아니다. 과학의 로고스는 역사와 사회 속에 편입되어 그 사회를 구성하고 지배하는 원리와 원칙에 의해 규정된다. 자본주의적 공학기술은 자본주의 사회의 유력한 과제를 수행할 수 있어야 한다. 이윤과 효율에 의해 규정된 이로움의 우선성이 기술공학의 주요방향을 결정하고 있다. 기계적 사고는 자연의 비개념적 보편성과 생명이 지닌 내재적 가치를 반드시 부정할 필요는 없다. 그러나 자본주의의 정신에 위배되는 그 어느 것도 계산된 불만과 원한으로부터 버텨낼 수 없을 것이다. 자연과 생명은 자본주의적 가치체계에 편입되어 전적으로 사용가치의 원료로 가공되는 운명을 맞게 된다. 자연적 삶의 토대를 파괴하는 것은 기술과학의 기계적 사유가 아니라 그 사유를 지배하는 도구적 이성인 것이다.

우리는 단순히 도구적 이성의 폐해를 지적하는 것이 아니다. 기술공학이 보호를 자신의 현상성으로 지니고 있다면, 기술공학의 로고스가 도구성에 맞춰져 있다는 사실을 비난할 하등의 근거가 없다. 문제는 도구적 이성의 자율성에 있다. 이 자율성은 치명적이다. 현대 자본주의 사회의 도구성은 재교육과 길들임의 규칙을 강요하지 않아도 절대적 가치로 자리 잡아 인간과 자연의 소박한 접촉을 위협하게 된 것이다. '세계사는 야만으로부터 휴머니즘으로 이행한 것이 아니라 투석기에서 핵폭탄으로 이행하는 과정'이라는 아도르노의 비관적 논조는 도구적 기술공학과 함께하는 인간의 숙명적 불행을 묘사하고 있다. 벤야민도 도구적 로고스를 안고 살아가는 인간 현존재의 역사를 과거와 미래의 사이에 갇혀 옴짝달싹 못하는 불행한 천사의 모습으로 기술하고 있다.

클레(P. Klee)가 그린 새로운 천사(Angelus Novus)라고 불리는 그림이 있다. 이 천사는 마치 그가 응시하고 있는 어떤 것에서부터 금방이라도 멀어지려고 하는 것처럼 보인다. 이 그림의 천사는 눈을 크게 뜨고 있고 입은 벌어져 있으며, 날개는 펼쳐져 있다. 역사의 천사도 바로 이렇게 보일 것임에 틀림없다. 그의 얼굴은 과거를 향하고 있다. 우리 앞에서 일련의 사건들이 일어나고 있는 바로 그 자리에서, 그는 오직 하나의 파국만을 본다. 잔해 위에 잔해를 쌓이게 만들고 이 잔해들을 그의 발치에 내팽개치는 그런 파국을. 천사는 머물고 싶어 하고, 죽은 자들을 깨우고 싶어 하고 또 산산이 부서진 것을 모아서 다시 하나로 만들고 싶어 한다. 그러나 천국에서부터 폭풍이 불어와 그의 날개를 옴짝달싹하지 못하게 만든다. 폭풍이 너무 강해서 날개를 더는 접을 수조차 없다. 이 폭풍은 그가 등을 돌리고 있는 미래를 향해 불가항력적으로 그를 떠밀고, 그의 앞엔 잔해 더미가 하늘까지 치솟고 있다. 우리가 진보라고 부르는 것이 이 폭풍이다.(발터 벤야민, 「역사의 개념에 대하여」, 역사철학 9번 테제)

우리가 진보라고 부르는 정신적 유산은 인류의 발걸음을 미래로 향해 폭풍처럼 밀어낸다. 하지만 아무리 앞으로 나아가려 해도 우리가 '지나간 것'이라고 부르는 것, 저 먼 연대기 속으로 사라졌다고 믿는 그것이 현재에도 살아 있어 우리의 발목을 잡는다. 상처로 얼룩진 삶의 흔적을 정리하려 하나 낙원의 달콤한 유혹이 그마저도 허락해 주지 않는다. 도구적 이성이 남긴 폭력의 자취를 외면하지도, 유토피아의 달콤한 유혹을 뿌리치지도 못하면서 진실을 위해 몸부림치는 인간의 자연을 묘사하고 있다 하겠다.

우리는 기술공학이 지닌 파괴적 속성을 경험을 통해 알고 있다. 이는 기술공학의 생산적 에너지가 전적으로 파괴성의 주범이라는 주장이 아니다. 기술공학 자체는 인간적 자연성의 일부이지 선도 악도 아니기 때문이다. 문제는 그것이 어떠한 정신에 의해, 어떠한 방식으로 사용되느냐에 달려 있을 것이다. 마르쿠제의 상식적인 통찰은 여전히 유효하다.[10] 기술, 공학, 기계가 아니라, 그것의 숫자와 수명, 힘과 기능을 정하는 주체가 바로 파괴와 억압의 지렛대인 것이다. 과학적 로고스에 방향과 문맥을 정하는 사회적 구조를 반성하지 않고 기술공학의 발전을 문제 삼는 것은 본말이 전도될 가능성이 있다.

현대의 기술공학은 자연에서 인간의 정신과 신체로 과감히 시선을 전환하고 있다. 이러한 문제의식의 선회는 지극히 당연한 것이다. 인간적 자연의 실현이 곧 기술공학에 의거한 삶이기 때문이다. 과학의 로고스가 인간의 정신과 신체 내부를 구석구석 관찰하고 변형가능성을 모색한다 하여 그것을 비난한 근거는 사실상 없다. 이로움과 위험함의 상관관계를 정확하게 계산하여 판단하는 일은 합리적 이성의 몫이다. 개인의 자율적 선택도 어느 정도 기준이 될 수 있다. 그러나 그 적용방식이 개인의 자율성을 훼손한다거나 인간의 존엄성을 침해한다면 사정이 달라진다. 예컨대 심장맥박조정기(pacemaker)는 환자의 수명을 연장시키거나, 우울증 치료에 도움을 줄 수 있다. 반면 개인의 사생활을 감시하기 위해 피하에 이식된 컴퓨터 칩은 개인의 자율성을 크게 훼손할 것이다. 뇌의 장애를 치료하거나 기능을 강화하기 위해 신경생리학적 구조를 밝히는 작업은 가속화되어야 한다. 그럼에도 인간의 행동, 정서, 인지적 기능을 조잡한 기전으로 환원시키는 섣부른 시도는 자본주의적 이념의 시녀로 살아가는 과학의 로고스를 증명할 뿐이다.

결국 인간적 자유가 무엇이고, 존엄한 삶이 무엇인지에 대한 물음은 기술공학의 시대에서도 여전히 우리에게 유효한 윤리적 주제라고 볼 수 있다. 재화가 제한된 사회에서 기술공학의 진보는 종종 다수의 비용으로 소수의 편안한 삶을 충족시키는 수단으로 전락하기 십상이다. 유인 화성탐사는 소수 특권층의 차별화된 삶의 징표로 여겨질 수도 있다. 이념이나 종교로 분쟁이 진행되는 곳에서 우리는 파괴적 기술과 지배의 매개체로 과학적 지식이 남용되는 것을 막아야 할 의무가 있는 것이다.

6. 기술공학의 진보는 윤리적 가치를 필요로 한다

기술공학은 자체적인 의미에서 선과 악의 개념으로 이해될 수 없다. 하지만 인간의 행위에 중립적 영역이 있을 수 없다는 사실도 간과돼서는 안 된다. 인간의 기술공학적 능력은 일정한 가치적 이념과 결부되어 있다는 의미이다. 보호가 원초적 가치였다면, 현대는 완전함을 향한 욕망의 긴 여정을 시작하였다. 생물학, 나노기술, 인지과학, 정보공학 등 주요한 학문적 분야에서 우리는 생물학적 삶의 진보라고 불릴 수 있는 주목할 만한 성과를 거두었다. 여기에는 당연히 명암이 있다.

과학기술의 시대는 현대의 전유물이 아니다. 이미 오래전부터 인류는 '자기실현'이라는 이름하에 자신을 강화하고 완전해지려는 노력을 경주해 왔던 것이다. 현대는 개선되고, 심지어 완전한 '인간'의 탄생을 예견하며 샴페인을 준비하고 있을 뿐이다. 우리는 매 단계마다 어떠한 시대적 이념이 과학의 로고스를 이끌어왔는지를 검토할 필요가 있다. 물론 이 주제는 우리의 주된 과제가 아니다. 여기서는 현대의 기술공학이 꿈꾸고 있는 인간상도 우리 시대의 이념을 비껴갈 수 없다는 사실을 강조하는 것으로 충분하다.

자본주의의 기술공학은 자본주의적 생산관계만큼이나 치명적일 수 있다. 마르크스는 사적소유의 폐지를 통해 내재적 불평등의 문제를 해결하려고 하였다. 그러나 사유재산이 소멸한다고 해서 인간적 사회를 위한 모든 조건이 갖춰지는 것은 아니다. 생산도구를 둘러싼 지배관계만이 인간을 이기적 존재로 만드는 것은 아니기 때문이다. 기술공학이 인간의 신체와 정신에 개입하여 이윤과 효율을 극대화하는 방식은 개인의 인격뿐만 아니라 그의 생명력까지 소멸시킬 수 있다. 비록 오래되었지만, 채플린의 영화 〈모던 타임즈(Modern Times)〉(1936)에 등장하는 '식사기계'와 컨베이어 벨트에 실려 기계 속 톱니바퀴 사이를 유영하는 장면은 자본주의적 기술공학이 인간의 물화현상에 이렇게 기여하는지를 상징적으로 보여주고 있다. 일상경험이 가르쳐주듯, 최첨단의 과학적 지식은 대부분 군비확장에 활용되고 있다는 사실도 간과할 수 없다. 인간자연에 대한 기술공학적 개입이 강화된 살인기계의 생산으로 전개될 가능성을 어느 누구도 배제할 수 없다.

기술공학과 윤리 사이에는 긴밀한 대화가 필요함을 역설했던 선구자적 인물로 한스 요나스를 빼놓을 수 없다. 지난 세기 기억과 흔적을 남긴 저서 『책임의 원리』(1979)에서 요나스는 기술공학과 윤리적 행위의 내적 관계를 조망해 내려고 시도하였다. 마치 거미줄처럼 인간과 자연에게 촘촘하게 내걸린 착취의 욕망을 걷어내고 자연에게 내재적 가치를 부여하려는 실천적 시도가 그것이다. 인간, 동물, 식물, 심지어 자연에 이르기까지 '상처받을 수 있음'을 지각하는 책임이 인간적 '있음'의 존재론적 의미임을 그의 환경윤리는 확인하기도 한다.

요나스가 인간의 외적 자연에 윤리적 논의의 대부분을 할애한 반면, 그에 못지않게 인간의 자연에 대한 윤리적 논의도 매우 중요하다. '상처받을 수 있음'에 덧붙여 인간의 자연은 동일성과 자율성, 개체성을 바탕으로 살아가는 매우 예민한 현존재이기 때문이다. 지금까지의 논의를 요약하며 기술공학의 윤리가 어떠한 쟁점을 논의할 수 있어야 하는지를 밝혀보고자 한다.

첫째, 기술공학의 윤리는 인간적 행위의 인격성에 대해 적절히 대응할 수 있어야 한다. 기술공학적 능력은 윤리적으로 중립적이지 않다. 따라서 적용대상과 진보의 방향에 매우 민감해야만 한다. 시대적 이념의 시녀가 되지 않기 위해 이러한 과속방지턱은 반드시 필요하다. 앞서 언급하였듯, 모든 종류의 기술공학적 행위는 자연에 대한 개입이자, 사회에 대한 개입이며, 인간의 자연에 대한 가치적 개입이기도 하다. '개입' 자체가 무조건 문제시될 필요는 없다. 변형, 변신, 강화, 복제 등 어떠한 기술공학적 용어라 할지라도 그 자체가 인간의 자연성을 훼손한다고 주장할 근거는 없다. 자연적 존재로서 인간이 자기 보존본능의 권리를 행사한다고 해서 그것이 곧 비난의 대상이 될 수는 없다. 하지만 단순히 살아남는 행위를 인격적 삶의 '있어야 됨'으로 정형화시키는 것은 매우 다른 성격의 문제이다. 인간은 의무, 용서, 약속이라는 사회적 사건을 인간적 '있음'의 자연적 의미로 정당화해 왔기 때문이다. 인간의 유한한 시간에 대한 체험이 삶의 자리를 단순한 생존을 넘어서는 의미체로 전환시킨 것이다. 강화나 변신의 경우 단순한 유전적 결함을 치료하는 수준을 넘어 시대적 이념에 의해 왜곡된 이미지로 개인을 획일화할 가능성도 배제할 수 없다. 자본주의적 기술공학이 이윤을 최적화하기 위해 특정 이미지를 선택하고, 특정 이미지를 삶으로부터 유리시키고 있는 현상은 익히 알려진 사실이 아닌가. 유전적 강화에는 우생학(eugenics)이라는 어두운 그림자가 드리워져 있다는 사실도 결코 가벼운 사안이 아니다.

둘째, 기술공학의 윤리는 판단에 대한 책임의 문제와 연결되어 있어야 한다. 유전자를 이용한 자연의 개입이 생산성을 향상시키고 난

치병을 치료하는 이로움을 가져다준 것은 사실이다. 하지만 인위적으로 변형된 유전자가 영구적인 경우라면, 사태가 복잡해진다. 현 세대의 자유의지에 입각한 선택을 넘어 후 세대에 미치는 결과를 고려하지 않을 수 없는 것이다. 지금은 아니더라도 추후에 어떠한 부정적 결과를 낳을지 그 누구도 장담할 수 없는 노릇이다. 중요한 것은 현 세대의 자율성이 미래 인류의 자연적 '있음'을 결정할 권리를 지니고 있지 않다는 사실에 있다. 흔히 말하는 세대정의는 환경윤리에만 적용되는 용어가 아니다. 유전공학적 판단이 '돌이킬 수 없음'의 영역에서 움직여지는 행위라면, 책임의 원리도 그만큼 정교하고 엄밀하게 적용돼야만 하는 것이다. 부작용의 미인지적 상태가 아니라, '위험하지 않음'과 '해롭지 않음'의 증명이 판단과 결정의 최종적 기준으로 사용돼만 한다. 이윤과 효율이 아니라 행위의 결과를 충분히 책임 있게 고려할 때, 기술공학적 행위는 이념적 성격을 넘어 인격적 현상으로 의미를 얻게 될 것이다.

셋째, 인간의 자연에 대한 기술공학의 개입은 전체 생태계와의 유대(紐帶)적 성격을 항상 염두에 두어야 한다. 현대에 이르러서야 우리는 전통적 가치판단의 어두운 그림자였던 인간중심주의에 대한 반성적 목소리를 얻게 되었다. 인간의 책임은 자신의 생존을 넘어 생태계 전체로 확대된 것이다. 그것의 개념적 산물이 인간의 행위를 어느 정도까지 자연으로 확대할 수 있는지를 묻는 생태윤리이다. 동물의 고통, 식물의 생존, 무생물적 인자의 지속성에 이르기까지 인간은 자신의 '있음' 속에 전체 자연생태계 내에서 '함께'라는 책임을 부여하게 된 것이다. '함께 있음'이 자연적 상태를 표현하는 것이라면, 인간이 지닌 다양한 삶의 권리는 당연히 생태계 전체와 나눠야 함이 마땅하다. 그렇지 않을 경우, 인간의 기술공학적 능력은 종족우월주의의 늪에 더욱 깊이 빠져들 것이다. 윤리적 가치가 배제된 변신과 강화, 유전적 개입을 통해 기대되는 새로운 인간은 지금보다 더 강력한 특권을 누릴 것임에 틀림없다. 이 특권이 행여 동물과 식물의 무차별적 실험과 생태계에 대한 도구화의 반대급부로 얻어진 것은 아닌지 반성할 필요가 있다. 기술공학이 창조해 낼 수 있는 새로운 자연적 아바타의 권리도 자본주의의 사회운영 원리로는 미칠 수 없는 미지의 영역이다.

| 참고문헌 |

장 자크 루소, 김종웅 옮김, 『에밀』, 미네르바 2009.

S. Freud, Das Unbehagen in der Kultur. Reclam, 2010.

M. Fuchs, Art. Enhancement, in: Lexikon der Bioethik 1, 604~605; Enhancement. Die ethische Diskussion über biomedizinische Verbesserungen des Menschen, Bonn, 2002.

G.W.F. Hegel, Vorlesungen ueber die Aesthetik. F.a.M, 1986.

A. Gehlen, Der Mensch. Seine Natur und seine Stellung in der Welt. Wiesbaden, 1978.

L. Honnefelder, Bioethik und die Frage nach der Natur des Menschen, in: ebd. 324~338.

H. Marcuse, Versuch über die Befreiung, F.a.M, 1969.

H. Plessner, Die Stufen des Organischen und der Mensch. Einleitung in die philosophische Anthropologie. Berlin/New York, 1975.

Giovanni Pico della Mirandola, Über die Würde des Menschen, Hamburg, 1990.

B. Senf, Die Wiederentdeckung des Lebendigen, Omega, 2003.

L. Siep, Normative Aspekte des menschlichen Körpers, in: K. Bayertz (Hg.), Die menschliche Natur, Paderborn, 2005, 157-173; Die biotechnische Neuerfindung des Menschen, in: G. Abel (Hg.), Kreativität. XX. Deutscher Kongress für Philosophie, Hamburg 2006, 306~323.

E. L. Winnacker, T. Rendtorff u. a. (Hrsg.), Gentechnik: Eingriffe am Menschen. Ein Eskalationsmodell zur ethischen Bewertung. München, 2002.

3부

새로운 형식들

HYBRID
Poiesis

춤추는
포스트 신체(post-body)

:: 김주희

1. 들어가는 글

댄스 테크놀로지(dance technology), 비디오 댄스(video dance), 필름 댄스(film dance), 미디어 댄스(media dance), 멀티미디어 댄스(multi-media dance), 디지털 댄스(digital dance), 융복합 무용… 이러한 단어들을 최신의 무용공연에서 쉽게 접할 수 있다. 의미하는 바가 각기 조금씩 다를 수 있겠지만, 신기술을 결합한 새로운 형태의 무용을 의미한다는 점에서는 같을 것이다. 춤에 있어 과학과의 결합은 비단 최근의 일이 아니다. '예술(art)'의 어원인 라틴어 '아르스(ars)'는 지금의 순수예술(fine art) 개념이 아니라 '테크네(techne)' 즉, 기술(skill)을 가리키는 말로, 고대 그리스에서는 일상생활에 쓰이는 물품이나 조각이나 목공처럼 시선을 사로잡는 기술을 의미하였다. 인간의 몸을 근간으로 발전되어온 무용의 경우, 다양한 표현을 위해 신체가 갖는 물리적 한계를 넘어서는 도전을 끊임없이 해왔다. 더 높은 점프와 정교한 움직임, 고도의 테크닉을 실행하기 위한 근육의 단련과 확장은 단기간에 완성되지 않기 때문에 무용수들은 오랜 연습과 훈련과정을 거쳐야 한다. 다시 말해 무용영역에서 시선을 사로잡는 기술은 오랜 시간을 거쳐 완성하는 본질적인 신체 표현이었다. 하지만 과학기술이 개입하기 시작하면서 신체표현기술만으로는 더 이상 시선을 사로잡기 어려워졌다.

컴퓨터그래픽스(computer graphics, CG), 모션캡처(motion tracking), 애니메이션, 3D 입체영상, 홀로그램(hologram)과 같은 과학기술의 개입으로 인해 무용수의 신체는 점차 변모하게 되었다. 이러한 기술들은 새로운 볼거리를 제공하고, 시간과 장소에 제약을 받는 춤 공연을 전보다 다양한 방식으로 접할 수 있게 하였다. 이는 디지털 미디어를 통해 구현되는 신체가 단순히 춤과 과학기술의 결합이 아니라 관객의 시선을 사로잡는 기술일 것이며, 현재 디지털 테크놀로지가 그 역할을 일임하고 있다고 해도 과언이 아닐 것이다. 기술과 결합되는 춤추는 신체는 점차 변형과 융합, 복제를 거치면서 인체를 대체하는 과정으로 진화하고 있다. 이러한 변화로 인해 기존의 안무자의 영역은 과학자나 영상기술자에게로 이동하며, 무용수 또한 환영적 존재의 무용수로 대체되기 시작하였다.

전통적인 방식의 예술을 고수하는 예술가나 비평가는 춤추는 가상 신체가 몸의 본질을 저하시키고, 댄서의 이미지, 감정, 개성 등의 기능을 축소해 관객과의 정서적 교감을 위축시킨다고 비판한다. "간학문적 실천과도 같이 멀티미디어를 사용하는 공연을 제작하는 오늘날의 방식은 춤 공연의 의미 생산에 있어 신체의 중요성을 박탈하게 되었다"[1]라는 애니 모코토우(2008)의 말처럼 춤추는 가상신체에 대한 거부감은 순수예술 장르의 고유성을 지키는 하나의 방편이 될 수도 있다.

하지만 소수의 예술가나 과학자에 의해 시도되었던 복제인간이나 가상신체는 현재 영화, CF, 소설, 드라마 등을 통해 수없이 양산되었고, TV나 M-TV 뮤직비디오, 컴퓨터게임 등의 이미지 영상을 통해 자연스럽게 디지털 가상신체를 수용할 수밖에 없는 환경에 노출되어 있다는 점을 간과해서는 안 된다. 최근 우리나라에서도 소녀시대, 싸이 같은 가수들의 3D 홀로그램 공연이 있었다. 가상의 신체가 대체한 공연이 관객에게 큰 혼란을 야기하기보다는 흥미롭게 즐기고 참여한 사례는 우리가 가상의 복제신체가 만들어내는 행위에 얼마나 익숙해졌는가를 알 수 있게 해주었다.

노박(Marcos Novak)은 "춤은 신체와 가장 밀접한 예술이었으나 미래의 춤은 탈신체(disembodiment)의 영역에서 찾을 수 있을 것"이라고 말한 바 있다.[2] 무대기술과 과학기술이 결합되면서 더 이상 신체훈련만으로 신체적 볼거리를 충족하지 못하게 만들고 있다. 테크놀로지의 개입으로 인한 신체 왜곡은 신체를 바라보는 미학적 관점마저 바꿔놓았다. 이에 이 글을 통해 춤 예술에 표상되는 '포스트 신체'의 다양한 사례를 살펴봄으로써 근래의 무용 공연의 예술 경향을 파악하는 데 이해를 돕고자 한다. 오늘날의 춤 공연에서 다양한 신체가 관찰되고 있지만, 크게 '확장되는 무용수의 몸'과 '사라지는 무용수의 몸'으로 나눠 인체의 영역에서 벗어나고 있는 지점을 중점적으로 살펴볼 것이다. '확장되는 무용수의 몸'에서는 인체를 매개로 하고 있지만 무용수의 몸을 소외시키거나 가상의 신체와 무용수의 몸이 분리되는 방식으로 확장된 신체가 나타나는 작품들을 소개하겠다. '사라지는 무용수의 몸'에서는 다양한 컨버전스 융합을 통해 신체의 변형과 혼종뿐 아니라 환영적 신체로 전환되는 작품의 사례를 소개하도록 하겠다.

2. 확장하는 무용수의 몸

기술과의 결합

무용공연예술에 있어 과학기술의 개입은 오래전부터 있어왔다. 19세기 유럽 문화예술계에 불었던 낭만주의에 영향을 받아 등장한 낭만발레에서 그 원류를 찾을 수 있을 것이다. 프랑스 혁명과 전쟁 이후 참담한 현실에서 도피하고자 하는 열망으로 당시 낭만발레 작품들은 낭만적인 사랑, 감성적인 표현, 환상에 대한 상상을 춤으로 표현하고자 했다. 이를 표현하기 위해 몽환적이며 환상적인 무대 분위기를 연출하는 가스등을 사용하고, 요정과 같이 날아다니는 천상의 존재를 표현하기 위해 무용수의 옷 튀튀(tu-tu)에 줄을 묶은 뒤 도르래를 이용해 공중에서 이동시키거나 발끝으로 서는 토슈즈를 신기기도 하였다.

　적극적인 과학기술의 도입은 산업혁명 이후 등장한 로이 풀러(Loie Fuller)와 이사도라 던컨(Isadora Duncan)을 중심으로 시작된 현대무용에서 보다 적극적으로 이뤄졌다. 특히 치마 춤(skirt dance)으로 유명한 풀러의 경우 긴 지팡이를 이용함으로써 팔의 확장을 가져왔으며, 치마에 퀴리(Maria Skłodowska-Curie)가 발견한 라듐(radium)을 묻혀 조명에

로이풀러의 치마 춤[3]

의한 발광 효과를 극대화시켰다. 그리고 거울과 환등기를 이용해 복제되는 환영적 신체의 초기 모습을 보여줌으로써 당대 문화예술계의 큰 이슈와 인기를 이끌었다.

이와 같이 이미 오래전부터 과학기술은 안무자에게는 표현을 확장할 수 있는 기회를, 관객에게는 다양한 예술경험을 제공하였다. 게다가 기술과의 결합은 다양한 매체 융합의 초석이 되었으며, 영상기의 발명은 시간과 공간성에 제약을 받는 무용에 있어서는 일종의 혁명과도 같이 실제적 기록을 통해 보존을 가능하게 해주었다. 그런데 여기서 흥미로운 지점은 과학자들의 주도 아래 영상기록이 무용공연이 도입되기 시작했다는 점이다.

1894년 미국의 발명가 프란시스 제킨(C. Francis Jenkin)이 무희 아나벨(Annabelle Moore)의 춤추는 장면을 기록한 「Annabelle's Butterfly Dance」에서 제킨은 각 프레임마다 손으로 직접 채색하여 색 조명을 표현한 영화를 만들었다. 이 영화는 에디슨의 초기 영사기가 5센트 정도 크기의 구멍으로 단 한 명만이 들여다보는 방식이었던 것에서 벗어나 여러 관객들이 함께 보는 극장식 단체관람을 가능하게 만들었다. 또한 1895년 토마스 에디슨(Thomas Alva Edison)은 로이 풀러가 출연한 「Serpentine Dance」와 아나벨이 출연한 「Annabelle´s Serpentine Dance」라는 무용영화를 만들었으며, 1921년에 루이 뤼미에르(Auguste et Louis Lumière)와 함께 315mm의 색채영화로 「인생의 백합(Le Lis de la Vie)」이라는 최초의 무용영화를 제작하기도 하였다. 이로써 영상기를 통해 무용을 감상할 수 있는 시대가 열렸지만, 이때까지는 단순히 기록 차원에 지나지 않았다.

키네마토그라프(kinematograph)의 발명 이후 영화산업이 발전됨에 따라 기록의 차원을 넘어 여러 영상기술이 발전하게 되고, 이러한 발전과 함께 댄스필름(dance film)이 제작되기 시작하였다. 카메라를 위한 안무를 하는 비디오 댄스(video dance), 댄스필름 등이 생겨나면서 무대 기반의 매체를 넘어 스크린으로 확대된다. 댄스필름 가운데 몇 작품을 소개해 보면, 벨기에의 울티마 베즈를 이끌고 있는 빔 반데키부스(Wim Vandekeybus)가 안무한 「블러쉬(Blush)」와 로이드 뉴슨(Lloyd Newson)이 이끄는 DV8의 「스트렌지 피쉬(Strang Fish)」가 있다.

「블러쉬」는 오르페우스와 에우리디케(Orpheus and Eurydice) 신화를 주제로 한 공연으로 2002년 초연되었다가 2년 뒤 52분짜리 댄스필름으로 제작되었다. 이들 작품은 단순히 기록하던 차원을 넘어 보다 구체적인 내러티브 구성과 표현을 가능하게 만들어주었으며, 영상 편집 기법은 시간적 구성을 바꾸고 무대라는 한정된 공간에서 벗어나게 해주었다. 댄스필름의 등장은 현장성을 중요시하는 전통적인 무용기법과는 상이하지만, 다양한 표현과 지속적인 원본의 상영이 가능해지기 때문에 세계의 유수의 무용단들이 댄스필름 제작을 시도하고 있다.

그리고 움직임의 특성을 표현하고 있는 애니메이션 중에서도 특별한 스토리텔링 없이 신체 움직임에 집중하고 있는 작품들이 있다. 에리카 러셀(Erica Russell)이 제작한 「피트 오브 송(Feet of song)」(1988), 「트라이앵글(Triangle)」(1992), 「소마(Soma)」(2001), 훗치 카주히로(Hotchi Kazuhiro)의 「아니마(ANIMA)」(2005), 「휠(wheels)」(2000), 「도우도우(DOUDOU)」(2002)가 대표적이라 할 수 있다. 이들의 애니메이션은 2D 방식으로 신체의 움직임 표현을 하고 있다.[4] 비디오 댄스나 댄스필름이 카메라의 촬영기법과 편집을 이용해 무용수의 신체를 조작한다면 애니메이션은 드로잉을 기초로 조작이 이루어진다. 애니메이션에서의 신체는 젠더나 인종, 신체의 한계 등에서 벗어나 신체를 자유롭게 표현할 수 있지만, 현장적 측면과 사실성에서는 다소 미흡함이 보인다.

장르의 경계 넘기

춤의 본질인 신체 움직임에 충실했던 모던댄스 이후 1960~1970년대 미국을 중심으로 활발히 일어났던 포스트모던댄스(post-modern dance)에서는 기존의 춤이 갖고 있던 움직임, 공간 등의 틀에서 벗어나고자 하는 시도들이 일어났다. 무용사에서 포스트모던댄스의 등장은 모던댄스가 갖고 있던 형식주의를 타파하고자 하는 저드슨 그룹(Judson Dance)에 의해 비롯되었다. 이러한 춤의 경향은 1990년대에 이르기까지 지속되었고, 실험주의·해체주의적 성격을 지닌다. 이러한 시도들은 보다 다양한 볼거리를 제공하였는데, 그중에서도 독일의 바우하우스(Bauhaus)의 실험성과 추상정신에 영향을 받은 얼윈 니콜라이(Alwin Nikolais)는 전자음악과 조명 등을 적극적으로 혼합시켜 공간과 신체의 시각적 환영을 주는 멀티미디어 아트(multimedia art)를 선보였다.

그의 작품 중 「크루시클(crucicle)」(1985)은 무용수의 신체 위에 다양하고 화려한 색체의 조명을 투사시켜 마치 무대공간은 3차원의 공간과 같은 착각을 일으켰고, 무용수들의 신체는 컴퓨터그래픽으로 만든 추상적인 신체로 보이게 만들었다. 이러한 시도들은 기존의 무용 작품이 줄거리에 의존하여 전개되거나 인간 신체가 갖는 직접적인 미를 관람하는 방식에서 벗어났으며, 성별 구분이 불가능한 형이상학적인 신체의 형체 이미지로 신체를 보이게 만들었다. 또한 공통적인 양식 없이 서로 다른 안무를 포괄하고 있다는 특징이 있다. 니콜라이가 춤의 경계를 넘어가는 것에 대해 "니콜라이의 안무가 인간을 춤의 관심사로 보지 않고, 기술과 혼합 미디어 효과에 의존하고 있다"라는 비판이 일기도 했다.[5] 하지만 그의 다양한 시도를 통해 영상테크놀로지의 개입이 더 이상 춤의 보조적인 수단이 아닌 예술작품을 이끌어가는 동반자이며, 인간의 몸으로 한정된 표현 영역의 범위를 확장시키고 있음을 알 수 있다.

영상테크놀로지와의 결합이 뮤직비디오에 보급되면서 복제된 신체의 형태를 쉽게 접할 수 있게 되었다. 비욘세(Beyonce)가 2011년도 빌보드 뮤직 어워드(Billboard Music Awards)에서 선보인 「run the world」와 2011 SBS 가요대전 오프닝 공연으로 동방신기가 선보인

복제된 신체

「B.U.T」를 보면, 사전 제작된 영상이 가수의 퍼포먼스 동작에 맞춰 시
각적·청각적 효과를 배가시킨다. 순수예술에서의 복제된 신체의 나
열 시도는 머스 커닝햄(Merce Cunningham)의 「Variation」(1965)에서 영
화제작자 스탠 밴더빅(Stan VanderBeek)과 함께 세 개의 영사기로 투사
해 관객의 시선을 다양하게 분산시켰던 작업에서 찾을 수 있다. 대중
가수들이 보여주는 복제된 신체의 나열은 백업 댄서와 무대소품과 미
술을 대체해 주고 있으며, 실제 행위를 이끌어가는 퍼포먼스에 집중해
야 하는 관객의 시선을 자유롭게 해주었다.

3. 사라지는 무용수의 몸

변형되는 신체

앞서 잠시 언급한로이드 뉴슨(Lloyd Newson)은 영국에서 '피지컬 시

변형되는 신체

어터 DV8'을 창단하여 사회 이면과 다양한 인간군상을 작품에서 보여주고 있다. 그가 안무한 댄스필름 「삶의 대가(The Cost of Living)」는 2000년 시드니 올림픽의 개회 축제를 구상하기 위해 만든 작품으로 4년 뒤 댄스필름으로 제작되었고, 2005년에 주한영국문화원에서 상영되면서 우리나라에 소개되었다. 이 작품은 동성애자와 장애인의 문제를 다루고 있어 문화예술계에 큰 이슈가 되었으며, 토론토 'Moving Pictures Festival' 관객상을 비롯해 17개 영화제에서 수상하였다.

이 작품에서 주목해야 할 것은 장애를 갖고 있는 캔두코 무용단(Candoco Dance Company)의 데이비드 툴(David Toole)이라는 무용수가 출연한다는 점이다. 뉴슨은 여기서 하반신이 없는 그의 신체에 하체 영상을 결합하여 신체 변형을 보여준다. 영상의 조작성을 확장하여 현실에서 불가능한 신체 연장이라는 변형이 일어나게 한다. 이로 인해 시공간을 뛰어넘을 수 있도록 편집이 가능한 영상매체와 무용의 창작 영역이 만나 각 분야의 특성은 해체되고, 그 분야의 특성은 통합되어 새로운 신체담론을 만들어낼 수 있었다.

리코일 퍼포먼스 그룹(Recoil Performance Group)의 「보디 네비게이션(Body Navigation)」(2008)에서도 기이한 몸의 변형이 일어난다. 이 작품에서는 움직임의 동선의 좌표의 궤적이 검은색 선으로 그려짐으로써 움직임의 과정과 시간이 함께 보이게 된다. 또한 무용수의 신체 움직임과 함께 그림자가 만들어지면서 무용수 외의 다른 존재를 함께 감상할 수 있게 구성하였다. 무용수가 움직일 때 마치 그 움직임들의 흔적을 남기는 효과나 신체를 덧입히는 방식은 기술적 이해를 바탕으로 한 표현의 극대화, 탈신체화, 탈시공간이라고 할 수 있다.

그리고 프랑스에서 '몽탈보-에르뷰 댄스컴퍼니(LACOMPAGNIE MONTALVO-HERVIEU)'를 이끌고 있으며, 인간의 감성과 형식 탈피를 추구하는 포스트모더니즘적 정신을 바탕으로 독창적인 양식을 만들어내고 있는 호세 몽탈보(Jose Montalvo)의 작품을 주목해야 한다. 그의 작품은 미리 촬영한 무용수의 이미지를 그래픽 등으로 변형시킨 영상을 몸을 축소하거나 확장·연장시켜 영상 속의 무용수와 무대 위의 실제 무용수들의 함께 구현하는 방식을 취하고 있다.

이와 비슷한 양상을 볼 수 있는 뮬레라스(Mulleras)의 「미니어쳐(MiNi@ture)」(1998~2001)가 있다. 「미니어쳐」는 무대공연 외에도 무용단의 웹사이트(www.mulleras.com)에서도 작품을 볼 수 있다. 웹사이트에서는 접속자가 직접 움직임의 코드를 선택할 수 있어 관객의 적극적인 참여가 이루어질 수 있게 한다. 몽탈보의 작품이나 뮬레라스의 작품에서 신체는 거인이 되거나 소인이 된다. 미리 촬영된 영상 안 신체와의 결합은 가상과 현실 사이에서 일어나는 '몸의 변형'을 일으키며 몸의 본질을 떠나 가상과 현실의 경계가 붕괴되는 지점에서의 몸의 의미를 이해해볼 수 있다. 오랜 훈련을 통해 무용수의 몸에 체화된 아우라가 움직임을 통해 표출되는 무용예술 영역이 영상 테크놀로지와 함께 공존되는 이들의 공연은 탈 장르를 넘어선 시도이며, 인터렉티브 퍼포먼스(interactive performance)로 가는 과정이라 할 수 있다.

혼종적 신체

크리스 하링과 클라우스 오베마이어(Klaus Obermaier)의 「데이브(D.A.V.E)」는 무대 위에서 디지털 영상을 통해 신체의 형태 방식을 재구성한다. 즉 기존의 영상과의 결합이 신체를 확장하거나 축소, 결합, 생성하는 방식이었다면 이 작품에서 보여지는 신체는 춤꾼의 몸에 투영된 이미지로 인해 몸이 여자로, 남자로, 어린이로, 노인으로 변하는 동시에 찌그러지고 뒤틀리는 환영을 보여준다. 아래 그림에서 보이는 것처럼 모자이크식 신체 조합은 인간의 신체가 갖는 사회적 측면을 해체시키고 있을 뿐 아니라 생리학적 신체 개념까지도 붕괴시키고 있다.

메리 더글라스(Mary Douglas)가 "사회적 몸은 물리적 몸이 지각하는 방식을 강요한다"라고 지적한 바 있듯이 몸은 사회적으로 학습되어 형성되며 사회 환경에 따라 변하고, 그 몸을 보는 시선 또한 사회적 인식이 그대로 내재되어 있는 것이다. 「데이브」에서 재현(representation)된 신체 이미지 속에서 혼종화(hybridity), 다원화된 새로운 예술장르의 가치와 테크놀로지가 수용된 새로운 예술이 안무 영역에 있어 확장, 수용되고 있다 할 수 있다.

커닝햄은 디지털 아티스트 폴 카이저(Paul Kaiser)와 셸리 에스카

(Shelley Eshkar)와 함께 「Hand-Drawn Spaces」(1998)와 「Biped」(1999)에서 한 단계 업그레이드된 영상기술을 선보였다. 「Hand-Drawn Spaces」은 모션캡처 기술을 이용하여 3차원적 이미지로 만든 가상 무용수와 실제 무용수의 움직임을 통해 허상과 실제가 혼재되는 3차원 공간을 연출하였다. 모션캡처 기술은 1970년대 말부터 인간의 동작을 학문적으로 분석하려는 움직임이 시작되면서 MIT 공과대학에서 광센서를 이용한 모션방식이 고안되었다. 이 기술이 더욱 발전하여 「Biped」에서는 고정된 배경의 효과로 사용되는 것이 아닌 실시간 무용수와 함께 반응하고 움직이는 작업이 시도되었다. 45분으로 구성된 「Biped」는 무용수의 움직임을 녹화한 다음 그 움직임을 컴퓨터에 가상적 골조(skeleton)로 전송한 후 가상적 안무를 편집하고, 디지털 아티스트들은 골조 위에 그림을 넣어 붙여놓는다. 이후 골조는 사라지고 이미지 그림만 스크린에 투사되어 보이게 하는 작업이다.[6] 이 작품에 무용수의 신체는 스크린에 투사되는 신체와 무용수의 몸이 서로 섞여 허상과 실제가 교차되는 제3의 신체가 제안된다.

환영적 신체

무용수의 신체는 디지털로 호환되면서 비실제성의 체화되지 않는 육체로 구현되는 가상무용수가 등장하게 된다. 빌 존스(Bill T. Jones)는 「고스트 캐칭(Ghostcatching)」(1999)에서 몸에 모션캡처 센서를 장착하여 움직임에 따라 점, 선, 곡선으로 움직임의 궤적이 추출되도록 했다. 인간의 신체를 이루는 뼈나 근육 대신에 반응하는 움직임이 드로잉된 신체가 대체되는 작업을 시도한 것이다. 이것은 현실 세계에서의 무용

환영적 신체

수 몸이 가상 세계에서의 몸으로 전환되면서 춤이 시연되는 공간자체도 가상의 공간으로 파생된 것으로 무용에서의 의미와 표현이 가상에서 구현된 것이다.

르미유·필론 4D 아트(Lemíeux·Pílon 4D Art)의 「노만: 노만 맥라렌을 위한 헌정(NORMAN- A Tribute to Norman McLaren)」(2007)에서는 4D 아트 작품답게 무용수와 영상 테크놀로지의 상호작용은 「노만」의 주된 특징이다. 이 작품 속에서 무용수는 홀로그램으로 재생되는 인물들과 대화를 나누거나 때로 증언을 하기도 하며 인터뷰를 하기도 하는 등 지속적으로 움직임을 주고받는다. 이 두 작품에서 가상의 무용수들은 무용수의 몸에서 탈인간화가 불가피하게 이루어진 '하이퍼 리얼리티(Hiper-Reality)' 존재라 할 수 있겠다.

4. 나오는 글

디지털 테크놀로지의 발달은 빠른 정보의 전달과 공유를 통해, 보다 쉽고 편리하게 생활하도록 하여 우리의 삶의 방식을 크게 바꿔놓았다. 이는 문화예술영역에 있어서도 큰 영향을 미쳐 디지털 테크놀로지를 기반으로 하는 새로운 예술을 창출하게 하였다. 공연예술에서 영상 테크놀로지의 개입을 고전적인 공연예술의 입장에서 볼 때 퍼포머가 예술작품보다는 테크놀로지의 효과를 보여주기 위한 수단적 존재로 축소되고, 도구적 역할로 위축되는 것에 대한 우려가 있다. 하지만 혼합장르에서 안에서 장르의 공존은 각 장르의 특징적 존재의 당위성을 증명하여주며, 새로운 예술 장르로 가기 위한 매개역할을 할 것이라 생각한다.

무용에서도 테크놀로지의 개입으로 인해 신체 움직임을 본질로 하는 시간예술이라는 특성에서 벗어나 다양한 양산의 신체 형태를 보여주고 있음을 여러 사례를 통해 살펴보았다. 먼저 단순 기록 차원에서 머물렀던 방식에서 벗어나 애니메이션을 통해 2D 안에서 움직임을 만들어냄으로써 평면적 신체를 볼 수 있었고, 더 나아가 본격적인 댄스필름이 제작되면서 입체방식의 신체가 이루어질 수 있었다. 무엇보다도 이러한 댄스필름의 경우 편집기술을 통해 시간과 공간, 신체까지도 변형시킬 수 있었다.

편집 기술은 신체를 확대·축소시켜 실제 무용수와의 조합을 통해 관객들에게 다양한 볼거리를 제공하여 주었고, 다양한 신체의 조합을 확인할 수 있게 하였다. 뿐만 아니라 모션캡처, 홀로그램 기술은 가상의 신체를 만들어냄으로써 제3의 무용수를 양산하였다. 무용이 창조되는 과정에서 있어 보여지는 신체들은 특별한 방식으로 결합된 형태들의 관계 속에서 태어난다. 이러한 방식으로 재현되는 신체는 우리에게 새로운 미적 정서를 불러일으키며, 이것은 또 다른 미적가치를 형성하는 데 있어 중요한 '의미 있는 형식'이 될 것이다. 포스트 신체를 제안하는 여러 작품을 살펴보면서 최근의 공연예술 경향을 파악하고, 그 가치를 바라볼 수 있었을 거라 생각한다. 앞으로 또 어떠한 신체가 춤으로 구현될지 기다려진다.

| 참고문헌 |

박형민, 「애니메이션에 있어서 탈신체화된 춤의 외연과 내포」, 성균관대학교 일반대학
    원 석사논문, 2012.

정의숙·변혁, 「영상테크놀로지와 춤」, 『대한무용학회논문집』 61, 2009.

정현주, 「모션캡처 분석기법과 춤의 미적인식 가능성」, 『무용이론과 논집』, 2007.

조은숙·이혜경, 「오스카 슐렘머와 얼윈 니콜라이의 안무성향에 관한 연구」, 『무용예술
    학연구』 22, 2007.

2013 대한무용학회 국제 학술 심포지엄 'Dance Scholarship on the Edge'.

Steve Dixon, Digital performance, combridge, Mass: MIT Press, 2007.

디지털 시대와
변화하는 음악문화

:: 양인정

1. 프롤로그-인류 역사에 음악이 없었던 적이 있었나?

음악은 인류 역사가 시작된 이래로 언제 어디서나 항상 존재해 왔다. 지구상에 음악이 없는 문화는 존재하지 않으며 과거부터 지금까지 언제나 인간의 삶에 함께해 왔다. 인류가 문자를 만들고 집을 짓고 바퀴를 발명하기 훨씬 이전부터 악기를 만들어 음악을 즐겼다. 이 사실은 음악이 인간의 삶에 얼마나 중요한 역할을 담당하고 있었는가를 시사한다.

지금도 음악은 우리의 삶과 매우 밀접한 관계를 맺고 있다. 매일 아침 알람시계의 멜로디가 우리의 잠을 깨우고, 상점, 길거리, 버스 혹은 지하철역에서 음악이 울려 퍼지고, 인터넷에 접속하면 배경음악이 흐르고, 이동할 때는 이어폰을 귀에 꽂는다. 심지어 전화를 걸고 받을 때도 벨소리나 통화연결음이 흘러나올 만큼 음악은 우리의 삶의 일부를 차지하고 있다.

오늘날 디지털 미디어의 눈부신 발전은 우리의 음악에 대한 인식, 기대, 경험에도 지대한 영향을 끼치고 있는데, 그 이유는 커뮤니케이션 테크놀로지[1]의 발전이 단순한 기술 영역의 변화뿐만 아니라 커뮤니케이션 행위 자체와 정보에 대한 관념까지 변화시킬 수 있는 힘을 가지고 있기 때문이다. 이 글에서는 음악이 우리가 사는 이 디지털 시대에 어떻게 수용되고 이해되고 있는지를 살펴봄으로써 디지털 시대의 음악적 현상에 대해 논의해 보고자 한다.

2. 디지털 음악으로 변천과정

소리라는 것이 본래 울림과 동시에 사라지는 속성을 가진 것이기 때문에 음악은 본질적으로 일회성을 지닌 시간예술이다. 그런데 19세기 말 축음기 발명이 음악을 저장 가능하게 해줌으로써 음악발전사에 지대한 변화가 일어나게 된다. 축음기가 발명되기 이전까지 모든 음악은 실제 현장에서 공연(performance)을 관람하고 체험함으로써 이루어지는 생음악(Live Music)이 유일한 것이었다.

그러던 것이 녹음기의 발명으로 20세기 초 음반이 생산되었고, 매체를 통해 음악을 들을 수 있게 되었으며, 또 음악의 복제가 시작되었다. 이로 인한 가장 큰 변화는 음악이라는 사건이 일어나는 시간과 장소로부터 듣는 일을 완전히 분리시켜놓게 되었다는 것이며, 청취자에게 언제 어디서 음악을 들을지 선택할 수 있는 자유를 주었다. 실제 공연을 통해서만 들을 수 있었던 음악이 20세기 기술의 발전으로 인해 레코드판, 그 이후에는 라디오, 텔레비전 등의 방송 미디어를 통해서 더욱 대중화를 이루게 되었고, 이후 카세트와 레코드판을 CD가 대체하면서 점차 디지털화를 이루게 된다.

에디슨 축음기(1900년경)

매체를 통해 재생산된 음악은 계속되는 녹음기술의 발달과 더불어 급기야 '완성된 공산품을 취득하는 것'처럼 여겨지게 되었다. 그뿐만 아니라 음악이 생산되는 현장에서 청취자가 음악 창작에 적극적으로 참여한다거나 음악을 '라이브'로 즐기는 일이 점차 드물게 되었으며, 이제 음악을 다루는 가장 보편적이고 정상적으로 여겨지는 방법은 녹음된 음악 청취가 된 것이다.

모바일 뮤직

모바일(mobile)이라는 개념은 테크놀로지의 발전 중 어쩌면 오늘날 가장 중요한 위치를 차지하고 있는 용어가 아닐까 싶다. '움직이는'을 뜻하는 이 단어는 휴대 가능하고 이동성을 가진 정보기술매체의 총칭으로, 현대의 모든 일상생활이 이 '움직임'에 기반을 둔 기술 발전에 중심을 두고 있기 때문이다. 이 같은 개념이 음악 미디어에 최초로 적용된 사례가 바로 '움직이는 음악' 워크맨이다.

1970~1980년대 워크맨 등장은 대량 복제와 무한 재생 가능성에

소니 워크맨

이어, '움직이는 음악' 경험이라는 유동성으로 음악문화에 커다란 변화를 가져다준다. 필립스(PHILIPS)가 1962년에 개발한 카세트를 더 발전시켜 소니(Sony)는 호주머니에 넣고 다니며 헤드폰으로 음악을 듣는 재생기인 '워크맨(Walkman)'[2]을 1979년 시장에 내놓았다. 이 휴대용 카세트는 더욱 작아지고 가벼워졌으며, 손쉽게 녹음과 복제가 가능할 뿐 아니라 저렴한 가격으로 음악을 듣는 일을 거의 언제 어디서나 가능하게 해주었으며, 공공장소에서 다른 사람에게 실례를 범하지 않고서 혼자만 즐길 수 있는 음악적 공간을 만들어 준 셈이다. 이 '개별성'과 '자율성'이 강조된 음악 청취가 갖는 장점 때문에 워크맨은 폭발적인 인기를 얻어, 음악의 대량 복제와 판매에 큰 기여를 했다. 하지만 이러한 장점과 편리함 뒤에는 또 다른 우려들도 물론 있었다. 워크맨의 등장으로 음악은 이제 스피커가 아니라 이어폰을 통해 혼자만 들을 수 있게 되었고, 공연장에서처럼 남들과 어울려서 함께 공유하며 듣는 것이 아니기 때문에 대면접촉을 더 줄어들게 할 가능성이 컸다.

디지털 뮤직: CD에서 디지털화(digitization)로

1974년 필립스에 의해 콤팩트디스크(Compact Disk)가 탄생한다. 레이저와 컴퓨터를 응용하여 바늘 없이 원음재생능력이 거의 완전무결에

가깝다는 점과 쉽게 닳지 않는 견
고한 음향기기라는 이유로 CD는
소비자들에게 큰 인기를 끌었다.
이와는 반대로 LP와 카세트는 심
한 잡음과 짧은 수명 때문에 음악
청취의 변두리로 밀려나게 된다.
이후 CD 역시 휴대용 보급을 통
해 '모바일 뮤직(mobilized music)'
을 더욱 확고히 정착하게 해주었다.

CD 플레이어

　여기서 우리의 이목을 끄는 점은 녹음에 관련된 테크놀로지의 눈
부신 발전이 음반이 갖는 상징적인 의미에 변화를 가져왔다는 것이
다.[3] 음반이 더 이상 라이브 음악을 저장하는 보조적 매체수단이 아니
라 음악 자체로 여겨지면서 예술적 성격을 띤 개인의 소장품으로 가
치를 부여받게 되었고, 점차 개인적인 향유물로 인식된 것이다. 뿐만
아니라 음반을 수집하고 좋은 오디오 시스템을 마련하는 것에 열을
올리는 '오디오애호가'가 음악애호가로 자리를 잡게 되었으며 음반을
듣는 행위 자체가 곧 문화예술활동으로 간주되었다. 이로써 CD와 LP
음반, 카세트 등 '음반'이라는 오디오 매체가 음악 자체로까지 격상하
게 된다. 또 이러한 음반의 상징적인 의미 격상이 음반의 실질적인 호
황을 가져다주었다.

　예전에 음악 감상에 필수적이었던 CD는 1990년대 MP3(MPEG
Audio Layer-3)의 보급으로 음악시장에서 또 한 번의 커다란 변화를 겪
게 된다. MP3로 음악 비즈니스에 본격적인 디지털 시대가 도래한 것

이다. 컴퓨터를 이용해 음악을 파일 형식으로 변환시킨 후 MP3플레이어 혹은 휴대전화를 이용하여 시간과 장소에 구애됨 없이 언제 어디서나 간편하게 지니고 다니면서 음악을 즐기는 행위를 할 수 있게 해준 MP3 플레이어는 한편으로는 콘텐츠의 휴대와 보관의 용이함 및 엄청난 저장 용량을 가져다주었지만, 다른 한편으로는 무단복제의 편의성을 대거 제공함으로써 음악 수용자들에게 구매와 소장의 의미를 상실시켜버리는 결과를 초래하였다.

2000년을 기점으로 음반시장이 인터넷을 기반으로 하는 음원 중심 시장으로 점차 바뀌었고, 온라인 유통업자들인 이동통신회사들이 음악산업의 뿌리인 음원시장에 깊숙이 침투하여 막강한 영향력과 파급력을 행사하게 된다. 우리나라 모바일의 벨소리와 통화연결음을 비롯한 디지털 음원 소비가 전체 음반 산업의 85%를 차지하고 있다는 2005년 통계는 그 단적인 예를 보여준다.[4] 이러한 변화로 인해 불법음원 단속의 한계로 인한 저작권 문제와 음원 수익 분배가 오늘날까지도 중요한 문제로 대두되고 있는 실정이다.

MP3 플레이어의 급속한 성장 이후 인터넷과 휴대폰을 이용한 음원청취가 현재 우리의 음악문화를 여실히 대변하고 있다고 할 수 있다. 즉 인터넷을 통한 음원공유가 보편적인 음악체험으로 자리를 잡게 된 것이다. 이와 더불어 인터넷 시대를 살아가는 대다수 사람들의 음악을 청취하는 형태 또한 다음과 같이 바뀌었다. 첫째, 휴대폰이나 TV를 보거나 게임을 하는 등 다른 문화 활동과 병행해서 이루어지는 경우가 많아져서 예전에 비해 음악을 감상하는 것에 집중력을 요하지 않는다. 둘째, 더불어 음악 자체에도 가치를 덜 부여하게 되었으며, 셋째, 개인적인 음악청취를 위한 앨범소장이 이제 그다지 중요하지 않게 되었다.

이 같은 음악 수용자의 태도변화에 따른 특징들은 현재 우리가 일상생활에서 어떻게 음악을 접하는지를 잘 드러내주고 있다. 우리 주변에는 늘 음악이 차고 넘쳐, 그야말로 음악의 홍수 시대에 살고 있다고 해도 과언이 아니다. 일상생활 도처에 이처럼 음악이 범람하지만 우리는 과연 '음악을 듣는다'는 행위에 대한 자각을 평소에 얼마나 하면서 생활하고 있을까? 역설적이게도 "그렇지 않은 경우가 대부분이다"라는 답변이 많을 것이다. 그 이유는 우리가 일상에서 접하는 수많은 음악이 실제로 우리가 원하건 원하지 않건 간에, 언제 어디서나 반강제적으로 이루어지기 때문이며, 귀 기울이며 경청하는 것이기보다는 늘 곁에 있는 '배경음악'으로 인식하는 경우가 태반이기 때문이다. 예컨대 더 친근한 분위기를 만들어준다는 이유로 백화점이나 살롱, 카페, 레스토랑, 호텔 로비, 피트니스센터, 버스, 지하철역 등등에서 음악을 틀어주니 음악은 어디서나 우리의 일상생활을 이루고 있다.

3. 미래를 향한 새로운 음악 플랫폼:
소유에서 공유로, 듣기에서 행동하기로

앞에서 언급한 것처럼 디지털 시대의 음악문화에 대한 견해가 모두 부정적인 것만은 물론 아니다. 디지털 기술의 발전이 문화예술 전반에 어떠한 이점을 가져다주고 있는가에 대한 긍정적인 측면을 살펴보도록 하자.

시간과 공간을 뛰어넘는 인터넷 세상은 안방에 앉아 무대와 전시장으로 날아가고, 각종 예술서적과 공연, 전시 소식을 확인하며, 또 정보를 무한대로 압축·저장해 언제나 쉽게 꺼내 볼 수 있게 해주었으며, 공연장에 직접 찾아갈 필요 없이 인공위성과 케이블 TV로 전 세계의 연주회와 공연 실황 등을 수시로 감상하고 즐길 수 있게 만들어주었다. 이는 지역적 경계를 넘어 세계 여러 곳에 사는 사람들과 직접 경험과 간접 경험을 통해서 전 세계적으로 다양한 생활양식과 음악문화를 접할 수 있는 기회를 가질 수 있게 되었음을 의미한다.

또 자신의 PC와 멀티미디어를 이용하여 스스로 음악창작활동을 할 수 있게 되었다. 디지털 도구를 이용하여 기존 음을 컴퓨터로 자르거나 붙여서 재창조하는 과정을 거치게도 하고 음악 연주를 시도함으로써, 많은 유저들이 감상에만 만족하는 관중의 입장에서 벗어나 스스로 창작하고 스스로 행동하는 예술활동까지도 할 수 있게 된 것이다. 이제 뛰어난 전문가들만이 음악을 창작하고 연주할 수 있는 것이 아니라 일반인들도 음악 소비자에서 벗어나 전문적 훈련 없이도 음악 만들기 작업에 참여하는 기회를 갖게 되었다는 것은 디지털 시대에 부응하는 발상이라 하겠다. 예를 들자면, 최신 디지털 기기의 진보, 소형화, 가격 하락으로 인해 개인이 홈 스튜디오를 만들어 레코딩하는 것이 손쉬워졌다. 이 변화로 많은 아마추어 음악가들이 자신만의 작곡, 녹음, 연주 등의 창작활동에 적극 참여할 수 있게 되었다.

최근에 발전을 거듭하는 매체와 새로운 형태의 다양한 유통 플랫폼의 무수한 개발이 우리의 예측을 불허하게 만들기는 하나, 수동적으로 듣고 감상하는 것 위주로 이루어진 기존의 음악향유방식에서 벗어나 점차 자유롭게 행동하며 즐길 수 있는 음악으로 변해 가는 양상을 보여주는 것만은 분명하다. 이러한 변화 양상은 앞으로 새로운 창작문화 발전과 더불어 디지털 기술을 이용한 교육적 측면의 발전에도 커다란 의미를 부여해 줄 수 있으리라 생각된다.

인터넷을 통하여 개인과 개인이 직접 음악파일을 공유하는 P2P(peer to peer) 온라인 서비스는 한편으로는 기존의 음반산업을 사양으로 이끌었던 가장 큰 원인 제공자이기는 하다. 그러나 다른 한편으로는 음원을[5] 불법적이건 적법적이건 간에—다운로드하여 서로가 교환하고 공유하는 음악문화가 성행하도록 이끄는 데 기여한 바도 크다. 이로써 예전에 음반으로 대변되었던 음악의 가치를 '개인 콘텐츠를 소유하는 개념'에서 '공유하는 개념'으로 전환시키는 데 직접적인 영향을 준 셈이다.

영국의 디지털 미디어 분석가 마크 멀리건(Mark Mulligan)은 2012년 미뎀(Midem)[6]에서 디지털 시대 음악의 특징을 사회적 청취(social listening)와 연결된 소비(connected consumption)라는 개념을 들어서 소개하고 있다. 즉, 디지털 미디어 시대에는 개별적인 청취자가 자신이 선호하는 음악을 수동적으로 감상하는 것에 머무는 것이 아니라 인터넷을 통해 다른 이들과 서로 '공유'하며 창작과정에까지도 적극 참여하게 되었다고 설명하고 있다. 이제 음악 수용자와 생산자가 다양한 소셜네트워크를 통해 감성을 교환함으로써 소위 '인터랙티브 뮤직(interactive music)'[7]으로 변모하게 된 것이다. 이처럼 디지털 시대의 음악소통방식은 창작자와 향유자의 경계를 넘어 쌍방향으로 이루어지는, 사회적이면서도 더 역동적인 음악을 요구하고 있다.

iPhone FingerBeat

iPad Drum Solo

이 글에서는 인터랙티브 뮤직이 실제 어떤 모습으로 활성화되고 있는지에 대한 사례를 두 가지로 정리해 보았다. 그 첫 번째가 바로 모바일 기기를 이용한 다양한 뮤직 소프트웨어 개발이다. 스마트 기기의 급속한 발전으로 최근에는 직접 연주와 창작이 가능한 스마트 기기용 신디사이저 개발뿐만 아니라 특별한 기술 없이도 휴대전화로 누구나 다양한 악기를 쉽게 연주할 수 있는 뮤직 모바일 앱(예, IK Multimedia, iMaschine, Propellerhead 등등)들이 대거 등장하고 있어, 앞으로 음악 매체 자체에 커다란 변화들이 찾아올 것으로 예상된다. 이처럼 휴대전화는 가장 가까운 곳에서 단순히 듣고 즐기는 음악만을 제공하는 것이 아니라 기존에 없던 방식으로 라이브 연주, 또 세션 기능을 이용하여 여러 명이 동시에 합주까지도 할 수도 있는 수단으로까지 점차 변모하고 있다. 앞으로도 모바일 기기들의 성능은 급속히 발전할 것이고, 더 편리하고, 더 많은 사람들에게 다양한 방식으로 음악적 창작행위를 누릴 수 있도록 기회를 제공해 줄 것이다.

인터랙티브 뮤직 활성화의 또 다른 보기로 '소통형 DJ' 콘텐츠가 부각된 모바일 뮤직 앱 개발을 들 수 있다. 예를 들어, '소셜 음악 DJ' 콘텐츠는 일방향적 음악 콘텐츠 소비방식에서 탈피하여 쌍방형으로 이루어진 모바일 앱으로 2030세대 사이에서 특히, 새로운 형태의 소셜형 기능이 부각된 음악 콘텐츠로서 주목을 받고 있다. 과거 DJ와 손님들이 음악을 듣고, 틀기 위해 '다방'이라는 장소를 찾은 것처럼 앱 기반의 음악 서비스가 다방의 역할을 대신하여, 모바일 이용자 개개인이 DJ가 되어 노래를 직접 선곡하고, 이를 다른 이용자들과 음악에 대한 대화도 나눌 수 있는 새로운 음악소통의 창구 역할을 하고 있다.

디지털 기기들의 급속한 발전과 더불어 미래에는 더 좋은 기능을 가진 소프트웨어들이 앞다투어 출시될 것이고, 더 많은 사람에게 음악적으로 사용할 기회를 열어줄 것이다. 그렇다면 이처럼 놀랍고도 눈부신 디지털화의 과정에서 우리가 간과해서는 안 되는 어떤 것이 있지는 않을까?

4. 삶과 음악의 본성

이 세상의 모든 것은 변화를 거듭한다. 그렇다고 완전히 마구잡이로 변해 가는 것은 아니다. 인간, 사회, 문화의 끊임없는 변화 가운데에서도 비교적 또는 절대적으로 변하지 않는 본질적인 것들이 있다. 예를 들어, 인간의 기본적인 생리적 욕구와 소속감, 자아실현 등과 같은 기본적인 욕구는 인류 탄생 이래 거의 변하지 않는 것들이라 할 수 있다.

사회라는 인간 집단에는 반드시 어떤 모양의 조직이 있고, 어떤 규율과 가치와 예술이 담겨 있다는 것 또한 불변하는 것들이다. 이런 본질적인 것들은 그 어떤 변화에서도 그 가치가 존중되고 보존되어야 한다. 인간과 음악과의 관계에 있어서도 음악의 본성을 이루고 있는 것들이 있다. 이 장에서는 그것들이 어떤 것인지를 살펴봄으로써 그 안에 담겨 있는 문화적 의미와 가치에 대해 되새겨볼 수 있는 계기를 가져보고자 한다.

음악의 본성에 대한 물음

음악이 인간에게 유희적 즐거움을 준다는 것은 분명한 사실이긴 하지만 인류가 오랜 역사를 통해 음악적 행위를 지속해 온 이유가 오로지 이것 하나 때문만이라고 보기는 어렵다. 왜냐하면 음악은 수천 년의 세월을 거치며 인간의 삶 속에서 언제나 그리고 모든 문화권에서 없어서는 안 되는 요소로서 다양한 역할과 영향력을 행사해 왔기 때문이다. 이처럼 음악의 역할과 기능이 인간에게 절대적으로 필요한 것이고 세계의 여러 문화권에서 보편적으로 고수해 온 것이라면, 정보사회를 살아가는 현재의 우리에게도 이 본질적인 가치와 의미는 존중되어야 하고 보존되어야 한다고 본다.

　대체 인간은 음악이 왜 필요했을까? 인간의 삶과 직결된 음악적 가치의 내용은 어떤 것이었을까? 음악은 인간이 살아가는 데 어떤 중요한 역할과 기능을 수행해 온 것일까? 이러한 물음은 음악이 인간의 삶에 어떤 역할을 해왔는가를 생각하게 하고 그와 동시에 인간의 문화적 행위에 대한 근본적인 이해에 도움을 제공해 줄 수 있다.

삶에서 음악의 역할

음악과 삶과의 밀접한 관계에 대한 이해를 위해 음악이 어떤 필수적 요구들을 충족시켜주는 활동을 해왔는지 구체적으로 살펴보자. 음악은 단순히 즐기기 위한 것 이상으로,

:: 초자연적이며 영적인 대상과 교감을 나누기 위한 종교의식에서, 영력을 모아 악령을 퇴치하고 환자를 치유하기 위해 정령들과의 만남을 시도하는 주술적 수단으로,

:: 구성원들끼리 결속시켜 정치적·사회적 지위를 확고하게 만들어주는 데 기여하며, 힘든 육체노동, 특히 무리를 지어 집단노동을 할 경우 음악을 통하여 일치된 동작을 유도하여 노동의 힘겨움을 덜어주며, 생산성을 높여준다거나(예, 우리나라 농악), 공동체의 협동심과 유대감을 강화하기 위한 용도로(예, 사냥의식에서 혹은 전투적 상황에서 투쟁심과 용기 고취를 위해),

:: 여러 사람에게 연락을 전하는 신호도구이자 정보교류를 위한 신속한 전달 매체로서(예, 아프리카의 밀림 지역에서 먼 지역까지 의사소통(Bush Telegraph, 밀림통신법)으로 북(Talking drum)을 이용하는 경우, 교회와 사찰에서 울리는 종소리 등),

:: 오늘날 우리에게도 가장 친숙한 역할인 감정표현의 수단으로서 (예, 사랑하는 이를 위한 사랑고백 또는 외로움과 고통을 달래주는 심리적 치유)

:: 그 외에 여러 특별행사 및 축하행사에서 적절한 분위기를 조장하기 위해(예, 탄생축하의식, 결혼식, 성인식, 장례식 기타 등등)

사람들의 일상과 함께해 왔다.

위에 열거된 내용을 통해서 볼 때, 음악은 언어로 표현하기 어려운 생각이나 감정을 소리를 통해 표현하여 타인과의 감정을 공유함으로써 친밀감을 형성하고 상호교류에 적극적인 의사소통을 이끌어내는 방식이라고 말할 수 있다. 따라서 음악은 인간이 사회적으로 더불어 살아가기 위한 삶의 '특별한 전략'으로서 필수적인 존재로, 사회를 이루고 사회 안에서 살 수밖에 없는 인간에게 의사소통의 방법으로 결속과 유대 관계를 튼튼히 다져주는 데 중요한 기여를 한다. 이러한 시각은 오늘날 우리에게 가장 익숙한 생산품, 음향을 소비하는 상품 또는 오락의 일환으로 음악을 바라보는 것 이상의 다른 여러 가지 의미들을 부여해 준다.

따라서 앞으로 풀어가야 할 중요한 과제는 과거에 우리의 선조들에게서 찾아볼 수 있었던 삶과 직결된 음악적 가치와 이것이 갈수록 잊혀지고 있는 오늘날 음악적 현실과의 간극을 어떻게 조정해 나아갈 것인가에 있다고 생각된다.

5. 에필로그: 음악은 디지털 시대의 발전에 어떻게 기여할 수 있는가?

오늘날 인터넷을 통한 정보의 홍수와 디지털 문화는 많은 것을 융합하고 재생산할 수 있는 사회로 변모시켰다. 디지털이 가지고 있는 속성 즉 융합화, 복제화, 무선화, 사이버화, 간편화 등으로 사회는 더욱 복잡해지고 다양화되었다. 음악분야 역시 많은 부분에 디지털을 활용하고 있다. 이제 더 이상 누가 예술활동을 하고 창작을 하는 인물이어야 하는지에 대한 경계가 사라지고 있으며, 예술가와 이를 즐기는 대중과의 커뮤니케이션의 본질 자체가 변화되고 있는 실정이다. 이러한 변화된 사회에서는 영역 간의 다름을 인정하고 그들과 소통하는 능력과 융합하는 기술이 더욱 절실히 요구된다. 이때에 예술에서의 감성적 직관이나 시각화, 청각화가 오늘날 과학기술 발전에서 갖추어야 할 상상력과 창의성의 원천이 되어줄 것이다. 왜냐하면 예술활동을 통해 창의적인 생각의 융합으로 새로운 생각을 창출할 수 있을 것이기 때문이다.

우리의 음악변천사를 살펴보다 보면, 현재 디지털 시대의 음악문화에 대해 우려 섞인 질문도 던져보게 된다. 본래 인간과 인간 사이의 소통수단이던 음악은 20세기에 와서 녹음과 재생이라는 기술로 '음악을 연주하는 사람'으로부터 떨어져 나왔다. 또 청취자는 공간적으로나 시간적으로 음악을 만드는 사람과 무관하게 언제 어디서든 자신이 원할 때 음악을 소비하는 존재가 되었다. 그저 해당 기기를 켜기만 하면 되는 것이다. 때에 따라서는 청취자가 그저 우연히 특정한 음향환경을, 그것도 아무런 의도도 없이 수동적으로 이용하는 경우도 자주 있다. 이렇게 우리는 전례 없이 풍성한 음악의 세상에 살고 있는 것이다.

오늘날 평범한 열네 살 아이는 할아버지 세대가 평생에 걸쳐 들었던 것보다 더 많은 음악을 한 달 안에 듣는다. 아이팟에는 2만 곡의 노래가 쉽게 들어가는데, 이는 작은 라디오 방송국 7개가 보유하고 있는 음반자료보다 많으며, 수렵생활을 하던 우리 조상들의 한 부족 전체가 평생 접했던 노래보다도 많은 양이다.[8]

그렇다면 빠르고 간편하면서도 방대하며 기능적인 이 디지털화된 음악적 환경이 과연 진보인가?

우리는 이 질문의 대답을 "인간의 삶에 음악이 주는 의미가 무엇인가?"라는 근원적인 물음을 통해 찾아보아야 할 것이다. 예술은 본래 인간이 삶을 비추어 경험하고, 감정을 느끼고, 생각을 표현하는 방식이다. 즉 우리가 누구인가를 자신에게 지각하게 해주는 중요한 표현방식인 것이다. 이런 점에서 음악적 행위라는 것도 타고난 재능을 가진 특별한 자만이 누리는 대단한 것이 아니고, 인간이 타고난 보편적 행태이며 우리는 '누구나 음악적이다'라고 할 수 있다. 따라서 타고난 이 잠재력을 일상생활에서 어떤 방식으로, 얼마나 마음껏 펼쳐내어 구사할 수 있을까가 인간의 창의성과 사회성을 키워줄 수 있는 주요 관심거리가 된다. 완벽하지 못하다는 것에 위축되거나 두려워하지 않고 스스럼없이 손수 참여하여 적극적으로 부르고 연주하면서 사회적 관계를 형성하고 삶의 일부로 즐길 수 있는 것, 이것이 바로 음악을 행하는 것의 본원적인 의미이다. 따라서 앞으로 디지털 시대에 개발되는 수많은 음악 매체들은 이 과제를 수행하는 것에 우선순위를 두어야 할 것이다. 디지털 문화의 시대에 인간이 지니고 있는 기능적, 경제적, 미적, 상징적 만족감이 어떠한 기술적 변화 속에서도 인간을 중심으로 생각하고, 인간을 위한 디자인으로 발전된다면, 21세기에 맞이하게 될 디지털 문화는 인간의 삶을 보다 따뜻하고 풍요롭게 해줄 수 있을 것이다.

| 참고문헌 |

대니얼 J. 레비틴, 장호연 옮김, 『호모 무지쿠스-문명의 사운드 트랙을 찾아서』, 마티,
　2009.

독고현, 「디지털시대의 새로운 창작문화」, 『음악교육공학』, 제7호, 2008.

장미혜 · 이충한, 「디지털 네트워크 시대의 음악 시장의 변화: 소유에서 향유로, 전유에
　서 공유로」, 『경제와 사회』 72, 한국언론학회, 2006.

Brian Longhurst, *Popular Music and Society*, Polity Press, 1995(이호준 옮김, 『대중음악
　과 사회』, 예영커뮤니케이션, 1999).

Shuhei Hosokawa, "The Walkman Effect," *Popular Music* 4, 1984.

뇌과학의 관점에서 본
브레히트와 플라이써의 서사성[1]

:: 이정준

1. 성에 대한 뇌과학적 이해

여성성 또는 여성적인(weiblich)이라는 단어와 관련하여 그동안 일반적으로 다음과 같은 시각이 존재해 왔다. 우선 사회적이고 역사적 조건에 의해 발생된 차이, 특히 가부장 사회에서의 특수한 사회화에 따른 숙명에 의한 상이함이 거론된다. 그리고 생물학적이고 육체적으로 조건 지워진 차이에 대한 시각이 존재한다. 마지막으로 선입견으로부터 해방된 여성의 다름이라는 이상적이기는 하지만 긍정적인 의미를 찾는 시각이 있다(Strauch, 1984, 76).

여성과 남성의 차이에 대하여, 사회생물학이나 인류학적 학문 지류에서는 여러 환경조건에 적응한 행동이라는 성과적 측면을 핵심으로 바라보는 반면, 진화론적 심리학에서는 적응에 대한 이해, 즉 행동을 담당하는 심리적 기관에 대한 이해가 주류를 이룬다. 이 둘의 차이를 다른 말로 표현하면, 특정한 문화적 조건하의 현재의 행동과 초시간적인 심리적 행동 성향 사이의 차이라 할 수 있다(Eibl, 2004, 62f). 남성과 여성의 차이를 차별이라는 관점을 기반으로 성역할에 대한 문화적·사회적 적응 혹은 순응을 이야기하는 젠더연구와 오랜 시간 형성된 뇌구조와 그에 따른 성향의 차이를 이야기하는 인지학적 뇌과학의 차이 역시 이러한 관점의 변화에서 대조되는 양면이다.

남성과 여성 사이의 성 차이에 대한 인지와 경험은 이미 오래전부터 거론되어 왔고, 대체로 성에 대한 편견으로 굳어졌으며, 이제는 남녀 소통의 장에서 조심스럽게 다루어지는 주제이기도 하다. 여성성의 여러 주제가 페미니즘과 젠더의 관점에서 끈질기게 연구되어 오더니, 몇 년 전부터 뇌구조에 대한 해부학적 이해와 더불어 신경심리학(Neuropsychologie)의 성 차이에 대한 여러 실험이 시도되고 있다. 비록 성차별이 아니라 성의 특성이라는 차원에서 다루어지고 있기는 하지만, 자칫 세속화 과정에서 성 차이의 확대해석과 성차별의 고착화에 한 몫을 하지 않을까 우려되기도 한다. 현재의 뇌신경과학(Neurologie)은 조심스럽게 남성과 여성의 선천적—더 정확히 말하자면 발생학적—차이에 대하여 말한다. 뇌과학 연구는 성 차이에 관한 여러 사실, 특히 인지작용과 행동양식에서의 차이를 측정 가능한 방법으로 입증해 주었다.

뇌과학에서는 호르몬 분비와 뇌구조의 상이함이 성 차이를 가져온다고 말한다. 성 차이는 적어도 척추동물에서는 생물학적으로 생식기와 그 기능에 따라 명백히 둘로 구분되지만, 더 근본적인 차이는 유전적·생물학적인 면에 대한 진화의 영향을 밝히는 데에 있다고 하겠는데, 뇌에 대한 연구가 이에 속한다. 성의 확정이 염색체와 호르몬에 의하는 것처럼, 뇌의 형성과 기능에도 유전자와 호르몬이 관여한다. 이렇게 형성된 뇌의 성 차이는 해부학적으로도 다양하게 확인되고 있다. 우선 뇌가 두 개의 반구로 나누어져 있다는 데에서 의미를 찾을 수 있다. 분할된 뇌와 관련하여 의미 있는 것은 좌반구(좌뇌)와 우반구(우뇌)가 각기 그 기능에 있어 현격하게 차이를 보이는 것인데, "좌반구는 언어적 작업에, 우반구는 공간적·입체적인 작업 과정에 더 우세적이라는 것"이다. 또한 동물이나 새, 그리고 인간의 경우 "우반구는 관심의 넓이와 유연성을 강조하며, 좌반구는 집중된 관심을 담아낸다"고 한다. 그 결과 "우반구는 전체 사물을 맥락에서 보며, 좌반구는 맥락에서 추출된 파편화된 사물을 보고", 이 둘의 협업에 의하여 "각 사물의 특성과는 아주 딴판인 어떤 '전체'를 조합해 낸다"는 것이다. 그러나 뇌가 분할되어 있는 근본적인 이유에 대해서는 "우연의 소치가 아니라 적극적으로 기획된 결과"라고 이해할 뿐이고, 그것이 세상을 이해하는 데 있어 "집중된 관심"과 "폭넓은 관심"을 동시에 담아내기 위한 "유용한 방식"이기 때문이 아닌가 하고 추측해 보는 정도이다 (Lautenbacher u.a., 2007; 이언 맥길크리스트, 2011).

성의 차이가 후천적으로 호르몬의 영향에 의해 발생한 것처럼, 성호르몬이 후천적으로 뇌에 영향을 행사하게 된다면, 뇌의 작용도 성적 차이를 보이게 될 것이라 논리적으로 짐작해 볼 수 있다. 실제로 뇌과학 연구자들은 여성호르몬인 황체호르몬 프로게스테론(Progesterone)과 인간의 언어적 표현능력 및 섬세한 움직임과의 관계를 밝혔고

(Lautenbacher, 136), 여성호르몬인 에스트로겐의 농도가 낮을 때에—이 말은 여성의 몸속에 남성호르몬인 테스토스테론 함유율이 상대적으로 높아진 것을 의미하는데—공간지각능력이 개선되는 사실을 발견하였다. 이것은 공간지각능력과 언어능력이 상반되는 결과로서 나타나는 현상임을 확인해 주는 것이다. 또한 인지능력과 여성호르몬과의 관련성은, 결국 인지능력과 성과의 관계가 분명 존재한다는 것을 의미한다. 나아가 진화론적으로 생각해 보면, 어떤 상황을 처리할 때 자신이 보유한 우월한 조건의 활용을 선호할 것이라는 것은 말할 필요도 없는 당연한 사실이라는 점에서, 여성호르몬의 당사자인 여성이 언어적 능력에 있어 남성에 비해 우세하다는 장점을 주어진 과제에 대한 해결을 모색하는 과정에서 선호할 거라는 것도 당연하다고 하겠다. 물론 이러한 결론은 남성과 공간지각능력에도 그대로 적용된다. 그리하여 각 성이 우월한 장점을 지속적으로 사용함으로써 그것이 각 성의 특성으로 자리하게 되었고, 그 결과 우리에게 성 차이로 보이는 것이라 하겠다.

결국, 여성은 언어 구사와 언어적 인지능력에서, 남성은 공간지각능력에서 차이를 보인다는 여러 생물학적 실험 결과에서 필자는 플라이써의 여성 희곡론에 객관성을 부여하는 근거를 찾고 있다. 물론 뇌과학 연구자 사이에도 이런 차이를 모든 사람에게 적용하는 보편화에 대한 가불가의 논쟁이 있기는 하지만[2] 희곡이라는 문학 장르에 왜 여성 작가가 흔치 않은가라는 1929년 당시의 의문에 대한 답을, 여성작가 플라이써가 사회적·문화적 배경이 아니라 성 차이에서 그 원인을 찾고 있고, 오늘날에도 그 의문은 여전히 유효하므로 필자는 성 차이와 문학 생산의 편향성을 숙고해 보는 기회를 갖고자 하는 것이다.

최근 한 서적상은 오늘날 가장 잘 나가는 책들 중 50퍼센트는 여성에 의해 쓰인 것임을 알아내었다. 우리가 이것을 잠에서 깨어나는 여성의 천부성에 대한 징후로서 주목한다면, 우리에게 다음과 같은 의문 하나가 떠오른다. 서적시장에서 여성이 활발하게 관여하고 있는 것에 비해 왜 희곡 생산에서는 여성의 점유율이 눈에 띄게 낮은가? (Fleißer, 1929, 408).

2. 마리루이제 플라이써의 여성 희곡론

아직은 위에서 살펴본 뇌과학적 성과가 존재하지 않았던 1920년대, 남성 작가 일색인 희곡계에 거의 유일한 여성 작가 마리루이제 플라이써에게 문학 생산의 성향과 관련하여 성 차이에 대한 뇌과학적 인식이 보이기 때문에 먼저 작가의 생각을 소개하고, 해설해 보고자 한다.

플라이써는 여성 차별로 뼈저린 고통의 삶을 오로지 글쓰기를 통해 자그마한 위안을 받았던 작가이다. 그래서 많은 페미니즘 연구가의 관심과 연구의 대상이 되어왔지만, 작가 스스로는 자신의 글을 페미니즘적 의도에 의한 것이라는 데에 동의하지 않는다. 1929년의 한 인터뷰 「드라마와 관련한 여성의 감각」[3]에서 보면, 문학 장르와 관련하여 그녀는 먼저 성 차이를 인식하고, 새로운 성 특성 계발로 승화시키려는 변증법적 생각을 보이고 있다.

산발적으로 여성의 희곡작품이 있는 것은 확실하나, 특별하게 알려지지도 중요한 것으로 평가받지도 않았다. 그 작품들은 통상적으로 일회적인 것이며 특별하게 온 신경을 집중하여 시도된 것이다. 그때 그것은 보통 그 한 번의 시도로 머물며, 그 여성 작가는 다시 서사적인 것으로 복귀한다. 왜냐하면, 그녀의 성향에는 그것이 더 맞는 것이기 때문이다. 단도직입적으로 말하자면, 희곡작품을 쓴다는 것은 […] 본질적인 성향의 문제이다.

[…]

어떤 희곡작품에서 무엇이 여성에게 관심을 불러일으킬까, 여성은 그것에서 자신만을 위해 어떠한 요구들을 끌어낼까? 틀림없이 그것은 작품 내의 개별 현상들일 것이다. 즉 특별히 호평 받았던, 인간적인 어떤 감정 분출, 팽팽한 분위기 속에 쌓여 있는 긴장, 주요 인물들의 각각을 분명하게 갈라주는 내적 저항과 같은 것들 말이다.

다름 아닌 싸움이 드라마라면 이미 많은 여성들이 드라마를 썼을 것이다. 그러나 소위 균형이 잘 잡힌 건축에 대해서는 여성은 어떤 내적 관계도 가지고 있지 않다. 여성은 희곡 작품은 어떤 특정한 곳을 향해 올라가야만 한다는, 모든 희곡작품에 유효한 이 요구를 매우 답답하게 느낀다. 여성은 분명하게 그어진 단 하나의 선을 보지 않는다. 결국 이것이 여성 희곡작품에 대하여 늘 반복해서 거론되는, 건축되지 않았다는 비판이기도 하다. 여성은 자신이 쓰고자 하는 희곡작품에 대하여 생각할 때면, 여러 개별적인 장면들, 즉 짧은 문장이 만들어내는 농축 속에서 드러나는 빼어난 장면들을 눈에 그린다. 이러한 장면 속에는 어디에나 있는 일들이 언급되고 있기 때문에, 더욱이 감명을 줄 정도로 생생하게 묘사되고 있기 때문에 그 장면들은 효과적이라 하겠다. 그러나 여전히 유일하게 중요한 것이라 할 장면의 통일은 여성에게는 상승하는 분위기의 압력 때문에 다만 잠재의식 속에서나 일어난다.

여성이 더 배우고자 한다면 투입해야 할 점이 바로 여기에 있다. 다른 모든 것은 이미 존재한다. 여성은 매우 가까이에서 그리고 세세한 것에 이르기까지 정확하게 보고, 어느 정도는 완벽하게 인간을 살피기 때문에, 여성이 이러한 섬세함에 있어 남성과 구별되는 것처럼, 인간적인 개성에 대한 직감력으로 논점을 찾아내기 때문에, 우리는 언어를 가지고 있고, 장면들도 가지고 있으며, 특히 [여성으로서] 역할을, 여성의 특별한 재능을 가지고 있다. 우리가 해내야 할 다음 성과는 - 희곡이다.

이 글에서 플라이써는 희곡의 읽기와 쓰기에 있어 여성과 남성의 성향 차이를 인식하고 있음을 알 수 있다. 여기서 우리는 글쓰기에 있어 여성과 남성은 장르에 대한 본능적인 선호도가 다르고, 희곡으로 제한하여 생각한다고 하더라도 성에 따라 선호하는 특성이 각각 반영된다고 이해하고 있음을 알 수 있다. 간단히 말해 여성적 특성은 "개별 현상"을 "짧은 문장"으로 압축하여 생생하게 말하는 데에 더 집중하는 것, 즉 서사적인 특성이 희곡에도 반영된다는 말이며, 그래서 결국 여성 작가의 희곡에는 작품 구도에 집중하는 "건축"이 존재하지 않는다는 것이다.

여성 희곡은 대사와 장면의 통일된 구조적 건축에는 문제가 있으나, 분위기나 심리적 상황 등 섬세한 면을 장면 묘사에 도입하는 언어적 강세를 보이고 있다는 것이 플라이써의 여성희곡론의 핵심이다. 그녀의 당시 희곡 작품을 살펴보면, 개별적인 현상을 세심하게 바라보는 특성은 하나의 주제에 집중되지 않는 작품 구조를 만들어낸다. 핵심 주제를 다루면서도, 그와 관련한 현실 속에서 우연히 관찰되는 부수적 이고 삽화적인 현상들을 잘라내지 않고 함께 보여주는 구조가 생성되며, 그래서 작품 구조가 느슨해 보인다.

따라서 플라이써가 말하는, 여성과 남성의 특성을 함께 갖는 미래의 여성 희곡은 서사적 묘사를 가능한 한 핵심 주제와 관련된 것으로 억제하여 부수적 현상의 도입을 최소화하는 것이라 하겠다. 구조적 건축이 가능하면서도 여성적 서사가 빛을 발하는 희곡은 이를 통해서 가능할 것이기 때문이다.

이러한 생각이 뇌과학에서 말하는 성 차이와 일치하는 것이 우연인 것 같지는 않다. 자신에게 지대한 영향을 준 베르톨트 브레히트와의 비교, 또 다른 여성 작가나 남성 희곡 작가에 대한 관찰과 숙고의 결과라 생각한다. 그래서 근래의 뇌과학적 연구 결과를 염두에 두면서—기본적으로는 그녀의 생각에 근거하여—그녀의 작품을 지금까지의 해설과는 다른 각도에서 다시 읽어보며 작품 성향에 있어 브레히트와 그녀의 본질적인 차이를 밝혀보고자 한다.

3. 브레히트의 서사성과 플라이써의 서사성

마리루이제 플라이써의 첫 희곡작품 『잉골쉬타트의 연옥(Fegefeuer in Ingolstadt)』이 브레히트의 소개로 베를린에서 성공적으로 공연된 뒤,

둘 사이는 급격히 가까워진다. 이때 플라이써가 고향에서 목격한 공병들에 대하여 브레히트에게 이야기하였는데, 이것이 브레히트의 관심을 불러일으켰고, 플라이써에게 희곡으로 쓸 것을 권한다. 이렇게 해서 세상에 나온 작품이 두 번째 희곡작품 『잉골쉬타트 공병들(Pioniere in Ingolstadt)』이다. 1927년 완성한 초판으로 1928년 드레스덴에서 공연을 하였으나 별 반향을 얻지 못한 채 방치되던 것을 1929년 브레히트가 베를린 공연을 위해 고향에 머물고 있던 플라이써를 베를린으로 불러온다. 브레히트는 그녀와 함께, 그러나 자신의 의도대로 텍스트를 수정하여 이를 무대화함으로써 이 작품의 제2판이 탄생한다. 이 베를린 공연은 브레히트에 의하여 기획된 도발이었으며, 바이마르 공화국 시절 가장 커다란 스캔들로 발전한다. 작가 플라이써는 비평가와 연극애호가로부터 격렬한 저항을 받게 되었을 뿐 아니라, 고향 잉골쉬타트 시민들에게 공격을 받는 등 언어적·육체적 폭력에 큰 상처를 입는다. 그리고 그녀는 브레히트의 희곡 공연이 최고조에 달해 있던 1968년 이 '가시' 같던 제2판을 다시 수정하여 세상에 내놓는다. 나치 통치 아래에서 전쟁 동원령에 의하여 더 많은 군인을 접촉할 수 있었고, 그래서 그들의 기질을 더 잘 이해하게 되었으며, 남편에게 자세한 이야기도 들은 터였다. 이 개작은 "그 작품이 원래 그랬어야 했던 대로"(Fleißer, GW.1, 447) 복구하는 작업이었다. 이 말은 제3판에서는 브레히트에 의하여 강제된 정치적 색깔을 제거하고, 원래 의도했던 사회비판적 기조를 심화하고자 했음을 의미한다. 이렇듯 이 작품은 플라이써와 브레히트의 의도가 서로 다르게 작용하고 있는 상이한 세 개의 판이 존재하기 때문에 이들을 비교함으로써 브레히트의 의도를 걸러낼 수 있는데, 바로 이를 토대로 두 작가의 차이점, 특히 희곡이라는 장르에서 그들이 추구하는 서사성의 차이를 구별해 낼 수 있다.

3차원 '건축'의 남성 드라마와 서사성

1928년 3월 『잉골쉬타트의 공병들』을 드레스덴에서 초연했을 때, 여러 연극 비평가가 이구동성으로 이 작품을 "느슨하게 늘어놓은 장면들"이라 특징짓는다. K.S.라는 이름의 비평가는 "삽화들의 얽히고설킨 넝쿨"이 드라마의 흐름을 방해하고 있다면서 이 "느슨한 장면 구성"은 질풍노도의 작가에게 배웠다고 단언한다. 그리고 펠릭스 짐머만이라는 비평가는 가냘픈 줄거리로 "짧은 장면들의 느슨한 묶음"을 유지하고 있다고 비판한다. 플라이써의 초기 희곡 작품들이 3막 혹은 5막의 전통적 드라마 구조가 아니라, 장면을 나열하는 (서사적) 구조를 갖는 이유는 그녀가 드라마 구조에 대한 본격적인 학습을 하기도 전에 브레히트의 영향을 받았기 때문이다. 플라이써는 브레히트의 작품에서 내용과 형식이라는 두 가지 면에 충격과 감명을 받았는데, 우선 브레히트의 사회비판적인 도전적 글쓰기의 영향으로 그녀 스스로 몰래 '열두 살 때 체험'을 떼거리의 횡포라는 테마로, 요즘 말로 '왕따' 문제를 다룬 희곡 『잉골쉬타트의 연옥』(1924)을 쓴다. 이때 주목할 만한 사실은 전통적인 5막 구성을 따르지 않고, 장면을 나열하는 방식을 따르고 있다는 것이다. 브레히트를 사숙(私淑)한 플라이써는 그 구조를 자신의 취향을 담아낼 그릇으로 여겼기 때문이다. 그녀의 두 번째 희곡 『잉골쉬타트의 공병』의 구조는 브레히트가 구체적으로 제시해 준 구조인데, 이 역시 장면을 나열하는 방식의 줄거리를 갖는 구조이다. 브레히트는 이 구조에 대하여 플라이써에게 다음과 같이 요구했다.

> 이 희곡은 정상적인 줄거리를 가지고 있을 필요가 없어. 파리에서 볼 수
> 있는 이리저리 돌아다니는 이런저런 자동차들처럼 조립되어 있어야 해.
> 제작자가 우연히 여기저기에서 모아들인 부품들로 자가제작한 자동차
> 들처럼 말이야. 하지만 그 자동차는 진짜 움직이지. 움직인단 말이야!!
> (Fleißer, GW.1, 442).

브레히트가 조립된 자동차를 통해 암시했던 것은 이 작품은 서로
어울릴 것 같지 않은 부품과 재료를 가지고 하나의 목표로 조립된 자
기만의 구조물이어야 한다는 것이었다. 그래서 브레히트는 플라이써
에게 이 구조물을 위한 자재로서 구성인물을 지정해 주고, 그 구조물
의 대강의 모양에 대해서도 조언한다.

> 아버지와 아들이 등장해야 하며, 하녀가 등장해야 하며, 자동차가 등장해
> 야 하는데, 자동차를 타고 여행하는 자가 이 차가 고장 나자 아들에게 팔
> 아버리려 한다. 병사들은 처녀들과 산책해야 하고, 한 상사가 그들을 괴롭
> 혀야 하며, 군인이 하녀와의 관계에서 아들을 이기기 때문에 아들은 다리
> 를 폭파해야 한다. (Fleißer, GW.1, 442).

이러한 여러 내용을 사회비판적인 시각에서 엮어보라는 것이 브레
히트의 의도임을 짐작할 수 있으나, 이것을 그가 실험하듯 행하고 있
던 극장 안과 밖에서의 정치적 선동이 가능한 것으로 만들어내는 데

에는 그녀에게 한계가 있었다. 그래서 플라이써는 이 줄거리를 자신의 관찰에 의해 가능한 이야기로 엮어내었다. 물론 사실적 관찰을 근거로 장면을 만들어낸 이 이야기에는 사회비판적인 요소가 다분히 내포되어 있다. 브레히트가 지시한 내용을 "매우 가까이에서 그리고 세세한 것에 이르기까지 정확하게 보는" 여성의 "직감력"을 통해 장면 하나하나를 세세한 묘사로 살을 붙이고 엮어냈다면, 즉 플라이써 자신이 말하는 여성적 특성으로 이 소재를 작품화했다면 그 작품에는 사회비판적인 요소가 포함될 수밖에 없다. 따라서 희곡에 있어 서사적 특성은 여성적 특성 중 하나이며, 이 여성적 서사성 속에 사회비판적 요소가 내포될 수밖에 없다는 의미에서 사회비판적 요소 역시 여성 드라마의 특징이 될 수밖에 없다고 하겠다. 하지만 극장에서 스캔들을 통해 관객들의 이데올로기적 사고를 들추어내려고 했던 브레히트에게 이 작품은, 사랑과 갈등의 이야기 자체만으로는 만족할 수 없는, "원자재 같은 것"(Fleißer, GW.4, 476)일 뿐이었다. 그 당시 브레히트는 자신의 연극으로 "나라의 상황에 대한 진실을 들추어내어"(Brecht, GBFA 22, 119) 그 진실을 관객들에게 보여주려는 프로그램을 진행하고 있었다. 이러한 프로그램은 연극이 진행되고 관객이 그때그때 반응하는 극장 내부에 국한되지 않고, 사회적 논란을 유발하고 논쟁을 확대해 가는 극장 외부에서의 역할에 초점이 맞추어져 있었다. 그의 "혁명적 희극론"은 일종의 "사회학적 실험(soziologisches experiment)"으로 발전하는데, 이것은 "이데올로기의 진영들을 서로 부딪치게 만들어 자신들의 이념적 성향을 밝히도록 강요하는 것"을 말한다(Lethen, 1970, 117). 이러한 프로그램의 목표는 우리의 실생활에서, 그리고 사법부와 언론 그리고 예술산업으로부터 "그들의 생각을 끌어내 엿보는"(Brecht, GBFA 21, 448f) 데에 있다. 바로 『잉골쉬타트의 공병들』의 1929년의 개작과 공연은 이러한 구상에서 기획된 것이다. 이러한 "사회학적 실험"을 위한 극은 관객이 극의 내용에 공감하여 감정이 이입되는 전통극이 아니라, 관객이 극에 대해 거리를 두고 관람하고 토론하도록 유도한다는 점에서 서사극에 속한다 하겠다. 실제로 『잉골쉬타트의 공병들』은 공연장 내부에서뿐 아니라, 외부에서도 크게 반응을 보인 스캔들로 발전하는데, 1929년 3월 30일 공연 후 일어난 격렬한 스캔들부터 1931년 2월 14일 잉골쉬타트 시장과의 명예훼손 소송이 끝날 때까지 약 2년여 동안 연극검열에 대한 논쟁, 나치의 반유대주의, 가부장적 남성 사회의 여성상 등 당시의 정치, 사회, 문화적 양상을 모두 드러내준 성공적인 "사회학적 실험"이었다. 브레히트에게 이 작품은 1948년 전쟁이 끝난 후에도 여전히 자신과 뜻을 같이한 저항문학으로 기억되고 있음을 스위스에서 보낸 한 엽서에서 확인할 수 있다.

> 작업을 할 수 있었나요? 기꺼이 뭘 좀 읽고 싶군요. 그 흡혈귀들이 겁을 내고 있는 지금 우리는 『잉골쉬타트의 공병들』의 당당한 리얼리즘이 필요하지 않을까 생각합니다. (Fleißer, Briefwechsel, 2001, 307f).

그러나 자신이 바라는 대로 성과를 올린 브레히트와는 반대로 여성 작가 마리루이제 플라이써는 이 일로 "인생의 반을 이 공연의 망령과 싸워야 했다". 브레히트는 자신의 정치적 목적을 위해 희곡작품을 쓰고, 또 연극을 만들어내었다. 플라이써는 이 드라마를 통하여 바이에른의 한 도시를 배경으로 군인과 그 도시의 젊은 여성 그리고 그 사이에서 연적이 된 그 지방 젊은이들 사이에서 벌어지는 이야기를 보여주고자 한다. 그러나 브레히트는 이 삼각 구도의 이야기에서 두 사람, 즉 민간인 여성과 민간인 남성을 군인의 희생물로 그리려고 한다. 이것은 가해자와 피해자를, 즉 잉골쉬타트 처녀들의 희생과 군대의 시민에 대한 폭력성을 부각시킴으로써 관객뿐 아니라, 극장 밖의 시민과 군부를 자극하려는 의도에서 나온 것이라 하겠다. 따라서 플라이써에 있어서는 잉골쉬타트라는 바이에른의 한 조그마한 도시의 분위기에 군인들의 특성이 섞이면서 남성과 여성의 심리적 대결이 극의 구조와 형상을 결정짓고 있는 반면, 브레히트에게는 주인과 하인 사이의 계층적 갈등과 더불어 시민과 군인 사이의 갈등과 대결이 드러나도록 드라마가 구성된다. 또한 플라이써는 바이에른 민요를 다수 삽입하여 바이에른의 한 중소도시의 분위기를 한껏 만들어내고자 했다. 그런데 이 민요들은 브레히트에 의하여 거의 삭제되고, 장면을 해설해 주는 기능의 노래들로 대체된다. 이 노래들은 드라마 장면의 내용을 풍자하여 해설하고 있는 것이다. 해설한다 함은 음악이 단순히 분위기를 만들어내는 기능을 하는 것이 아니라, 음악이 드라마의 내용과 동등한 입장에서, 다른 말로 말하자면, 드라마의 내용 밖에서 작용함을 말하며 관객으로 하여금 장면의 내용을 곱씹어보도록 유도함을 말한다. 이는 연극에 삽입된 노래가 극의 내용에 대한 해설자로 기능하는 것을 의미하는데, 삽입된 노래가 극의 내용에 맞서 이렇게 관객의 몰입을 방해하는 것은 아리스토텔레스가 극작가에게 금지한 조항이기도 하다. 브레히트는 한 해 전인 1928년 『서푼짜리 오페라(Die Dreigroschenoper)』

에서 음악의 이러한 기능을 본격적으로 사용했고, 바로 그다음 플라이써의 『잉골쉬타트의 공병』의 베를린 공연을 위해 또다시 이 극작법을 사용한 것이다. 플라이써는 1968년의 제3판 개정 과정에서도 이 음악적 처리는 그대로 보존함으로써 이 독특한 브레히트적인 희곡론에 대한 수용의 자세를 보이고 있다. 브레히트는 훗날 음악의 이러한 기능을 사용한 플라이써의 이 작품을 자신이 "생소화 효과 (Verfremdungseffekt)"를 사용했던 서사극의 반열에 올려놓는다(Brecht, GBFA 22, 641 u. 647). 선적인 흐름은 중간중간 잘리어 토막 나 있으나, 이야기의 흐름은 있어야 하는 것이 브레히트 극작법의 특성이다. 플라이써에 의하여 창출된 느슨한 장면들은 원자재로서 브레히트에 의하여 자신의 연극 목적에 맞추어 가공되고, 장면의 흐름도 새롭게 제어되었다. 예를 들어, 위에서 살펴본 바와 같이, 브레히트는 새로운 노래를 삽입하였는데, 이는 관객이 극에 몰입하는 것을 방해하는 요소로서 선적 흐름을 끊는 역할을 하지만, 다른 한편으로 이야기 흐름의 집중도를 흐려놓는 부수적인 장면을 여럿 솎아내었는데, 이는 이야기를 단순화하여 이야기에 흐름을 터주는 극의 건축에 해당한다. 바로 이 선적이지 않으면서도 흐름의 짜임새가 있도록 시도하는 극의 구성을, 여러 사건을 촘촘하게 짜 맞추어 흐름을 만들어내는 단순한 건축이 아니라, 한 차원 더 복잡하다는 의미로 "3차원적 건축의 극작법"이라고 명명한 것이며, 이 점이 바로 브레히트 서사극의 특성이라고 이해하고자 하는 의도적 표현이다. 관객에게 사고하라고 요구함으로써 본래 간결했던 이야기가 복잡해진 내적 구조를 갖게 되고, 그럼에도 이야기의 흐름을 관철하는 것은 간결하고 목표를 향해 선명한 이야기의 구성 때문이다. 이때 선명함을 이끌어주는 것은 작가가 추구하는 이데올로기적·정치적 목표이다. 제1판을 개작한 제2판에서 눈에 띄는 것은 브레히트가 대사나 장면을 최대한 줄여 구성이 간결하면서 집약된 내용으로 바꾼 점이다. 이러한 차이는 목표 지향적인 남성적 특성과 서사 지향적인 여성적 특성의 차이에서 온 결과일 수 있다.

감정이입과 그에 의한 카타르시스를 목적으로 하는 아리스토텔레스 극에서 줄거리의 통일을 파괴한다 하여 금기시하는 서사문학적 요소 즉, 서사적 요소를 관객으로 하여금 비판적 자세를 견지하게 하려고 오히려 활용하기 때문에 브레히트 극을 서사극이라 명명한다. 이러한 브레히트의 서사극은 정치적 목적을 가진 극이며, 자신의 목적에 도달하기 위해 희곡의 내용뿐 아니라, 구성까지도 합목적화하는 극에 해당한다. 브레히트 극은 사회개혁이라는 정치적 목표를 위해—여러 연극적 요소를 필연성에 의한 선적 흐름에 맞추어 짓는 전통 드라마의 건축구조와는 다른—각기 독립성이 강한 장면들을 그 목표를 중심으로 엮어 짜는 거시적 구조를 가진다. 브레히트의 '서사극'이 이러한 구조의 건축이라는 점에서 그는 다른 작가들에 비하여 보다 더 우뇌적인, 남성적 드라마 미학을 추구했던 작가라 하겠다.

플라이써의 여성적 서사성

1927년 집필한 이 『잉골쉬타트의 공병들』의 제1판의 줄거리를 요약하면 이렇다.

도나우 강가의 중소도시 잉골쉬타트에 다리를 놓아주기 위해 공병대가 입성한다. 동네 처녀 베르타(Berta)와 알마(Alma)는 이들 군인을 보면서 가슴이 설렌다. 베르타가 일하는 집의 아들 파비안(Fabian)은 베르타를 마음에 두고 있지만, 뜻대로 되지 않고 있다.

군인들이 주둔하자마자 경험자 알마는 능숙한 솜씨로 군인을 낚아채고, 순진한 베르타도 콜(Korl)이라는 군인과 사귀게 된다. 그러나 베르타는 이것을 일시적인 기분풀이가 아닌 진지한 교제로 생각한다. 이러한 그녀의 태도에 콜은 부담을 느낀다. 베르타와 콜 그리고 파비안 이 세 사람의 삼각관계는 연적의 관계뿐 아니라, 군인과 시민 사이의 알력을 보여준다. 베르타는 콜에게 처녀성을 상실하게 되고, 사랑이 없는 육체관계에 허망해하지만, 콜은 그저 재미일 뿐이다. 그러나 공병들이 다리를 완성하고, 콜은 이 도시에서 철수하기 직전, 다리 준공식장에 모인 사람들 앞에서 전격적으로 베르타와의 약혼을 선언한다. 믿지 못하는 베르타를 사진을 찍음으로써 믿게 하려 한다. 한편 파비안은 베르타와 콜의 관계에 대한 좌절감으로 군인들이 만든다는 다리를 폭파하겠다고 이전부터 떠벌리고 다니다가, 실행에 옮기지는 못한 채, 이 일로 군인들로부터 집단폭행을 당하기까지 했다. 베르타를 포기한 그는 이제 창녀가 되어버린 알마를 자신의 약혼자로 맞이하며 그 다리를 배경으로 사진을 찍는다. 극은 군인들의 귀대를 알리는 나팔소리가 들리고, 이 나팔 소리를 흉내 내어, 병사 하나가 입에 손을 대고, "취침!" 반복하여 외치면서 끝난다.

이 작품은 군인들이 한 도시에 입성하여 그곳의 처녀들과 벌이는 한 판의 유희적 무질서 속에서 베르타라는 처녀와 두 남자, 즉 일반 시민인 파비안과 군인인 콜 사이의 삼각 연정관계가 파국으로 치닫는 이야기이다. 이 이야기를 지탱해 주는 핵심 축은 주인공 사이의 심리적 대결인데, 그것을 보여주기 위한 도구로서 군인이 타고 다니는 자전거와 시민이 군인에게 우위를 보이기 위해 등장하는 자동차, 그리고 다시 이 자동차를 가진 시민에 대적하려는 군인 콜의 오토바이가 상징적으로 등장한다. 이 희곡에서 이야기의 핵심은 이것이 전부이다. 이 이야기를 위해 플라이써는 섬세한 관찰로 장면과 장면을 찾고, 그들의 언어를 탐구하였다. 그런데 플라이써는 여기에 대결과 갈등의 여러 양상을 보여주기 위해 시민과 군인의 갈등, 또 다른 처녀 알마와 여러 군인 사이의 흥정과 갈등, 주인과 하녀의 갈등, 아버지와 아들의 갈등, 시민 사이의 갈등, 군인들 사이의 알력과 갈등을 부수적으로 보여줌으로써, 주된 이야기와 그것을 위한 구조적 장치들이 가리어 보이지 않게 되었으며, 그래서 이야기가 촘촘하게 전개되지 못하는 느낌을 받게 된다. 이러한 면을 브레히트의 의미로 개선한 것이 이 작품의 제2판이었다고 앞에서 말했다. 그래서 플라이써는 브레히트에 의하여 손상된 부분을 복원시키고자 세 번째 작업을 시도했는데, 이 작업을 그녀의 여성 희곡론에 비추어 특징짓는다면, 이것은 그녀가 브레히트의 이데올로기적 목표를 향한 남성적 희곡론에 의하여 삭제된 자신의 여성적 특성을 되살려내고 싶었다는 것을 의미한다. 이 작품을 최초로 쓸 당시, 브레히트의 사회비판적인 의도를 제대로 파악하지 못했던 플라이써는 제3판을 집필하는 과정에서 이를 새삼 이해하게 된다. 그래서 이 사회비판적인 특성을 선명하게 하려고 먼저 브레히트의 정치적 의도에 의하여 제2판에 삽입되었던 몇몇 선동적인 장면들을 삭제하거나 순화시킨다. 제1판과는 판이한 내용으로 자극적인 내용의 맨 마지막 장면을 그 한 예로 들 수 있다.

제1판 마지막 장면:
공병들이 병영으로 귀대해야만 하는 것을 의미하는 트럼펫 신호가 멀리서 들린다. 블라세 프레세(Blasse Fresse)가 두 손을 들어 입에 대고 마치 메가폰을 가지고 말하는 것처럼 그 신호를 말로 흉내 낸다. 잠자리로 잠자리로, 한 여자를 가졌든, 갖지 않았든 마찬가지로 잠자리로 가야 한다. 잠자리로- 잠자리로 – 잠자리로. (Fleißer, Pioniere, 1. Fassung, 1929, 62).

제2판 (브레히트에 의한) 마지막 장면:
정렬! 차렷! 유감스럽게도 우리 공병들은 시의 주민 중 여성 측에 대하여 꼭 있어야 했던 신중함을 매번 보이지는 못했다. 그래서 명령이 내려졌다. 앞으로는 천하게 구는 공병은 휴가에 커다란 제한을 받게 될 것이다. 다음과 같은 통계가 나왔다. 한 도시에 300명의 병사가 주둔했는데 약 33명의 사생아가 태어났으며, 그들의 아버지는 확인할 수 없었다는 거야. 이 것은 10프로야, 이 집토끼 같은 놈들아! 이 숫자는 탁월한 솜씨로 억지로 낮춘 것이라고 한다. 큐스트린에서는 정신차리길 바란다, 이 상놈의 새끼들아! 그러면 또 다시 그렇게 망가진 것처럼 보이진 않겠지. 사정에 따라 부수적으로 발생하는 고발의 경우 그 범인은 엄격하게 처벌될 것이다. 아주 추잡한 일에 엮인 거야! 앞으로 가! 좌향좌! 제자리 걸음!
소녀들이 군인들에게 손을 흔든다. (Fleißer, GW.1, 221f).

그리고 제3판에서 마지막 장면은 다음과 같이 순화된다.

우리 모두는 알 것이다. 큐스트린으로 돌아간다. 난 내 병력에게서 모범적인 태도를 기대하며, 주민들로부터 나에게 어떠한 불만도 접수되지 않을 것을 기대하고 있다. 군인은 자신이 제복을 입은 국가의 시민으로서 늘 여론의 눈앞에 서 있음을 알아야 한다. (Fleißer, GW.1, 185).

플라이써가 작품을 사랑 이야기를 중심으로 전개했기 때문에, 브레히트는 오히려 자신의 정치적·이데올로기적 의도에 의한 자극적이고 도발적인 내용의 "후추(Pfeffer)"(Fleißer, GW.1, 445)를 첨가하기에 더 쉬운 면이 있었다. 자신의 의도가 크게 왜곡되어 고통스러운 경험을 한 플라이써는 개정 3판에서는 원래 이 작품이 지향해야 했던 '사회적 비판'에 개정의 초점을 맞추는데, 이것을 실현하는 방법으로 제1판에 있던 장면의 내용을 더욱 강화하는 것, 제2판에 사회비판적인 것을 넘어 정치적 도발을 위해 삽입된 부분을 제거하는 것, 그리고 사회비판적인 내용의 여러 부수적 사건을 새롭게 삽입하는 것 등을 꼽을 수 있다. 전체적으로 볼 때, 이 개정 3판은 작품의 구성을 "건축"해 내기 위한 개작이 아니라, 장면 장면을 원래의 작품 의도에 맞게 선명하게 하는 작업이었다. 이것을 그녀의 여성 희곡론에서 빌려와 말하자면, 그것은 "기술만 있는 숙련자들에 의해서는 평가절하되기 일쑤인 작품 내의 개별 현상들", "즉 인간적인 어떤 감정 분출, 팽팽한 분위기 속에 쌓여 있는 긴장, 주요 인물들의 각각을 분명하게 갈라주는 내적 저항과 같은 것들"(Fleißer, GW.4, 409)을 부각하는 작업이었다. 특히 여러 장면을 삭제했는데도 새롭게 넣은 장면들이 많아 결과적으로 짤막한 12개의 장면으로 이어져 있던 작품이 14개의 장면으로 늘어나고,

장면 묘사나 구성에서 보면, 장면1에는 4개의 작은 장면이 병렬되고, 장면10에서는 7개의 작은 장면 전환이 있으며, 장면 4, 11, 14는 모두 긴 시간의 장면이다. 즉 총 장면 수에서 제1판, 제2판에 비하여 길고 짧은 장면들이 훨씬 많이 늘어난다.

특히 1938년 네 번째 작품 『칼 슈투아르트(Karl Stuart)』 때부터는 전통극처럼 막으로 구성된 희곡 구조로 쓰기 위해 구스타프 프라이탁(Gustav Freytag)의 『드라마 기술(Die Technik des Dramas)』(1863)을 학습하기도 한다. 그런 플라이써가 1968년에 『잉골쉬타트의 공병들』을 개작하면서 '왜 3막이나 5막의 전통적 희곡 구조를 선택하지 않고, 장면을 나열하는 느슨한 연결 구조를 고집하고 있는가?'라는 의문이 남게 된다. 그 이유는 이 형식이 브레히트의 영향에 대한 역사적 증언으로서 그리고 자신의 문학 발자취의 첫걸음으로서 가치가 있기 때문에 원래 형식을 보존해야 하는 당위성도 있었겠지만, 장면들을 늘어놓는 이 구조는 장면 전환이 쉽고, 그래서 자유로운 구조로서 이 이야기 저 이야기를 전개해 나갈 수 있는 자신이 선호하는 여성적 특성의 서사적 구조라는 가치 때문이었을 것이다. 앞에서 소개한 플라이써의 여성 희곡론, 즉 희곡에서의 여성성을 상기해 볼 때, 결국 플라이써 희곡 『잉골쉬타트의 공병들』에 있어 장면의 느슨한 연결은 장면 사이의 필연성을 느슨하게 함으로써 감정이입을 어렵게 하려는 브레히트의 '서사극'의 구조가 아니라, 주제와 관련된 현실 속에서 여성의 눈에 보이는 이런저런 이야기를 날카롭게 묘사해 나가는 그런 서사를 위한 구조라고 말할 수 있으며, 그녀의 이러한 서사적 희곡 작법을, 크뢰츠의 말을 빌려 말하자면, "장면 극작법(die szenische Dramaturgie)"(Fleißer,

Materialien, 381)이라고 특징지을 수 있다.

브레히트는 사회개혁을 향한 자신의 "유토피아"적인 목표로 그의 언어를 작품의 인물에 부여한다. 그뿐만 아니라, 그의 희곡이 "서사극"으로서 장면과 장면의 결합성이 의도적으로 완화되었다고는 하지만, 극 전체로 볼 때에는 이 유토피아적 목표를 향해 높은 구성도를 보인다. 반면 플라이써는 그 순간의 장면의 실제에 충실하다. 장면과 그 언어를 실제 사회에 있는 대로 정확하게 보여주는 것에 집중한다. 그래서 장면과 언어가 "극단"적이다(Fleißer, Materialien, 382). 이러한 두 사람 간의 차이점은 앞에서 『잉골쉬타트의 공병들』의—브레히트의 지시로 수정된, 즉 브레히트 색깔이 확연히 눈에 띄는—제2판과 원래의 제1판 사이의 비교를 통해서 밝혔다. 1955년 플라이써가 글을 쓸 수 없는 처참한 상황에서 탈출하고자 브레히트에게 동독에서 활동할 수 있도록 도와달라고 한 적이 있다. 그런데 그의 도움으로 동독으로 갈 수 있게 되었으나 결국은 포기하고 만다. 그 이유는 겉으로는 낯선 동베를린에서의 생활과 "동독의 도그마"에 대한 두려움 때문으로 보이지만(Fleißer. Briefwechsel. S.350ff), 그러나 사실은 글쓰기에서 자신의 본능적 성향을 인식하고 있기에 브레히트에 의하여 또다시 강요될지도 모르는 드라마 쓰기에 대한 두려움이 컸기 때문이다. 그녀는 브레히트에게 보낸 한 편지에서 다음과 같이 고백한다.

내 생각에는, 희곡작품보다 장편소설을 쓰는 것이 나에게는 덜 어려울 것입니다. 나의 재능은 기본적으로는 서사적인 것입니다. (Fleißer. Briefwechsel. S.347).

결국, 플라이써의 경우 드라마에서 문제시되는 것은 구성, 즉 "건축"에 있는 것이 아니라, 언어에 의한 보다 자유로운 장면 연출에 있는 것이었다. 플라이써에게 연극의 장면은 그녀의 서사를 위해 존재하는 것이라 말할 수 있다.

4. 맺음말

브레히트의 서사극의 형태와 목적을 고려해 볼 때, 그의 서사극은 느슨한 구조에도 필연의 줄거리를 보여주고 있으며, 그만큼 그 구조가 하나의 지향점으로 집중하여 흐른다. 그의 연극은 교육적 목표가 있기 때문에 의도된 내용을 구성해 나가며, 그것은 변증법적인 구도를 가진다. 그래서 언어도 민중어라고는 하지만, 사실은 작가 자신의 의도를 대변하는 고도의 지성으로 포장된 언어이다. 이데올로기라는 것 자체가 거대담론으로서 공간적 거대 구조를 토대로 발전시켜 나가는 과정이라고 할 수 있다. 따라서 브레히트의 연극은 현실 그 자체에 관심을 집중하는 것 같아도 사실은 그보다 더 큰 구조를 생각하기 때문에 실재 현실에서와는 거리가 있는 이상적 현실을 찾아 나가는 과정이다.

이것과 비교하면 플라이써의 연극은 형식과 관련하여 브레히트에게서 영향을 받았다고는 하지만, 희곡 구조에 대한 영감을 얻었다는 의미에 제한하여 이해하는 것이 마땅하다. 비슷한 구조이면서 그것의 의미와 특성이 다르기 때문이다. 플라이써의 줄거리는 우연의 줄거리다. 어떤 이념적 목표로 만들어낸 것이 아니라, 관찰된 이야기를 관찰된 언어로—그래서 때로는 알갱이 없는 언어로도—장면을 연출해 가는 사실성을 보인다. 그래서 그 속에는 사회비판적인 요소가 담길 수밖에 없는 필연적인 특성이 있다. 그러나 관찰의 서사로 말미암은 삽화적 줄거리가 핵심 구도 여기저기에 파고들어 그 흐름을 흐려놓는다. 결국, 연극의 구도는 존재하지만 느슨한 것이 되며, 줄거리의 중요 요소들이 필연성에 의해 결합하는 "건축"이 그녀의 희곡에는 보이지 않는다. 이러한 특성이 있는 그녀의 희곡 작품을 단순히 브레히트의 서사극의 범주에서 이해해서는 안 되며, 플라이써 자신의 여성적 서사성에서 기인한 여성 희곡론 내에서 이해해야 한다는 것이 이 글의 결론이다.

플라이써가 바랐던 여성 희곡이 이후 독일 문단에 등장했는지는 연구되어야 할 과제이지만, 여전히 여성 희곡작가가 흔치 않은 상황은, 플라이써가 지적하듯이, 여성이 갖는 서사적 본능이 여성을 희곡보다는 서사문학 쪽으로 편향케 하는 것이 아닌가 싶기도 하다. 더욱이 플라이써에게 글쓰기는 자신의 삶의 고통과 두려움에 대한 자그마한 보상이었던 만큼, 자신의 '감정 분출'이나 '내적 저항'을, 그것이 희곡에서였다고 하더라도, 자유롭게 서술하는 서사성을 선호했던 것은 더더욱 자신의 내적 본능에 충실한 자연스러운 일이었다고 하겠다.

| 참고문헌 |

1차 문헌

Aristoteles. Poetik. übersetzt und hrsg. v. M. Fuhrmann. Stuttgart: Reclam, 1982.

Bertolt Brecht. Werke. Große kommentierte Berliner und Frankfurter Ausgabe. Hrsg. vo. Werner Hecht u.a. 30 Bde. Frankfurt a.M.: Suhrkamp, 1991- . [abgekürzt: GBFA].

M.L. Fleißer. Gesammelte Werke. Hrsg. v. G. Rühle. 4 Bde. Frankfurt a.M.: Suhrkamp Verlag, 1972(Bd.1-3), 1989(Bd.4). [abgekürzt: GW].

Dieselbe. "Das dramatische Empfinden bei den Frauen". 1929. In: GW.4. S. 408f.

Dieselbe. 『Pioniere in Ingolstadt』. [1. Fassung. 1928. Maschinenschriftlich]. Berlin: Arcadia, 1929, Nachlaß. Abt. VI-2a.

Marieluise Fleißer. Briefwechsel 1925-1974. Hrsg.v. G. Rühle. Frankfurt a.M.: Suhrkamp Verlag, 2001.

G. Rühle (Hg.). Materialien zum Leben und Schreiben der Marieluise Fleißer. Frankfurt a.M.: Suhrkamp Verlag, 1973. [abgekürzt: Materialien].

2차 문헌

이언 맥길크리스트, 김병화 옮김, 『주인과 심부름꾼』, 뮤진트리, 2011. (원제: Iain McGilchrist. The Master and His Emissary: The Divided Brain and the Making of the Western World, 2009).

K. Eibl. Animal Poeta. Bausteine der biologischen Kultur- und Literaturtheorie. Paderborn: mentis, 2004.

S. Lautenbacher, O. Güntürkün und M. Hausmann (Hg.). Gehirn und Geschlecht: Neurowissenschaft des kleinen Unterschieds zwischen Frau und Mann. Heidelberg: Springer Medizin Verlag, 2007.

H. Lethen. Neue Sachlichkeit 1924-1932: Studien zur Literatur des "Weißen Sozialismus". Stuttgart: Metzler, 1970.

Marco Del Giudice, Tom Booth, Paul Irwing. "The Distance Between Mars and Venus: Measuring Global Sex Differences in Personality". In: PLoS ONE, 2012: 7(1): e29265. doi:10.1371/journal.pone.0029265.http://www.plosone.org/article/info%3Adoi%2F10.1371%2Fjournal.pone.0029265 (2015.9.30.현재).

U. Strauch. "Antwort über Antwort auf die Frage: Gibt es eine weibliche Ästhetik?". In: Frauen sehen ihre Zeit. Katalog zur Literaturausstellung des Landesfrauenbeirates Rheinland-Pfalz. Hrsg. v. Ministerium für Soziales, Gesundhiet und Umwelt Rheinland-Pfalz. Mainz 1984. S.76-95.

스마트한 서비스 세상과
문제해결형 융합 연구

:: 김인숙

1. 과학기술 발전의 방향 설정과 융합연구의 필요성

독일 축구팀은 2014년 브라질 월드컵에서 우승했다. 국가대표 축구선수에 부착된 센서를 통해서 신체반응을 디지털 정보로 전환하고, 이를 리얼타임으로 감독에게 제공하였다. 독일 축구감독은 이렇게 추가적인 옵션을 갖게 되었고, 이것을 합리적인 의사결정에 활용하였다. 독일 기업 SAP는 자사의 소프트웨어 기반 사물인터넷을 월드컵 결승전 우승 요인으로 분석한다. 마치 온라인 축구게임처럼 리얼타임으로 통합된 정보가 제공된 것이다. 빅데이터(Big Data) 정보가 순간순간의 의사결정을 지원하는 스마트한 데이터(Smart Data)로 전환된 것이다. 이렇게 정보통신과 사물인터넷 분야에서 다양한 기술개발이 빠른 속도로 진행되고 있다. 동시에 우리 삶의 영역에서 엄청난 변화를 만들고 있다.

앞으로 새로운 기술개발의 핵심은 누가 무엇을 원하는가를 정확히 파악하는 데에 있다. 사람들의 수요를 알아내는 일이 더욱 중요하기 때문이다. 예를 들어 사물인터넷에서 공학적인 기술을 개발하는 것은 비교적 용이하지만, 우리에게 스마트한 기술을 제공하기는 쉽지 않기 때문이다. 결국 일반 시민에게 스마트한 기술을 개발하는 기업과 국가가 지속적으로 발전할 수 있는 것이다. 여기서 중요한 질문은 다음과 같다.

- 우리가 원하는 스마트한 서비스는 무엇인가?
- 우리에게 필요한 스마트한 서비스는 무엇인가?
- 우리에게 의미를 제공하는 스마트한 서비스는 무엇인가?

우리가 추구한 경제발전은 그동안 정량적인 GDP 중심의 경제성장에 국한되었다. 우리가 추구하는 삶은 무엇이고, 행복한 삶은 무엇인가에 대한 논의가 경제성장에 묻힌 것이다. 우리가 진정으로 원하는 경제발전의 방향과 그 추진방식에 대한 질문을 간과한 것이다. 다행스럽게도 오늘날 과학기술 분야에서는 일반 시민이 원하는 방향을 찾아내는 일이 경제적 성과에도 도움을 준다는 인식이 확산되고 있다. 즉, 과학기술정책에서 일반 시민의 '수용성(acceptance)'은 민주적인 의사결정이라는 당위성 확보와 더불어서 시민들이 원하는 과학기술을 발견함으로써 시장수요를 발견하는 경제적인 합리성을 담보하게 된 것이다. 결국 이러한 시민이 원하는 과학기술을 선정함은 합리적인 정책결정을 지원할 뿐 아니라 스마트한 서비스를 결정하는 핵심요소가 되었다(CreatAcceptance, 2007).

더욱이 정보통신기술 발달과 인터넷 연결은 변화하는 소비자의 욕구와 차별화된 개인적인 욕구를 제품과 서비스에 리얼타임으로 반영할 수 있게 되었다. 이렇게 한 국가의 경제발전의 방향성과 이를 도출하는 방법으로 지역주민과의 의사소통이 중요해진다. 그 과정에서 다양한 학문분야 전공자들이 문제를 해결하는 융합연구를 통해 지속적인 피드백을 제공할 수 있다. 그 사례로 1970년 콜롬비아 가비오따스를 들 수 있다. 운하를 건설하기 위해 파견된 파울로 루가리는 운하건설에 따른 원주민 공동체의 삶에 관심을 갖게 되었다. 지역공동체 구성원을 행복하게 만드는 경제발전의 방향성을 고민한 것이다.[1]

"우리가 원하는 경제발전은 결국 우리의 행복한 삶을 위한 것이다."
―파울로 루가리

결국 파울로 루가리는 가비오따스에 운하를 건설하는 대신, 자연과학자, 공학자, 사회과학자, 인문학자와 함께 새로운 마을공동체를 만들었다. 마을사람이 원하는 경제발전의 방향과 방식을 도입하고 행복한 공동체 건설을 추구한 것이다. 그는 진정한 위기는 에너지와 자원의 부족이 아니라 우리의 상상력 부족이라고 생각하였다. 상상력을 가진 시민들이 새로운 삶의 양식을 설계하고 더불어서 자유로운 삶을 즐길 수 있다는 것이다. 지역주민과 다양한 학문배경을 가진 전문가들의 융합연구를 통해서 창의적인 해결방안을 도출한 것이다.

이렇게 기술적인 수준과 경제적인 성과 그리고 의사소통에 따른 사회적인 참여가 모두 어우러져서 지속가능한 발전을 이룰 수 있게 되었다. 기술개발에서도 얼마나 많은 이해관계자가 참여했느냐가 중요해진 것이다. 특히 설계단계에서부터 다양한 목소리를 반영할 수 있는 의사결정시스템이 기술개발의 핵심요소가 되었다. 수많은 참여자가 연결된 사물인터넷의 정보보안에 대한 표준 역시 설계단계에서부터 합의되어야 한다. 사물인터넷 정보이용 표준에 대한 다양한 이해관계자의 합의내용과 합의절차의 미세한 차이가 결국 각 경제주체의 사업모델 수익성과 직결되기 때문이다.

결국 이해관계자가 참여하고 시대변화에 역동적으로 대응할 수 있는 의사결정시스템을 갖춘 과학기술정책이 필요하게 된 것이다. 이에 본 연구는 최근 정보통신기술에 따른 과학기술정책 설계를 의사결정시스템의 관점으로 바라볼 것이다. 정보통신기술을 제조업에 접목하여 Industrie 4.0을 추진하고, 그 성과를 경제발전에 접목한 독일 성공사례를 소개하고자 한다. 이어서 사물인터넷을 적용하여 스마트한 서비스 세상이 실현되는 미래를 설계하는 방법으로 융합연구 절차와 방식을 검토할 것이다.

2. 독일 Industrie 4.0과 스마트서비스 세상

독일 Industrie 4.0 플랫폼과 열린 의사결정시스템

독일 제조업에 정보통신기술을 접목한 Industrie 4.0(인두스트리 4.0)은 제4차 산업혁명으로 불리고 있다.[2] 사물인터넷을 이용한 유연한 생산과 물류시스템에서 고객의 의사결정을 반영하는 Industrie 4.0 시대에 열린 경영시스템이 실현된다. 이미 전략수립과 정책개발 단계에서부터 기업과 연구기관 그리고 100여 개 국가 2,000여 명의 개발자들이 함께 참여하였다. 약 100만여 명의 소비자들이 모인 협의체에서 개발되는 매우 높은 수준의 소프트웨어 플랫폼은 열린 방식 혹은 열린 도구로 개발되었다. 이렇게 표준화 절차는 열린 상태로 그리고 투명하게 운영되고, 모든 이해관계자에게 연결되어 진행되었다. 이는 제품과 생산시스템을 관통하는 엔지니어링 시스템에서 리얼타임 소통으로 매우 역동적이고 기술적인 공정절차의 조정을 가능하게 하였다.

스마트한 서비스와 제품은 기술이전, 지식정보, 정보공유, 정보통신기술의 발전과 더불어서 엄청난 속도로 진화하고 있다. 빠른 기술개발 속도와 네트워크 형성은 이해관계자 중심의 의사결정시스템에 중요한 의미를 부여하였다. 독일은 이해관계자인 산업계 중심으로 2006년부터 2011년에 걸쳐서 과학기술정책 로드맵을 도출하였다. 특히 산업계를 대표하는 협회로 BITKOM(정보통신), VDMA(기계산업), ZVEI(전기전자)가 핵심적인 역할을 주도하였다. 이들이 만든 Industrie 4.0 플랫폼에는 경제계와 학계를 대표하는 28개 단체와 6개 지원그룹이 참여하였다.[3]

독일 Industrie 4.0 플랫폼은 산업계, 일반인을 포함한 전문가, 학계를 대표하는 경제주체로 구성된다. 전체를 총괄하는 지휘그룹 역시 각각 세 그룹을 대표하는 경제주체이다. 가장 핵심적인 역할을 담당한 산업계 협회는 모든 구성요소와 의사소통 채널을 확보하고 있다. 특이한 점은 전문가 공동체 그룹이다. 이 역시 열린 시스템으로 일반인도

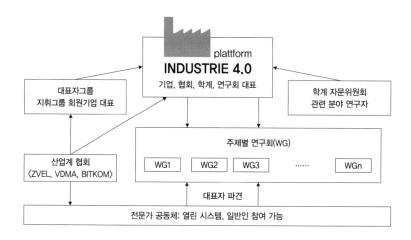

Industrie 4.0 플랫폼 의사결정시스템 구조[4]

참여가능하고 관심을 가지는 현장전문가도 참여할 수 있다. 플랫폼 운영의 기초단위인 전문가공동체에서 대표자를 파견하여 연구주제 중심의 개별 연구회가 조직되고, 이들은 지속적으로 지휘그룹과 정보를 교환한다.

플랫폼 전체를 총괄하는 지휘그룹은 정책활동지원과 전략수립 및 방향성을 제시하고, 논의사항과 입장을 정치와 언론 및 일반인에게 설명한다. 산업계 대표협회가 운영하는 사무국은 조직적이며 행정적으로 지휘그룹을 지원한다. 산업계 협회 대표로 구성된 사무국은 지식이전과 내부연결 관련 활동의 연계 및 언론과 공공여론에도 대응하고 있다(Forschungsunion/acatech, 2013).

이렇게 제조업의 미래를 설계하는 과정에서 관련된 이해관계자 모두가 참여할 수 있는 플랫폼이 만들어진 것이다. 자발적인 참여자의 연구회 구성으로 혁신적인 아이디어를 산업계와 학계 및 일반인이 공유하는 방식이 마련된 것이다. Industrie 4.0은 정보통신기술에 기초한 공정절차의 최적화와 더불어 글로벌 경쟁에서 차별화된 전략수립을 가능하게 한다. 이에 사업파트너인 공급업체, 소비자, 근로자 사이의 집중적인 협력이 필요하게 되었다. 앞으로 고객의 개인적인 희망사항을 제품의 디자인, 형태, 주문, 계획, 생산과 물류에 반영할 수 있다. 정보통신기술과 인터넷 연결망을 제조업 생산에 적용하는 새로운 사업모델이 다양하게 도출될 것이다. 이 과정에서 가격과 수량이 역동적으로 결정되고, 리얼타임으로 고객의 수요를 파악하는 일이 중요해졌다. 당연하게도 공정경쟁에 따른 서비스품질 제고도 이어질 것이며, 다양한 참여자 간의 사업성과의 공정한 분배가 이루어져야 한다. 가치사슬에 연결된 사업네트워크는 이렇게 광범위하게 협력적으로 운영되어야 하는 것이다.

스마트한 서비스 세상과 융복합 연구회

독일에서 추진하는 "스마트한 서비스 세상(Smart Service Welt)" 프로젝트는 고객의 특별한 선호에 부합하는 서비스 제공을 하려는 것이다. 예를 들어 디지털에서 인식한 고객정보를 통해서 특별할인권을 가까운 상점에서 사용할 수 있다. 또한 자동차 배터리에 부착된 센서를 통해서 가까운 하이브리드 전용 주유소에 갈 수 있다. 이렇게 미래에는 모든 소비자가 차별화된 자신만의 제품과 서비스를 원할 것이다. 제품과 서비스 이용자, 환자, 동료, 기술자, 여행자, 기업가로서 자신에게 스마트한 서비스를 원한다. 이에 기업은 개인별 수요에 맞춘 제품과 서비스를 유연하게 공급해야 할 것이다. 더욱이 정보통신기술의 발달로 제품, 생산공정, 서비스를 소비자 개인의 취향에 맞출 수 있기 때문이다. 이는 곧 새로운 서비스와 사업모델이 모든 일상적인 삶과 직업에서 더욱 다양하게 시시각각으로 쏟아져 나올 수 있음을 뜻한다(BMWI/acatech, 2014).[5]

미래에는 모든 것을 하나의 서비스로 간주하는 'Everything as a Service' 개념이 실현될 것이다. 제품을 판매하기보다는 제품을 통해서 사람들이 필요로 하는 서비스를 제공하는 것이다. 스마트한 공장에서 생산된 스마트한 제품이 소비자에게 스마트한 서비스를 제공한다. 디지털로 입력된 정보와 인터넷 사용으로 사물인터넷이 가능해지면서 똑똑한 서비스가 되어 개별적으로 차별화된 수요에 적합한 서비스를 제공할 것이다. 이제 기업은 하나의 똑똑한 서비스 제공을 위해서 업종과 부문별 경계를 넘어서 협력해야 하는 상황에 처해 있다. 제품과 서비스의 포트폴리오를 지속적으로 확대하거나 혹은 적응시켜야 할 것이다.

스마트서비스 플랫폼을 개발하고 시현하기 위해서는 업종을 넘어서는 전문가그룹을 소집해야 한다. 기본요건 연구에서부터 시장진입에 이르기까지 공동의 전략을 개발하고 추진해야 한다. 경제와 학계와 사회 및 정치에서 합의된 전략수립으로 디지털 사용과 에너지경제의 네트워크 수익성을 추구하는 것이다. 스마트서비스연구회는 개별 기업, 학계, 노동계, 산업계 협회와 행정기관을 대표하여 약 150명이 참여하였다. 이는 단지 기술적인 시각에서뿐만 아니라 참가한 사람들의 성향을 반영하여 매우 높은 수준의 네트워크에 기초한 혁신을 가능하게 하였다. 각각의 이해관계자가 참여하면서 서로를 견제하는 삼각구도를 완성함과 동시에 누구에게나 열려 있는 시스템을 구성함으로써 지속적인 시장변화를 담아낼 수 있게 한 것이다.

스마트한 서비스를 제공하는 우선적인 기본요건은 유비쿼터스와 센서 네트워크 및 인터넷 등과 같은 기술인프라의 확보이다. 이에 기초하여 물리적인 플랫폼으로 자동차와 설비공구, 의료기기 및 스마트홈과 같은 스마트한 제품이 우선적으로 제공된다. 이에 연관된 산업인 자동차와 운송, 설비와 기계, 유통과 물류, 건강과 의료 분야가 스마트 서비스를 제공하는 선두주자가 될 것이다. 그다음 단계로 스마트한 데이터를 제공할 수 있는 소프트웨어에 기초한 플랫폼의 구축이다. 여기에서 클라우드, 가상데이터 네트워크, 빅데이터와 스마트데이터 등

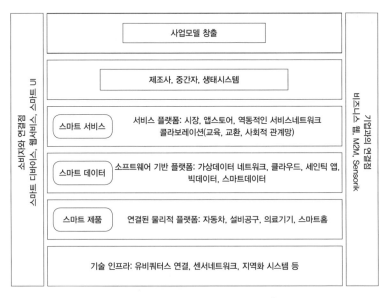

스마트한 서비스 세상의 기본 골격과 구성요소[6]

이 가능해진다. 좀 더 발전된 형태는 스마트서비스 단계로 서비스 플랫폼이 구축되어 사회적 관계망과 연결되는 완성의 단계이다. 사업자(B2B)와 소비자(B2C)의 거래에서 다양한 스마트 서비스가 제공되는 단계로 새로운 생태계가 조성되고 새로운 사업모델이 창출되는 단계이다. 이 과정에서 다양한 경제주체들이 연결된다. 기업과 산업의 경계를 넘어서서 국경을 넘어서서 협력하는 스마트서비스 세상이 되는 것이다.

또한 새로운 디지털 생산시스템은 기업과 산업의 경계를 넘어서서 장기적인 융합연구 방식의 협력과제를 창출할 것이다. 새로운 방법과 접근방식 및 모범사례는 가치창출사슬에서 실현되고, 이 과정에서 지식의 융합과 기술이전이 일어날 것이다. 기술연구는 이제 장기적으로 융합적인 협력에서 가능할 것이다. 미래 제조업에서 엄청난 변화가 일어날 것이다. 근로환경에 대한 융합연구는 엔지니어, 정보학, 심리학, 인체공학, 사회학, 근로복지학, 의학, 디자이너로 구성된 전문가팀에서 추진될 것이다. 우리는 이제 디지털기업의 근로자로서, 동시에 서비스 수요자인 소비자로 활동한다.

4. 문제해결형 융합연구의 성공사례와 핵심요소

독일은 첨단의료기술과 같은 과학기술정책에서도 '시민대화' 방식으로 의견을 수렴한다. 시민교육의 대상이 아니라 정책관련 소통과 대화에 일반 시민이 참여하는 것이다. 이는 세금을 납부하는 시민은 알권리가 있고 동시에 시민대화는 관련 정책의 실효성을 제고시킨다는 인식에서 비롯되었다. 이해관계자 중심의 의사결정 모형은 우리가 원하는 발전을 가능하게 한다. 또한 사회적인 수용성을 높여줄 뿐 아니라 민주시민의 사회적 참여도 촉진시킨다. 일반 시민들이 정치적으로나 사회적으로 관심을 불러일으키는 과학기술 주제를 전문가들에게 질문하고 그 대답을 청취한 다음 그 주제에 대해 합의된 의견을 수렴하여 공개하는 과정이다. 이는 민주주의가 정보를 가지고 판단할 수 있는 시민들에 의해서 실현된다는 믿음에서 출발한다. 일반 시민들이 이해하고 수용할 수 있는 과학기술이 의미를 갖기 때문에 이들이 질문하고 광범위하게 토론할 수 있는 공론의 장이 마련되어야 한다는 것이다. 더 이상 정부와 전문가 중심으로 시민들에게 교육하고 설명하는 방식이 아닌, 일반 시민이 처음부터 전문가와 지속적이고도 다층적인 대화형식을 통해서 정책설계에 참여하는 것이다(김인숙, 2013).

독일 시민대화 논의주제는 1년 동안 온라인과 오프라인을 통해서 공개적으로 토론된다. 이 과정에서 다양한 학문적 배경을 가진 전문가 집단의 지속적인 피드백을 통해 단계적으로 의견을 수렴하는 다층적 의사소통 시스템을 구축하였다.[7] 예를 들어 첨단의료기술에 관한 시민대화는 독일 전역에서 소규모 토론의 형태로 실시된다. 여기에서 도출된 논의들은 분야별 전문가집단의 문제해결형 융합연구로 피드백을 받는다. 두세 번의 피드백을 통해서 초기 안건문서, 중간보고서, 최종적으로 시민보고서가 완성된다. 첨단의료기술이라는 주제에서 전문가집단은 정부부처, 대학, 제약업계, 의사협회, 연구소 등에서 활동하는 15명의 의료계 전문가들로 구성되었다. 즉 일반 시민과 전문가

집단의 대화형식으로 첨단의료정책의 우선순위와 주요 원칙을 찾아 가는 것이다. 2002년부터 시작된 시민대화의 최근 주제는 고령화, 지구과학, 첨단의료기술, 미래에너지이다(BMBF, 2011).

독일 괴팅엔대학교 지속가능연구소에서[8] 다양한 분야의 연구자들은 10년 동안 이 사업을 기획하고 운영했으며 관련 정보도 공개하였다. 학제간연구소는 학제적 협력의 중요성을 인식하여, 농업학, 지리학, 토양학, 경제학, 사회학, 심리학, 정치학 등의 연구자들로 구성된 융합연구를 통해서 바이오에너지마을이라는 복합적인 사업모델을 개발하고 확산시켰다. 연구자들은 사업구상과 사업설계 그리고 운영관리에 이르는 전 과정에서 필요한 전문지식을 습득할 수 있도록 주민들과의 교류를 통해 지속적인 피드백을 제공하였다(Eigner-Thiel, 2010; 김인숙 외, 2013).

융합연구는 학문간의 융합 그 자체에 의미를 가지기보다는 현장의 문제를 해결하는 과정에서 서로 지식을 공유하는 형태의 문제해결형 융합연구에서 그 의미를 가진다. 다양한 문제점을 가진 현실 문제를 해결하기 위해서는 다양한 지식이 함께해야 하기 때문이다. 또한 융합연구의 절차와 피드백이 시스템적으로 움직이고 그 과정이 일반인에게도 공개되어야 한다. 여기서 시스템이라 함은 각 단계별로 의사결정 과정이 정해지고, 그 결과가 참여자에게 공유되면서 서로 피드백을 주는 과정을 포함한다. 이러한 일련의 과정이 하나의 시스템으로 통합되고, 대내외 변화에 유연하게 대응할 수 있음을 뜻한다.

문제해결형 융합연구가 성공하는 핵심요소는 지속적인 피드백 절

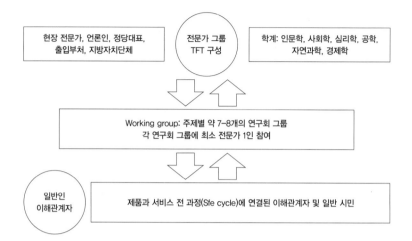

문제해결형 융합연구의 절차와 구성요소

차와 정보공개이다. 바이오에너지마을을 조성하는 과정에 참여하는 전문가 그룹은 크게 둘로 나눌 수 있다. 먼저 학계를 대표하여 인문학, 사회학, 심리학, 공학, 자연과학, 경제학을 전공한 전문가들이 참여한다. 이들은 주제별로 구성된 연구회 그룹을 각각 담당하면서 해결방안을 도출한다. 또 다른 전문가그룹에는 현장 전문가와 언론인, 정당대표, 중앙부처와 지방자치단체를 대표하는 경제주체가 참여한다. 이렇게 전문가 그룹을 이론적인 전문성과 실무적인 현장의 전문성이 반영될 수 있도록 두 개로 구분하여 선발한 것이다. 그리고 주제별 연구회에서 도출된 해결방안에 대해서 전문가 그룹이 공동으로 토의하고 검토한 결과를 공개한다. 이 과정이 반복되면서 하나의 해결방안은 점점 더 구체적이고 동시에 기술성, 경제성, 환경성, 사회성 등의 여러 가지 요소도 반영하게 된다.

예를 들어 바이오마을사업의 경제성을 평가하는 과정에서도 지역 주민의 의견이 반영된다. 이론적인 비용뿐만 아니라 지역주민들이 실제로 감당하는 비용과 얻게 되는 편익을 근거로 산출한다. 독일 분산에너지지원센터(deENet)[9]는 지역경제 활성화와 직결된 재생에너지 가치창출 비즈니스모형을 개발하였다. 해당 지역에 적합한 재생에너지 모델을 적용함으로써 에너지비용으로 유출된 지역구매력의 약 75%를 다시 지역경제로 환원할 수 있게 한 것이다. 이 센터는 산업계 기업, 서비스와 컨설팅 기업, 대학, 연구기관, 경영자협회, 지역기관 등 100여 명의 회원이 유기적으로 협력하는 구조로 운영된다.

결국 문제해결형 융합연구에서는 이론과 실무 부문 지식을 가진 전문가와 일반 시민의 의사소통이 성공의 핵심요소이다. 동시에 의사소통은 일회성이 아닌 지속적인 피드백 과정을 가져야 하고, 일반인에게 또는 최소한 이해관계자에게 논의과정과 그 결과가 공개되어야 한다. 이 과정에서 끊임없이 변화하는 대외적인 여건과 이해관계자의 경제성 분석이 결합하여 시장에서 살아남을 수 있게 되는 것이다. 이미 의사결정 과정에서 각자가 생각하는 다양한 변수가 반영되고, 지속적인 피드백을 통과한 상태이기에 기술개발과 제품 및 서비스 개발은 높은 성공 확률을 가지게 된다.

5. 결론 및 시사점

디지털 인프라를 통해서 인간과 기술의 상호작용을 가능하게 한다. 인터넷에 기초한 서비스는 고객을 개인적으로 만날 수 있게 해준다. 모든 단계에서 고객과 긴밀한 대화를 가능하게 한다. 개방된 혁신플랫폼은 이해관계자를 경제와 사회 및 정치에 연결시키는 새로운 디지털 환경 시스템을 만들어낸다. 새로운 사업문화 구축에 새로운 혁신과 창업문화가 일어날 것이다. 긴밀한 고객연결, 이용자중심과 투명성 원칙에 기초할 것이다. 더불어서 다양성은 지역과 문화적인 특수성의 의미에서 고려되어야 할 것이다. 지능적인 제품과 서비스는 점점 더 많아지며, 기업들은 엄청난 변화에 서 있다. 사물과 데이터와 서비스 인터넷은 디지털 세상에서 서로 합쳐질 것이다. 미래에는 소비자 중심의 사업모델이 지능적인 서비스와 제품에서 결정적인 요소이다. 지능적인 네트워크를 개발하고 조직할 것이며 세계시장으로 확산될 것이다.

디지털시대의 기업은 변화하는 가치를 파악하고, 고객을 그 중심에 두어야 할 것이다. 혁신전략의 개발은 고객에서 시작되기 때문이다. 스마트서비스라는 새로운 도전은 기업과 다양한 업종의 협력으로 극복될 수 있다. 새로운 방법과 인센티브가 발견되어야 하고, 그 방향은 근로자와 기업의 이익을 개선시키는 일이다. 디지털로 연결된 스마트세계에서도 인간이 그 중심에 서 있다. 특히 사회적이고 감성적인 지성이 센서작동으로 인식되는 것이다. 지식과 소통에 집약적인 근무환경을 지원할 것이다. 건강상태의 변화를 데이터를 통해서 보다 빨리 알 수 있을 것이다. 스마트서비스의 인프라 계획과 구상은 결국 인간을 위한 것이다. 삶과 업무, 생산과 서비스와 주거는 완전히 새로운 형태로 변화될 것이다.

기술혁신은 사회문화적인 배경과 분리될 수 없으며, 문화사회적인 변화는 기술혁신을 이끄는 강력한 동력 중 하나이다. 기술적인 혁신과 사회적인 혁신 사이의 상호작용을 최적화하는 일은 국가 경쟁력과 생산성 제고에 중요한 영향력을 가질 것이다. 이러한 상황에서 독일은 이해관계자 참여라는 방식을 활용하여 끊임없이 시장을 파악하고 있다. 이러한 소통방식을 거쳐서 만들어진 제품과 서비스는 결국 사람들이 원하는 스마트한 서비스와 미래의 경제발전 방향과도 일치한다.

글로벌한 세계경제에서 앞으로 국가별 기술개발 수준과 자본 및 노동생산성은 비슷해질 것이다. 유입과 유출이 가능하기 때문이다. 한국과 독일의 경쟁력 차이는 무엇일까? 기술력과 자본력보다는 오히려 정책실효성에서 차이를 보이고 있다. 선진국의 거의 모든 좋은 제도가 국내에서 벤치마킹되었다. 다만 그 수입된 제도가 제대로 작동하느냐의 문제는 여전히 남아 있다. 시스템의 작동은 시스템 운영자의 몫이다. 누가 어떻게 제도를 운영하느냐에 따라서 그 제도의 사활이 걸려 있기 때문이다.

다양한 학문배경을 가진 전문가 그룹의 지속적이고 반복적인 피드백이 중요해진다. 이때 전문가는 수년 이상 종사한 현장 전문가도 포함한다. 주어진 문제를 함께 해결하는 문제해결형 융합연구이다. 자연과학과 인문학 그리고 공학과 사회과학 등의 여러 분야 전문가가 하나의 문제해결에 협업하는 방식이다. 다양한 해결방안이 제대로 효과를 발휘하기 위해서는 이해관계자의 행동을 예측할 수 있어야 한다. 이때 필요한 것은 인간을 법칙적으로 설명하고 예측하려는 태도가 아니라, 우선 다양한 맥락에서 '이해'하는 것이 필요하다. 가령, 인간은 역사적 감정의 존재이고, 문화적 이해 속에서 가치를 판단하는 존재이기 때문이다. 관련된 이해관계자가 모여서 공개적으로 논의하고 그 내용을 관련된 전문가그룹에게 피드백을 받는 과정이다. 어느 누구도 정답과 해답을 알지 못한다. 집단지성과 현장 지식이 합해지고, 다양한 입장이 반영될 때 스마트한 서비스 제공이 가능해진다.

| 참고문헌 |

김인숙, 「독일의 다층적 의사소통 시스템 '시민대화(Bürgerdialog)'」, 『외국어로서의 독일어』, 2013, 87~105쪽.

김인숙, 「독일 바이오에너지마을의 자립화와 전문가집단의 역할 – 독일 윈데마을 사례를 중심으로」, 『독일문학』, 2013, 29~48쪽.

BMWI/acatech, Smart Service Welt, Umsetzungsempfehlungen für das Zukunftsprojekt Internetbasierte Dienste für die Wirtschaft, 2014.

BMBF(2011), Bürger Dialog, Bürgerreport Hightech-Medizin-Welche Gesundheit wollen wir?, Berlin, 3/4 December 2011.

CreatAcceptance (2007), Factors Influencing the Social Acceptance of New Energy Technologies, EU. www.creatacceptance.net.

Eigner-Thiel(2010), Gemeinschaftliches Engagement für das Bioenergiedorf Jühnde, Unweltpsychologie, 14(2), 98-120.

Forschungsunion/acatech(2013), Umsetzungsempfehlungen für das Zukunftsprojekt Industrie 4.0, Deutschlands Zukunfts als Produktionsstandort sichern, Abschlussbericht des Arbeitskreises Industrie 4.0, BMWi.

HYBRID
Poiesis

|1장|

1) 21세기 내에 나노 수준으로부터 인간의 두뇌에 이르는 물질의 구조와 행태의 포괄적인 이해에 기초한 '새로운 르네상스'가 도래할 것이다. 세계 평화, 전지구적 번영, 그리고 공감과 성취가 높은 수준으로 진화할 것이다. 인간 삶의 전 영역에서 증강된 삶을 누릴 수 있다. 문화와 인격의 본성에 대한, 전적으로 새로운 종류의 엄밀한 연구, 그리고 자연과학·사회과학·인문학의 결합에 의한 지식의 통합이 이루어질 것이다. 수십억 인류의 글로벌 네트워크 사회가 마치 하나로 연결된 두뇌나 생물학적 유기체의 확장된 형태로 간주될 수 있을 정도로 발전할 것이다.

2) 『인간의 성능향상을 위한 융합기술(Convergent Technologies to Improve Human Performance)』 보고서의 두 명의 공저자 중 한 사람인 베인브리지(W.S.Bainbridge)는 트랜스휴머니스트이다.

3) 호세 코르데이로, 「인간의 경계: 휴머니즘에서 포스트휴머니즘까지」, 제1회 세계인문학포럼 발표자료집, 333쪽.

4) N. Katherine Hayles, *How We Became Posthuman. Virtual Bodies in Cybernetics, Literature, and Informatics*, the univ. of Chicago press, 1999, p.235 참조.

5) "wet" ALife는 컴퓨터에 시뮬레이된 인공생명을 생물학적 재료를 사용하여 구현하려는 시도이다. 젖은 인공생명은 따라서 생물학적 재료로 제작되는 컴퓨터이다.

6) Stanley N. Salthe, *Evolving Hierarchical Systems*, New York: Columbia University Press, 1985 또는 Valerie Ahl & T.F.H. Allen, *Hierarchy Theory*, New York: Columbia University Press, 1996 참조.

7) 호세 코르데이로, 「인간의 경계: 휴머니즘에서 포스트휴머니즘까지」, 제1회 세계인문학포럼 발표자료집, 333쪽.

8) 마르틴 하이데거, 이선일 옮김, 『이정표 2』, 한길사, 2005, 135쪽 참조.

|2장|

1) Richard Feynman, There's Plenty of Room at the Bottom, http://www.zyvex.com/nanotech/feynman.html.

2) 서갑양, 『나노기술의 이해』, 서울대학교출판문화원, 2011, 17쪽.

3) 레이 커즈와일, 김명남·장시형 옮김, 『특이점이 온다』, 김영사, 2007, 309쪽.

4) 에릭 드렉슬러, 조현욱 옮김, 『창조의 엔진』, 김영사, 2011, 47쪽.

5) 위의 책, 30쪽.

6) 위의 책, 37쪽.

7) 위의 책, 347쪽.

8) 이 점에서 드렉슬러는 인간을 기계로 간주함이 사람들로 하여금 오해를 불러일으
킬 수 있음을 지적하였다. 이에 대한 자신의 의견을 다음과 같이 밝혔다. "세포를
기계라고 부르는 것이 이치에 닿을까? 자가 수리를 하든 그렇지 않든 말이다. 우리
는 세포로 구성되어 있기 때문에 이는 인간 존재를 '단순한 기계'로 폄하하는 것처
럼 보일 수 있다. 전체론이라는 생명 관념에 배치되는 것이다. 하지만 전체론의 사
전적 정의는 '실제는 부분의 단순한 합보다 더 큰 유기적 전체나 통일된 전체로 구
성되어 있다는 이론'이다. 이는 인간에게 분명히 적용되는 정의다."

9) Andreas Woyke, Animation der Materie?—Kritische Betrachtungen zur
Nanotechnologie.

10) 스튜어트 카우프만, 국형태 옮김, 『혼돈의 가장자리』, 사이언스북스, 2002, 48쪽.

11) 위의 책, 51쪽.

12) 스티븐 존슨, 김한영 옮김, 『미래와 진화의 열쇠 이머전스』, 김영사, 2004, 20쪽. 그
러나 상부의 지시에는 완전히 둔감한 다수의 행위자들이 다중의 방식으로 역학적
상호작용을 주고받지만 국지적인 지시로부터 식별 가능한 거시적 행동이 나타나지
않으면 그것은 진정한 창발적 행동이라고 볼 수 없다.

13) Bill Joy, Warum die Zukunft nicht uns braucht. 2000년 4월 『Wired』에 실린 에
세이가 같은 해 6월 6일자로 독일 일간지 프랑크푸르트 『알게마이네 차이퉁(FAZ:
Frankfurt Allgemeine Zeitung)』에 실렸고, 한국에서도 같은 해에 『녹색평론』 제55
호(11-12월)에 번역되어 실렸다. 독일어 버전 http://www.km21.org/23rd-century/
billjoy_0600.htm.

| 3장 |

1) 레브 마노비치(Lev Manovich)는 디지털 사진을 아날로그 사진의 연속이자 단절로
간주해 "사진 이후의 사진"(「디지털 사진의 역설」, 『사진과 텍스트』, 눈빛, 2006, 288
쪽)이라고 칭한다. 반면 미첼(William J. Mitchell)은 아날로그 사진의 존재론적 특징

이 물리적으로 연속적인 데 반해 디지털 사진이 물리적으로 불연속적이어서 전통 사진과 단절되었음을 강조하고 "후기 사진(post-photography)"(『디지털 이미지론』, 아이비스출판부, 2005, 19쪽)이라고 명명한다.

2) FLEV_interactive_media facade_reel_2014(http://vimeo.com/101603904)

3) 발터 벤야민, 최성만 옮김, 『기술복제시대의 예술작품-사진의 작은 역사 외』, 발터 벤야민 선집 2, 도서출판 길, 2007, 168쪽.

4) Roland Barthes, *La chambre claire, Note sur la photographie*, Paris: Gallimard, Seuil, 1980, p.15. 라캉에게 tuché는 '실재계와의 우연한 만남'을 의미한다.

5) 장 보드리야르, 하태환 옮김, 『사라짐에 대하여』, 민음사, 2012, 75쪽.

6) Roland Barthes, *La chambre claire, Note sur la photographie*, op. cit., 1980, p.136.

7) 퍼스는 기호를 대상체와 맺는 관계에 따라 도상, 지표, 상징으로 분류했는데, "지표 는 특별한 종류의 도상으로서, 여하간 일종의 도상이 될 수도 있다. 그러나 이와 같 은 관점에서도 지표가 갖는 대상과의 관계에서 신호로서의 성립조건은 (도상적) 닮 음이 아니라 대상에 의한 실제적 변형에 있다"고 보았다(찰스 샌더스 퍼스, 김성도 편역, 『퍼스의 기호 사상』, 민음사, 2006, 155~156쪽).

8) 자크 랑시에르, 김상운 옮김, 『이미지의 운명』, 현실문화, 2014, 22쪽.

9) 현상학은 자연과 세계의 진리를 주체와의 관계를 도외시하고 '관찰될 수 있는 사 실'만을 실증적으로 연구하는 과학의 자연주의적 태도를 비판하고, 주체와의 생생 한 관계에 주어지는 '사태 자체로 돌아가자'고 주장한 철학운동이다. 후설(Husserl) 의 현상학(phénoménologie)에서 '의식은 언제나 무엇을 지향하는' 특징을 지닌다. 메를로-퐁티도 현상학을 "인간과 세계를 […] 사태성에 입각해서만 이해할 수 있다 고 보는 철학"(Maurice Merleau-Ponty, *Phénoménologie de la perception*, Paris: Galimard, 1945, p.I)임을 강조하고, 세계에 대한 진정한 이해는 인간과 반성 이전의 세계와의 자연스러운 접촉과 상호관계를 통해서 가능하다고 보았다. 바르트는 『밝은 방』에 서 사진을 기호학적으로 분석하는 데서 벗어나 대상을 지향하는 주체의 '의식작용 (noesis)'과 그 상관물인 '의미체(noema)'로서 '노에시스 - 노에마'란 독특한 상관관 계를 통해 사진의 고유한 본질을 탐색했다. 그렇지만 바르트는 사진의 특이한 존재 와 그 효과인 정동(情動, affect)을 후설의 현상학보다 상상력의 지향작용을 면밀하 게 탐색한 사르트르의 '상상적인 것'의 현상학으로 연구하였다.

10) 필립 뒤바, 이경률 옮김, 『사진적 행위』, 마실가, 2004, 12쪽.

11) Roland Barthes, *La chambre claire*, op. cit., p.121.

12) 위의 책, p.176.

13) 장 보드리야르, 『사라짐에 대하여』, 63쪽.

14) 지그문트 프로이트, 정장진 옮김, 「두려운 낯섦」, 『예술, 문학, 정신분석』, 열린책들, 2008, 401~402, 406쪽. 바르트의 푼크툼과 프로이트의 언캐니와의 상관성 및 그 파급효과에 대한 연구는 「롤랑 바르트의 『밝은 방』에 나타난 'interfuit'의 의미와 효과」(김화자, 『AURA』, 한국사진학회, 2012, 26호)를 참조하시오.

15) 자크 랑시에르, 『이미지의 운명』, 19쪽. 랑시에르는 미학적 체제에서 이미지란 설명, 분석 가능한 말하기와 상징적인 언어의 묘사에 침묵하는 보여주기, 즉 "문장-이미지"로 구축된다고 주장한다.

16) Gilbert Simondon, *Du mode d'existence des objests techniques*, Paris: Aubier, 1989(1958), p.141.

17) http://www.youtube.com/watch?v=kTSaOTh3Hz0

18) Gilbert Simondon, *L'individuation à la lumière des notions de forme et d'information*, Grenoble, Millon, 2005, p.29.

19) 빌렘 플루서, 김현진 옮김, 『그림의 혁명』, 커뮤니케이션북스, 2004, 173쪽.

20) Gilles Deleuze, *Le Bergsonisme*, Paris: P.U.F., 1966, pp.99~100 참조.

21) 장-뤽 낭시 외, 김예령 옮김, 『숭고에 대하여: 경계의 미학, 미학의 경계』, 문학과지성사, 2005, 67~70쪽 참조.

22) 장 보드리야르, 하태환 옮김, 『시뮬라시옹』, 민음사, 2001, 199쪽

| 4장 |

1) 본 연구는 미래창조과학부 및 정보통신산업진흥원의 'IT명품인재양성사업'의 연구결과로 수행되었음. (NIPA-2013-H0203-13-1001)

2) G. Deluze, F. Guattari, Mille Plateux, Paris, Les Editions de Minuit, 1980, p.210.

3) 위의 책, p.215.

4) E. Levinas, *Le temps et l'autre*, Paris, P.U.F, 2011(강영안 옮김, 『시간과 타자』, 문예출판사, 1996), p.101.

5) F. Nietzsche, *Fragments Posthumes, Automne 1887-mars 1888* in *Oeuvres Philosophiques complètes III*, Traduit de l'allemand par P. Klossowki. Paris. Gallimard, 1976, p.336.

6) 강영안, 『타인의 얼굴: 레비나스의 철학』, 문학과지성사, 2005, 147쪽.

7) 위의 책, 215쪽.

8) 위의 책, 211쪽.

9) 위의 책, 220~221쪽.

10) 위의 책, 211쪽.

11) 위의 책, 207쪽.

12) "얼굴은 넓은 흰 뺨과 검은 구멍을 가진 백인(L'Homme Blanc) 그 자신이다. 얼굴은 그리스도며 전형적인 유럽인이다." 위의 책, 215~216쪽.

13) J. Derrida, *Psyché, Inventions de l'autre*, Paris, Galliée, 1988, p.247.

14) J.-P. Sartre, *L'Etre et Le Néant*, Paris, Gallimard, 1976. 손우성 옮김, 『존재와 무 I』, 삼성출판사, 1992, 320쪽.

15) J.L. Nancy, *Le regard du portrait*, Paris, Galilée, 2001, p.75.

| 5장 |

1) 황희숙, 「과학주의와 인문학의 재정위」, 『大同哲學』, Vol.26, 2004, 4쪽 참조.

2) C. P. 스노우, 오영환 옮김, 『두 문화』, 민음사, 1996.

3) 닐 포스트먼, 김균 옮김, 『테크노폴리』, 민음사, 2001.

4) 위의 책, 66쪽.

5) 위의 책, 105쪽.

6) R. L. 러츠키, 김상민 외 옮김, 『하이테크네』, 시공사, 2004, 124쪽 참조.

7) 추재욱, 「실험실의 과학 혁명-빅토리아시대 소설에 나타난 "미친" 과학자들의 실험실」, 『영어영문학』, Vol.58 No.2, 2012, 307쪽.

8) 메리 셸리, 오숙은 옮김, 『프랑켄슈타인』, 미래사, 2002, 81쪽.

9) "어둠은 내 상상력에 아무런 힘도 미치지 못했으며 교회 묘지는 생전에 아름답고 강인했던 존재들이 구더기들의 먹이가 되어버린, 생명을 빼앗긴 자들의 저장소에 지나지 않았다." 위의 책, 80쪽.

10) 위의 책, 81쪽.

11) 위의 책, 88쪽.

12) 로버스 루이스 스티븐슨, 김세미 옮김, 『지킬 박사와 하이드』, 문예출판사, 2005,

102쪽.

13) 영화 『스플라이스』(2009)는 이 주제를 다룬 가장 괴이한 사례의 하나일 것이다. 난치병 치료를 위한 연구를 진행하던 과학자 부부는 연구 과정에서 조류, 어류, 파충류의 유전자에 인간의 유전자를 결합시켜 기이한 생명체를 탄생시키는 데 성공하지만 이 성공이 사실은 파국이었다.

14) 이 소설은 영화 제작에 즈음하여 영화의 제목 '리미트리스'로 국내에 번역 출판되었다. 앨런 글린, 이은선 옮김, 『리미트리스』, 스크린셀러, 2010.

| 6장 |

1) Oliver Bender: Enhancement oder die Verbesserung des Menschen. Innsbruck 2012. p.9.

2) 한스 모라벡, 박우석 옮김, 『마음의 아이들. 로봇과 인공지능의 미래』, 김영사, 2011, 192~193쪽.

3) Christoph Coenen, u.a.: Die Debatte über Human Enhancement. Bielefeld 2010, p.46.

4) Oliver Krüger: Virtualität und Unsterblichkeit. Die Visionen des Posthumanismus. p.110. 맥스 모어는 포스트휴먼의 도래를 기정사실로 간주한다. 그가 강조하는 것은 포스휴먼의 의미가 아니라 인간이 어떻게 자발적으로 강화될 수 있는가(self-enhancement)라는 점이다.

5) Oliver Krüger: Virtualität und Unsterblichkeit. Die Visionen des Posthumanismus. p.236. 티플러는 우주 자체를 완결된 시스템으로 파악한다. 그는 생물학적 인간의 한계를 극복하는 것이 중요하며 이러한 완결점을 오메가 포인트(Omega Punkt)라 부른다.

| 7장 |

1) 예를 들어 맥킨지는 "기존의 데이터베이스 관리 도구의 데이터 수집, 저장, 관리, 분석하는 역량을 넘어서는 데이터 셋 규모"로서 빅데이터를 양적 특성을 강조하여 정의하기도 하며, IBM이나 가트너는 이러한 양적 특성에 더하여 다양성(Variety)

과 속도(Velocity)를 포괄하여 정의를 내리고 있으며, SAS는 이에 더하여 가치 (Value)를 포함시켜 정의하고 있다. 이 외에도 데이터 활용 환경을 반영하는 복잡성 (Complexity)을 빅데이터 정의에 포함시키기도 한다. 이성훈, 이동우, 「빅데이터의 국내외 활용 고찰 및 시사점」, 『디지털정책연구』 제11권 제2호, 2013.2, 김승한, 「개인정보보호법의한계」, 『연세 의료 과학기술과 법』 제4권 제1호, 2013, 이정미, 「빅데이터의 이해와 도서관 정보서비스에의 활용」, 『한국비블리아학회지』 제24권 제4호, 2013 등을 참조하시오.

2) 물론 데이터의 분석과 처리 속도 및 그것의 다양성 역시도 공통적인 것으로 볼 수 있으나, 이것들은 결국 데이터의 양적 특성을 배제하고서는 성립될 수 없는 의존적 항목이라는 점에서 공통적 특성의 핵심은 '양(量)'이라 볼 수 있다.

3) 이광석, 「지배양식의 국면 변화와 빅데이터 감시의 형성」, 『사이버커뮤니케이션학보』, 통권 제30권 2호, 2013.6, 206~208쪽.

4) 빅데이터는 세 가지의 데이터 형태로 구성되는데, 정형데이터와 반정형데이터 그리고 비정형데이터가 그것이다. 정형데이터는 우리가 익히 알아온 데이터이다. 이 데이터는 고정된 필드에 저장된 데이터로서 기존의 관계형 데이터베이스가 관리한다. 예를 들어 물건 구매 시 구매를 위해 입력한 정보들이 해당 회사의 데이터베이스 내의 고정필드에 저장되어 관리되며, 이렇게 관리되는 것이 정형데이터이다. 반정형데이터는 메타정보와 센서데이터, 공정제어데이터 등 아직 활용되지 못한 데이터를 말한다. 마지막으로 비정형데이터란 고정된 필드와 같은 정형성을 갖추지 않은 다양한 유형과 형태의 데이터를 총칭하는 것이다. 예를 들어, 유무선 전화기에서 발생하는 통화 내용에서부터 유튜브나 눈 등의 영상이나 문자메시지 등의 멀티미디어 데이터들이 모두 비정형데이터에 해당한다. 현재 데이터의 폭발적 증가는 주로 멀티미디어 데이터들에 의해 발생하며, 이러한 의미에서 비정형데이터는 빅데이터의 핵심으로 여겨지고 있다.

5) 권영옥, 「빅데이터를 활용한 맞춤형 교육 서비스 활성화 방안연구」, 『지능정보연구』 제19권 제2호, 2013, 88쪽.

6) 최경진, 「빅데이터와 개인정보」, 『成均館法學』 제25권 제2호, 2013, 200쪽.

7) 빅데이터 환경에서 프라이버시 문제가 발생하는 사례들은 다음과 같다. "① 쿠키정보를 활용한 온라인 맞춤광고 사례, ② 구매정보를 활용한 고객 신분, 성향 분석 사례, ③ SNS 및 위치정보를 활용한 맞춤형 광고 사례, ④ 검색정보를 활용한 독감 트랜드 서비스 사례, ⑤ 모바일 이용자 정보를 활용한 광고플랫폼 등 사례, ⑥ 빅데이

터를 이용한 비즈니스 운영시스템 개선 사례, ⑦ 의료 데이터를 활용한 질병 예측 사례, ⑧ 범죄 DB를 이용한 범죄감시시스템 구축 사례, ⑨ 제3자 쿠키차단 기능 무력화 논쟁(쿠키 게이트) 사례"(차상육, 「빅데이터(Big Data) 환경과 프라이버시의 보호」, 『IT와 法연구』 제8집, 2014, 199쪽).

8) 영화 〈네트〉는 개인의 정보가 특정인이나 특정집단에 의해 변경되고 왜곡될 수 있음을 보여주는 영화이다. 이 영화 속에서 여주인공은 그 존재가 지워지기도 하고, 때로는 범죄자로 둔갑되어 수배범이 되기도 한다.

9) 영화 〈에너미 오브 스테이트〉는 현대판 빅브라더인 집단에 의해 한 개인(주인공)이 특수 목적적으로 추적되고 감시될 수 있음을 보여주는 영화이다. 특히 우리의 디지털 환경이 이러한 추적과 감시의 도구가 될 수 있음을 경고하는 영화이다.

10) 이광석, 「빅데이터 위험 정보사회의 '정보재난'의 문제점」, 『빅데이터와 위험정보사회』, 2013, 43쪽.

11) 황주성, 「빅데이터 환경에서 프라이버시 문제의 재조명」, 『빅데이터와 위험정보사회』, 2013, 232~234쪽.

12) "'잊힐 권리'의 개념에 대해서는 '인터넷상에서 잠재적으로 나타나 있는 자신과 관련된 정보를 포함하는 각종 자료의 삭제를 요구하며 해당 자료로부터 자유로워질 수 있는 권리'로 파악하고 있다. 잊힐 권리는 인터넷상에서 자신 또는 타인에 의하여 창출된 지속적으로 검색되는 자신과 관련된 정보를 포함하는 자료에 대하여 각종 조치를 통하여 타인이 접근할 수 없도록 하는 권리이자, 타인에 의하여 해당 자료가 삭제되어 이로부터 자유로울 수 있는 권리이다. 또한 이미 알려진 사실이 사정변경에 의하여 달라진 경우는 사정변경의 내용을 그 타인이 다시금 알리게 하여 변경 전의 사실이 완전히 잊힐 수 있도록 하는 권리이자, 이미 알려진 사실에 대하여 자유로울 수 있는 권리라는 것이다. 2011년 EU의 데이터보호에 관한 포괄적 접근에서는 '잊힐 권리'란 '자신의 정보가 더 이상 적법한 법적 등을 위해 필요치 않을 때, 그것을 지우고 더 이상 처리되지 않도록 할 개인들의 권리'라고 설명하고 있다."(권헌영, 김경열, 김나연, 「위험사회에서의 빅데이터 활용과 잊힐 권리의 보장에 관한 고찰」, 『公法研究』, 제41집 제4호, 2013, 199쪽)

13) 아쉽게도 아직까지 '디지털 죽음'은 퍼포먼스로서 주목을 받고 있을 뿐, 그것의 인정과 용인에 대한 진지한 성찰에는 이르고 있지 못하다. 이것은 '잊힐 권리'가 활발한 법적 논의의 대상이 되고 있는 것과는 상당히 대조적이다.

8장

1) 참조 E. L. Winnacker, T. Rendtorff u. a. (Hrsg.), Gentechnik: Eingriffe am Menschen. Ein Eskalationsmodell zur ethischen Bewertung. München 2002; M. Fuchs, Art. Enhancement, in: Lexikon der Bioethik 1, 604~605; Enhancement. Die ethische Diskussion über biomedizinische Verbesserungen des Menschen, Bonn 2002; L. Siep, Normative Aspekte des menschlichen Körpers, in: K. Bayertz (Hg.), Die menschliche Natur, Paderborn 2005, 157~173; ders., Die biotechnische Neuerfindung des Menschen, in: G. Abel (Hg.), Kreativität. XX. Deutscher Kongress für Philosophie, Hamburg 2006, 306~323; L. Honnefelder, Bioethik und die Frage nach der Natur des Menschen, in: ebd. 324~338.

2) "식물은 재배로써 가꾸어지고, 인간은 교육을 통해 만들어진다. 인간이 제아무리 강하게 태어난다 할지라도 그 능력을 사용할 줄 모르면 아무 쓸모가 없다. 인간은 약한 존재로 태어난 까닭에 힘이 필요하고, 가진 것 없이 태어났기에 도움이 필요하며, 우둔한 상태로 태어났기에 판단력이 필요하다. 태어나면서 가지지 못한 이 모든 것들은 교육을 통해서 얻어진다." 장 자크 루소, 김종웅 옮김, 『에밀』, 미네르바, 2009, 9쪽.

3) G.W.F. Hegel, Vorlesungen ueber die Aesthetik. F.a.M 1986, p.134.

4) Giovanni Pico della Mirandola, Über die Würde des Menschen. Hamburg, 1990, p.7.

5) H. Plessner, Die Stufen des Organischen und der Mensch. Einleitung in die philosophische Anthropologie. Berlin/New York, 1975, p.309.

6) A. Gehlen, Der Mensch. Seine Natur und seine Stellung in der Welt. Wiesbaden, 1978, p.9.

7) S. Freud, Das Unbehagen in der Kultur, in: GS, Bd. p.241.

8) 이와 관련하여 참조. B. Senf, Die Wiederentdeckung des Lebendigen. Omega, 2003.

9) 예컨대 프랑스 철학자 들뢰즈의 기계에 대한 담론은 근대 이후 인간중심적 사고에 의해 형성된 기계론적 세계관에 맞서기 위해 고안된 것임을 눈여겨볼 필요가 있다. 기계는 누군가에 의해 설계되어 일정한 목적을 위해 기능하는 외재적 대상이 아니라, 잠정적이고 우연적인 배치를 통해 스스로 자신을 만들어가고 소멸해 가는 생명 그 자체로 이해되고 있는 것이다.

10) H. Marcuse, Versuch über die Befreiung, F.a.M. 1969, p.28.

| 9장 |

1) 2013 대한무용학회 국제 학술 심포지엄 'Dance Scholarship on the Edge', 10쪽.

2) Steve Dixon, Digital performance, cambridge, Mass.: MIT Press, 2007, p.211.

3) https://simple.wikipedia.org/wiki/Loie_Fuller

4) 박형민, 「애니메이션에 있어서 탈신체화된 춤의 외연과 내포」, 성균관대학교 일반
   대학원 석사논문, 2012 참고.

5) 조은숙·이혜경, 「오스카 슐렘머와 얼윈 니콜라이의 안무성향에 관한 연구」, 『무용
   예술학연구』 22, 2007, 10쪽(재인용).

6) 정현주, 「모션캡처 분석기법과 춤의 미적인식 가능성」, 『무용이론과 논집』, 2007,

| 10장 |

1) 여기서의 테크놀로지(technology) 개념은 기술, 과학기술 혹은 공학 등과 같이 단순
   히 컴퓨터나 인터넷 같은 디지털 관련 기술과 동일시하는 것으로만 쓰이는 것이 아
   니고, 테크닉이 가지고 있는 기본적인 의미에 과학과 문화가 합쳐진 개념으로서, 예
   술적인 창조활동에도 기여한다는 의미까지 내포되어 있다. 독고현, 「디지털시대의
   새로운 창작문화」, 『음악교육공학』, 제7호, 2008, 58~59쪽 참조.

2) 1980년대 워크맨문화를 정리한 일본 대중음악학자 호소카와 슈헤이(Hosokawa
   Shuhei)는 워크맨문화에서 파생된 음악을 '뮤지카 모빌리스(musica mobilis)'라 명
   명하며, 그 특징을 소형화 및 간소화, 언제 어디서든 움직임에 따라 음악이 펼쳐짐
   에 따른 유동성, 외부세계와의 거리두기가 가능한 자율성 및 개인화로 설명하고 있
   다. Shuhei Hosokawa, "The Walkman Effect," *Popular Music* 4, 1984, pp.166~171.

3) Brian Longhurst, *Popular Music and Society*, Polity Press, 1995(이호준 옮김, 『대중
   음악과 사회』, 예영커뮤니케이션, 1999), pp. 128~129.

4) 장미혜, 이충한, 「디지털 네트워크 시대의 음악 시장의 변화: 소유에서 향유로, 전유
   에서 공유로」, 『경제와 사회』 72, 한국언론학회, 2006, 239쪽.

5) 음반과 음원이라는 용어는 실제 사용에 있어 많은 혼돈을 야기하고 있지만, 대체적
   으로 테이프, LP, CD를 포함한 물질적인 형태를 갖는 경우에는 음반으로, 인터넷
   및 휴대폰에서 무형으로 존재하는 음원파일은 디지털로 구분 짓는다.

6) '미뎀'은 매년 프랑스 칸느에서 국제적으로 열리는 음악비즈니스 박람회 중 하

나이다. 이 영상은 2012년 1월에 그가 연설한 것을 녹화한 것이다. https://www.
youtube.com/watch?v=1CSBrQpgDVg(2015년 1월 20일 접속) 참조.

7) 이를 위한 한 사례로 https://www.youtube.com/watch?v=EZEGAbENtG4 참조
(2015년 1월 23일 접속). 이 영상은 '서울국제뮤직페어 2014'에서 진행한 강연을 녹
화한 것으로, 이미지베이커리의 대표 최경모가 자신의 인터랙티브 뮤직비디오 작
업을 소개하고, 향후 인터랙티브 뮤직비디오의 방향에 대해 설명한 것이다.

8) 대니얼 J. 레비틴, 장호연 옮김, 『호모 무지쿠스-문명의 사운드 트랙을 찾아서』, 마
티, 2009, 29쪽.

| 11장 |

1) 이 글은 『브레히트와 현대연극』 제27집(2012)에 발표된 "브레히트의 서사성과 마
리루이제 플라이써의 서사성: 뇌과학적 시각으로 바라본 남성과 여성 성향 차이"라
는 본인의 논문을 토대로 일반 독자를 위해 다시 작성한 것임.

2) Marco Del Giudice, Tom Booth, Paul Irwing. "The Distance Between Mars and
Venus: Measuring Global Sex Differences in Personality", in: PLoS ONE, 2012;
7(1): e29265. doi:10.1371/journal.pone.0029265.
http://www.plosone.org/article/info%3Adoi%2F10.1371%2Fjournal.
pone.0029265(2015.9.30. 현재). 이 논문은 실험 대상을 10,000명이 넘게 크게 늘리
고 성의 복합적 특성을 조사하는 방법론을 도입하여, 그동안 성 차이가 과소평가되
었다는 결과를 내놓았다.

3) 이글은 1930년 "Die Scene"라는 연극 전문잡지에 실린 인터뷰 기사이다(Die Scene,
Blätter für Bühnenkunst, 1930, Heft 1, Berlin, S.8~9).

| 12장 |

1) EBS 지식채널e(ebs.co.kr/jisike/index) 가비오따스 편(2009.02.23. 방송).

2) 독일에서 4차 산업혁명으로 불리는 Industrie 4.0은 정보통신기술을 이용한 제조업
의 혁명적인 변화를 뜻한다. 제조업의 산업혁명을 4단계, 즉 18세기 말 증기기관을
이용한 1차 산업혁명, 전력을 사용하는 대량생산 체제의 2차 산업혁명, 컴퓨터를

이용하는 3차 산업혁명, 그리고 사물인터넷과 정보통신기술을 이용하는 4차 산업 혁명으로 구분한 것이다.

3) 이는 2013년을 시작으로 첨단기술전략이 실행되고, 2010년에서 2015년까지 추진할 프로젝트를 결정하는 작업이었다. 독일 하노버 정보통신박람회인 'CeBIT 2014'에서 Industrie 4.0와 Smart Service Welt(스마트서비스 세상) 연구회 결과물이 공개되었다.

4) Forschungsunion/acatech(2013), Umsetzungsempfehlungen fuer das Zukunftsprojekt Industrie 4.0, Deutschlands Zukunfts als Produktionsstandort sichern, Abschlussbericht des Arbeitskreises Industrie 4.0, BMWi.

5) Bundesministerium für Wirtschaft und Energie, Deutsche Akademie der Technikwissenschaften, Arbeitskreis Smart Service Welt.

6) BMWI/acatech(2014), Smart Service Welt, Umsetzungsempfehlungen für das Zukunftsprojekt Internetbasierte Dienste für die Wirtschaft.

7) 독일 시민대화 홈페이지(www.wissenschaft-im-dialog.de, www.buergerdialog-bmbf.de).

8) www.bioenergiedorf.info '독일연방식품 농업 소비자보호부(BMELV)'와 산하기관인 '재생가능한 원료담당청(Fachagentur Nachwachsende Rohstoffe, FNR)'의 재정지원으로 2000년 10월에서 2008년 2월까지 수행되었다. 그 이후 NRW 주정부의 용역과제로 바이오에너지마을을 매뉴얼화하는 작업을 추진하였고, 이 작업은 향후 독일 바이오에너지마을 확산에 기반이 되었다(Eigner-Thiel 2011: 4). 독일 괴팅엔대학교에 소속된 '학제간연구소'는 생태적, 경제적 그리고 사회적인 요소들의 통합적인 분석을 목표로 2000년에 설립되었다. 이 연구소는 1992년 리우회의에서 채택된 지속가능한 발전과 참여원칙 participation principle을 적용하여 독일 최초로 바이오에너지마을을 탄생시켰다.

9) Competence Center for Distributed Energy Technologies, www.deENet.de.

01_이종관

성균관대학교 철학과와 동 대학원을 졸업한 뒤, 독일 뷔츠부르크대학에서 수학하고 트리어대학에서 박사학위를 받았다. 춘천교육대학교를 거쳐 현재 성균관대학교 철학과 교수로 재직 중이며, 건설교통부 산하 미래주거연구위원회 자문위원, 정보통신정책연구원 기획총괄위원, 과학기술정책연구원 미래포럼자문위원, 교육과학부 융합학문발전위원회 위원 등으로 활동하였다. 주요 논문으로는 「그림에 떠오르는 현대문화」 「아인슈타인의 상대성이론에 대한 현상학적 연구」 「성애의 현상학」 「과학, 현상학 그리고 세계」 「마지막 탱고 그 후, 후설의 정처주의를 옹호하며」 등이 있으며, 주요 저서로는 『공간의 현상학, 풍경 그리고 건축』 『사이버문화와 예술의 유혹』 『과학에서 에로스까지』 『자연에 대한 철학적 성찰』 『소설로 읽는 현대 철학, 소피아를 사랑한 스파이』 등이 있다.

02_김연순

독일 베를린자유대학에서 독문학 전공으로 박사학위를 받았다. 현재 충북대학교 학술교수로 재직 중이며, 성균관대학교 하이브리드미래문화연구소 수석연구원으로 활동하고 있다. 주요 논문으로 「시스템으로서 사이보그와 디지털 거주」 「혼성적 실재의 원리적 고찰로서 혼성화의 자기조직화」 「통섭의 인문학으로서 문화학」 등이 있고, 주요 저서로는 『기계인간에서 사이버휴먼으로』 『하이브리드컬처』(공저) 등이 있으며, 옮긴 책으로는 『문화학의 이해』와 『포스트휴머니즘』(공역)이 있다.

03_김화자

프랑스 파리10대학에서 철학 전공으로 박사학위를 받았다. 성균관대학교 하이브리드미래문화연구소 선임연구원 및 겸임교수로 재직 중이다. 주요 논문으로 「모리스 메를로-퐁티 표현론에 나타난 형태와 상징의 관계」 「잠재적인 것으로서 공감각에 대한 현상학적 연구」 「현대 사진 속 '상상적인 것'에 대한 현상학적 연구: 모리스 메를로-퐁티의 현상학을 중심으로」 「현대건축과 소통의 인터페이스: 디지털 스킨과 감각적 · 미적 '살'공동체」 「사물인터넷과 메를로-퐁티의 '상호세계'」 등이 있고, 주요 저서로는 『미학』(공저) 『프랑스 철학의 위대한 시절: 현상학의 흐름으로 보는 현대 프랑스 사상』(공저)이 있으며, 옮긴 책으로는『간접적인 언어와 침묵의 목소리』가 있다.

04_김진택

인하대학교 철학과를 졸업하고 프랑스 브장송대학에서 철학으로 석사, 신매체기술인문학으로 D.E.A, 파리1대학(팡테옹 소르본)에서 이미지/매체미학으로 박사학위를 받았다. 현재 포스텍 창의IT융합공학과 대우부교수로 있다. 주요 논문으로는「디지털 원격소통과 신체성의 미학적 실천」「시선의 현상학적 경험과 봄의 나르시시즘」「행위자 네트워크 이론(ANT)의 문화콘텐츠 이해와 적용」등이 있으며, 저서로는『문학의 탈경계와 상호예술성』『호모메모리스』『복제』(공저) 등이 있다. 몸과 이미지를 중심으로 미디어아트, 인문기술융합콘텐츠 및 트랜스휴머니즘 연구와 창의융합교육에 주력하고 있다.

05_안상원

성균관대학교에서 독문학·독일시 전공으로 박사학위를 받았다. 현재 성균관대학교 하이브리드미래문화연구소 수석연구원으로 재직 중이다. 주요 논문으로는「책: 현실과 판타지 세계의 통로」「상상 동물 일각수의 변형과 그 의미」「책 미디어의 발전과 독서문화의 변화」등이 있고, 주요 저서로는『하이브리드컬처』(공저)『하이브리드 스펙트럼』(공저)『문학도시를 사유하는 쾌감』(공저) 등이 있으며, 옮긴 책으로는『어떻게 이해할까, 로코코』『어떻게 이해할까, 로마네스크』등이 있다.

06_김응준

독일 에어랑엔-뉘른베르크대학에서 문학과 역사학 그리고 정치학의 상호 비교연구로 박사학위를 받았다. 현재 대전대학교 H-LAC 교수로 재직 중이다. 주요 논문으로「포스트휴먼 유토피아?」「호모 사피엔스 대 로보 사피엔스」「만들어지는 인간, 만들어지는 정체성. 포스트휴먼 정체성?」「변이가 바라보는 세상-도태 또는 공존」등이 있고, 주요 저서로는『Literatur als Historie』『리얼리즘』『하이브리드컬처』(공저)『하이브리드 스펙트럼』(공저) 등이 있으며, 옮긴 책으로는『포스트휴머니즘』등이 있다.

07_김종규

성균관대학교에서 서양철학(독일 현대철학·문화철학) 전공으로 박사학위를 받았다. 현재 성균관대학교 하이브리드미래문화연구소 책임연구원 및 학부대학 겸임교수로 재직 중이다. 주요 논문으로는「E. Cassirer의 철학에 있어 상징형식들의 관계와 위상에 관하여」「디지털 미디어에 대한 문화철학적 고찰」「디지털 오디세이」 등이 있으며, 저서로는 『디지털철학』(공저) 『비판적 사고 학술적 글쓰기』(공저) 등이 있다.

08_김종엽

성균관대학교 철학과를 졸업하고 독일 보쿰대학에서 철학 박사학위를 받았다. 현재 성균관대학교 철학과 겸임교수, 철학과 인문교육연구소 선임연구원으로 재직하고 있다. 주요 저서로는 『안다는 것과 사랑한다는 것』 『인격의 철학, 철학의 인격』 『철학의 전환점』(공저) 『세계 존재의 이해』(공저) 『김종엽 박사의 철학특강』(2014 한국연구재단 우수교양도서 선정) 『하이데거의 형이상학이란 무엇인가 읽기』 『한국사회 정의 바로세우기』(공저)가 있다.

09_김주희

성균관대학교에서 무용학 박사학위를 받았다. 현재 박사 후 과정을 연수 중이며, 하이브리드미래문화연구소 선임연구원으로 재직 중이다. 주요 논문으로는 「1970년대 한국 경공업 여성노동자의 신체성」과 「식민지시대 '카페'에서 이루어진 춤에 대한 문화적 맥락 고찰」, 「소극장 '공간사랑'의 춤 문화 수용과정과 문화사적 의미 고찰」 등이 있다.

10_양인정

이화여자대학교 성악과를 졸업하고, 독일 쾰른대학에서 음악학으로 학사 및 석사학위를 받았고, 독일 베를린자유대학에서 비교음악학(음악인류학)으로 박사학위를 받았다. 현재 수원과학대학교에서 시간강사로 재직 중이다. 주요 논문으로 「티베트 악기재료에 나타난 상징적 의미-티베트의 다마루와 캉링을 중심으로」가 있으며, 옮긴 책으로는 『나의 길, 나의 이상, 나의 음악-윤이상의 음악, 미학과 철학』(공역) 등이 있다.

11_이정준

성균관대학교 독어독문학과를 졸업하고, 독일 뮌헨대학에서 브레히트와 마리루이제 플라이써에 대한 연구로 문학석사 및 문학박사 학위를 취득했다. 하이브리드미래문화연구소 소장, 한국브레히트학회 회장을 역임했다. 성균관대학교 독어독문과 교수로 재직 중이며, 현재 성균관대학교 문과대학 학장을 맡고 있다.

12_김인숙

독일 쾰른대학에서 독일 통일기금 재정정책의 제도적인 분석으로 박사학위를 받았다. LG환경연구원에서 독일 환경정책 및 국내외 전자 및 자동차 자자원정책과제를, (주)에 코시안 자원경제연구소에서는 자원정책과 기후변화대응전략 및 에너지정책 등의 정책 과제를 수행하였다. 성균관대학교에서 자원경제학 및 환경경제학 강의를 하였고, 현재 성균관대학교 하이브리드미래문화연구소 연구원으로 재직 중이다. 주요 논문으로 「독일의 사회적 시장경제와 이해관계자 참여모델」 「독일의 다층적 의사소통시스템과 시민 대화」 「바이오에너지마을 자립화와 전문가집단의 역할」 「탄소배출권거래제도와 국내 기업 대응전략」 등이 있다.

하이브리드 포이에시스
첨단과학기술에 관한 인문적 사유

1판 1쇄 인쇄 2015년 11월 30일
1판 1쇄 발행 2015년 12월 10일

지은이 | 하이브리드미래문화연구소
펴낸이 | 정규상
펴낸곳 | 성균관대학교 출판부
주소 | 03063 서울특별시 종로구 성균관로 25-2
등록 | 1975년 5월 21일 제1975-9호
전화 | 02)760-1252~4 팩스 | 02)762-7452
홈페이지 | http://press.skku.edu

ISBN 979-11-5550-139-9 93000
값 20,000원
잘못된 책은 구입한 곳에서 교환해 드립니다.